本教材由中国政法大学新兴交叉学科研究生精品教材项目、法[...]

U0683482

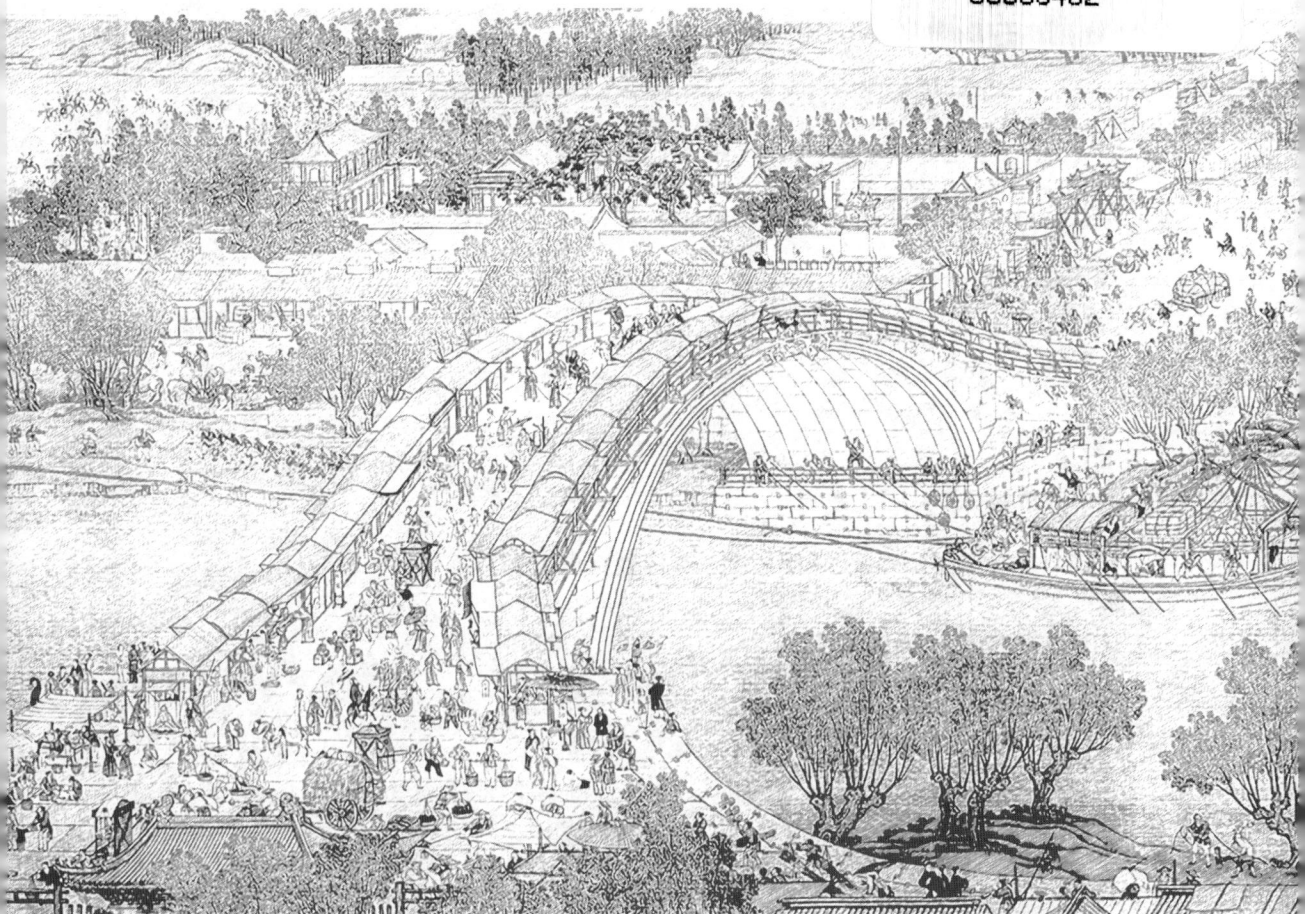

高等学校金融学专业主要课程精品系列教材

金融监管

胡继晔 编著

高等教育出版社·北京

内容简介

　　本书是基于自 2007 年起为中国政法大学法与经济学专业硕士生、成思危现代金融菁英班本科生"金融监管"课程授课的讲义,经过十多年教研改进、学生反馈而完成的教材。全书以化解和防范系统性金融风险为主线,以金融法为底线和红线,以法经济学和监管理论为基础,通过有效监管来防范银行、证券、保险、信托诸行业的风险。同时本书辟专章介绍数字金融监管、地方金融监管问题,以期织就全方位化解和防范系统性金融风险的致密网络。

　　本书适合高等学校经济类、法学类相关专业作为本科生、研究生"金融监管"课程教材。

图书在版编目（ＣＩＰ）数据

　　金融监管 ／ 胡继晔编著. -- 北京 : 高等教育出版社，2023.4

　　ISBN 978-7-04-060223-4

　　Ⅰ . ①金… Ⅱ . ①胡… Ⅲ . ①金融监管–高等学校–教材 Ⅳ . ①F830.2

　　中国国家版本馆 CIP 数据核字（2023）第 049489 号

金融监管

Jinrong Jianguan

| 策划编辑 | 赵　鹏 | 责任编辑 | 赵　鹏 | 封面设计 | 张　楠 | 版式设计 | 王艳红 |
| 插图绘制 | 李沛蓉 | 责任校对 | 张慧玉　窦丽娜 | | | 责任印制 | 田　甜 |

出版发行	高等教育出版社	网　　址	http：// www.hep.edu.cn
社　　址	北京市西城区德外大街 4 号		http：// www.hep.com.cn
邮政编码	100120	网上订购	http：// www.hepmall.com.cn
印　　刷	涿州市京南印刷厂		http：// www.hepmall.com
开　　本	787 mm×1092 mm　1/16		http：// www.hepmall.cn
印　　张	14.5		
字　　数	350 千字	版　　次	2023 年 4 月第 1 版
购书热线	010 - 58581118	印　　次	2023 年 11 月第 2 次印刷
咨询电话	400 - 810 - 0598	定　　价	38.00 元

前　言

　　本书是在 2007 年起笔者在中国政法大学开设的硕士生学位课"法律与金融监管"以及 2008 年开始开设的本科生同名课程的讲义的基础上,经过十多年的课程改造、继承与发展而完成的教材。该课程是成思危现代金融菁英班本科生必修课,2018 年笔者参与的《成思危现代金融菁英班"四维"和"四跨"人才教育和培养的创新模式》获得北京市高等教育教学成果二等奖。本书是结合申报人主持完成的北京市社科基金重点项目《新时代系统性金融风险防范研究》、国家网信办招标课题《数字经济相关立法与监管研究》、北京市法学会《金融科技背景下北京市预防和化解金融风险规制研究》等课题,经过不断调整、精心改造、持续优化后形成的一本经济学、金融学与法学交叉的教材。

　　本书以防范化解系统性金融风险为主线,通过对各类金融机构、金融各行业的全方位功能监管来防止监管不足和监管重复,以金融体系的信用风险、市场风险、操作风险、流动性风险、法律风险、国际风险等风险为主要对象进行研究,以金融法律为底线和红线,在法经济学、监管理论的基础上,深入研究银行、证券、保险、信托诸行业的风险防范问题,同时考虑到数字经济、数字金融的快速发展在学科体系中尚未得到充分体现的现实,专门增加数字金融及其监管的章节,以适应中国人民银行刚刚推出的法定数字货币和海外数字货币 DIEM(Libra) 的现实。为防范地方金融风险的发生与蔓延,守住不发生系统性金融风险的底线,本书辟专章介绍地方金融监管问题,以期织就全方位防范和化解金融风险的致密网络。

　　本书与相关课程如微观经济学、宏观经济学、货币银行学等课程有一定的相关性,但更是一门经济学与法学的跨学科课程,特别是普通法和大陆法对金融体系的影响分析,是比较法在金融领域的具体应用。本书将满足法学、金融学及其他经济类专业学生的要求,使学生在专业学习的基础上,配合相关金融学和法学方面的课程,深入了解金融法在金融市场、银行业、证券业、保险业、信托业有关的知识及其运用。

　　本书主要内容包括:金融发展与经济增长理论;新比较经济学理论;监管型国家理论;货币政策、财政政策对金融监管影响分析;国际金融理论与国际金融监管的合作;中央银行理论、宏观审慎监管与系统性金融风险防范;商业银行资本管理以及信用风险、市场风险、操作风险和流动性风险监管;证券监管理论、证券监管法律制度如强制性信息披露等;保险"射幸合同"的法律本质、最大诚信原则等基本理论、保险法基本知识;信托的资产隔离、受托人信义义务和双重所有权问题;最新的数字货币与数字金融及其监管的前沿理论与实践;我国地方金融监管的实践,以及金融业综合经营、综合监管的经济学与法学理论前沿问题。

　　依托本书的"金融监管"课程是一门真正实现经济学和法学交叉学科的课程,2019 年被中国政法大学研究生院评选为全校 9 门跨学科前沿创新课程之一,同年又获得本科生第一批课程思政示范课立项。"金融监管"课程融思政教育于经济学、法学交叉学科的教学之中,为培养新时代高觉悟、高素质的一代新人奠定基础。

感谢熊金武副教授、程碧波副教授、洪智武博士对本书贡献的真知灼见,感谢博士生陈金东、杜牧真、张馨予,硕士生李依依、董亚威、王潇潇、张艳、张泽睿、于泽卉,本科生李嘉宁、刘嘉雯、文俊鹏、吴双、周越、兰思蒙诸同学贡献智慧、协助整理文稿。本书初稿完成后,呈送原中国保险业监督管理委员会副主席李克穆先生、中信集团原董事长孔丹先生、中国工商银行原行长杨凯生先生、中国政法大学资本金融研究院院长刘纪鹏教授进行审阅并获得他们的宝贵意见,在此表示衷心感谢。

由于作者水平有限,因时间紧张,对一些问题把握不准,书中错讹之处多为无心之失,恳请读者诸君批评指正。特别是引用外文作者之言只是希望拓展读者思路,不代表笔者同意其观点,特此说明。

胡继晔

2022 年 9 月

目　录

第一篇　金融监管理论基础

第二篇　金融行业的监管实践

第三篇　数字金融与地方金融监管

第一篇 金融监管理论基础

党的二十大报告提出,深化金融体制改革,建设现代中央银行制度,加强和完善现代金融监管,强化金融稳定保障体系,依法将各类金融活动全部纳入监管,守住不发生系统性风险底线。

本篇着重介绍信息不对称理论、法与经济学理论、法律金融理论,构建法与经济学的分析框架与分析工具,并提供从经济学角度审视不同法律体系的视角。其中 LLSV"法律起源假说"研究范式近年来在国际学界引起了很大影响,对我国的金融监管理论与实践具有重要的参考价值。

除此之外,本篇还系统阐述了新比较经济学理论基础,引入监管型国家理论对国外的监管框架进行介绍。2007—2009 年次贷危机和欧债危机的相继爆发,表明传统监管理论亟需对创新金融产品风险控制、全球金融风险传播预警阻断、跨国金融监管协作机制等进行反思与突破。以二十国集团及其金融稳定理事会为代表的国际金融监管组织迅速崛起,在国际层面,应寻求金融监管合作以防范化解系统性金融风险。

金融监管导论

打好防范化解重大风险攻坚战,重点是防控金融风险。维护金融安全关乎我国经济社会发展全局。本章作为全书导入性章节,从整体上阐述了防范化解系统性金融风险的意义和方法论,将法学理论与经济学理论有机融合,从法学与经济学的双重视角看待金融监管的实践与发展,应用法学分析框架和经济学分析工具探讨金融风险防范问题。

第一节 金融监管课程先导

一、为什么要学习金融监管

金融学与法学是属于不同学科门类的两个学科,但二者的交叉学科——金融法已经成为经济法中的显学。金融法的性质决定了其在法律体系中的地位,作为自成一类规范或"一个法群"(a body of law)的金融法,是经济法这个二级学科独立部门法当中的一个重要分支,可称为法学的三级学科。在金融法总称下面,可以将有关金融监管与金融交易关系的法律分为银行法、证券法、期货法、票据法、保险法、外汇管理法等具体类别。

金融监管也是经济学与法学的交叉学科,以法律起源的视角来研究金融发展问题,同时更注重在金融监管的法律框架下来研究金融市场和金融机构。金融监管涉及的学科领域很广,主要包括金融法学、会计学、投资学、银行学、证券学、保险学、信托学等。金融是一种交易活动,必须遵循相应的法律规则,因此金融监管研究通过特定的政府机构如中央银行、证监会、银保监会等机构对金融交易行为主体进行规范,通过立法、行政管理和司法的形式来执行相关法律、法规和规范性文件。

在金融科技日新月异和金融创新层出不穷的今天,金融创新所独具的高收益、高风险特性,以及金融从业者易于参与高杠杆金融活动的现实,日益成为社会、经济潜在的不稳定因素。金融活动需要信用,信用要靠法律来保障。金融活动必须在监管的框架下运行,金融业本身所具有的高风险、高利润特性使得它区别于其他实体经济,需要由监管机构进行监管。所有的金融创新都是在现有的金融监管框架内游走的,如果没有监管、没有法律框架作为支撑,金融活动就很难真正健康地发展。

因此,通过"金融监管"课程的学习,让学生对金融体系有初步的了解,对金融监管体系有一定的认知,通过推荐的经典文献和书单,让学生通过读书、思考来深入了解金融监管相关领域知识,熟悉和弄懂各国金融监管的方式,对未来我国的金融监管理论和实践有更好的认知。

二、推荐参考书

(1)弗雷德里克·S.米什金:《货币金融学》(第十一版),郑艳文等译,中国人民大学出版社,2016年版。作者系美联储官员,该教材在美国金融学类教材中普及率很高,内容深入浅出,适合自学。

(2)富兰克林·艾伦等:《比较金融系统》,王晋斌等译,中国人民大学出版社,2002年版。二位作者本身就是非常资深的金融大家,这本书也是对金融体系进行分类和比较中最好的一本书。

(3)卞志村:《金融监管学》,人民出版社,2011年版。卞志村教授对监管原理、监管体制、银行监管、证券监管和保险监管、政策性金融机构监管都提出了自己的观点。书中还收录了对金融危机的监管,包括《巴塞尔协议Ⅲ》的一些相关详细介绍。

(4)徐孟洲等:《金融监管法研究》,中国法制出版社,2008年版。这是徐孟洲教授法制建设理论重大课题的研究成果,对金融监管的理念,包括金融衍生品和对农信社的监管,都有非常好的介绍,同时贯穿法商结合的思想,值得学习思考。

(5)朱大旗:《金融法》,中国人民大学出版社,2007年版。这本书对金融调控、金融组织、金融业务、涉外金融等内容都有非常全面的介绍。

(6)王广谦:《20世纪西方货币金融理论研究:进展与述评》,经济科学出版社,2003年版。这本书是对西方货币金融理论介绍之集大成者。

(7)米尔顿·弗里德曼、安娜·施瓦茨:《美国货币史:1867—1960》,巴曙松等译,北京大学出版社,2009年版。弗里德曼是20世纪最伟大的经济学家之一,他对80年代全球的金融和经济改革都作出了巨大的贡献。20世纪80年代初,美国总统里根和英国首相撒切尔夫人在经济滞胀的背景下上台,即美英几乎在同一时期开始了经济改革,这些改革的理论核心均与弗里德曼有关。这本书对美国南北战争时期到20世纪60年代近100年美国的货币史进行了一个全景式的描述。那个时候恰恰是美国从自由市场经济向监管型国家兴起的时期。从1929—1933年美国的大危机到1934年的《证券交易法》再到美国证监会的成立,都在弗里德曼的研究范围之内。

第二节　金融监管的经济学和法学理论基础

金融监管主要指政府通过中央银行、证券业监管机构等对金融交易主体进行监督和管理,对其行为进行限制,具有经济学和法学基础。金融监督和金融管理作为金融监管的两大分支,前者主要指的是金融监管当局为促进金融机构稳健的经营和发展,从而对其经常性,全方面的监督和检查。后者主要指金融监管当局对金融机构经营活动实施的领导、组织、协调和控制等。

一、金融市场本身问题的不同观点

市场经济的基本假设是所谓的"完备市场":存在一个价格水平上供给和需求双方同时出清

的市场。市场可以到达一般均衡,其特点是凸性、连续、信息充分(Arrow and Debreu,1954)。这是一个理想状况,现实中很难存在。

诺贝尔经济学奖获得者法玛(Fama,1970)提出了金融市场中的有效市场假说(efficient markets hypothesis,EMH),认为股票市场总体是有效的,收益的差异是由于个股风险的不同带来的。在 20 世纪 60 年代,金融学者进行了大量的研究,以确定美国股票市场是否真的有效。后续文章中,法玛继续认为,尽管市场持续存在无数异常的记录,但总体上是有效的。

阿兰(Allen,1986)认为,如果市场是完全的,金融市场参与者可以根据市场价格确立期望效应函数,从而达到一般均衡。

诺贝尔经济学奖获得者希勒(Shiller,2014)认为,引入更多金融和保险工具可改善福利,完善金融市场;股票和债券随 GDP 等宏观经济指标波动,但并不总是有效。例如,股票市场在 2000 年、2008 年的崩溃,并未体现市场的有效性,反而起源于人类的弱点。结合金融市场"羊群效应"理论,可以认为金融市场上的完备性、有效性都是值得质疑的。

2007—2009 年美国次贷危机、欧债危机两次金融危机接踵而至,但学界真正的反思并不充分。凯恩斯在对 1929—1933 年大萧条的解释中,提出了"动物精神"的概念,即非经济动机和非理性行为。2009 年,两位诺贝尔经济学奖得主阿克洛夫和希勒(Akerlof and Shiller)出版名为《动物精神》的专著,提出要在宏观经济学中考虑"动物精神"的因素,以更好地理解宏观经济到底如何真实运行。因为传统的宏观经济学假设人们只有经济动机且完全理性,但如果人们有非经济动机和非理性反应,宏观经济该如何运作? 他们提出,政府的角色必须是规则制定者,设定游戏的前提条件,使得"动物精神"更大化其价值。

从经济学的角度来看,"市场失灵"是市场本身无法避免的,政府的金融监管是主要市场经济国家应付市场失灵的主要手段(Glaeser and Shleifer,2003)。2008 年国际金融危机之后开始建立的 G20 机制,其核心就是改善国际金融监管的合作。

金融已经成为当代经济的核心,市场在资源配置中起决定性作用,当市场不能解决自身存在的问题时,外部的监管就十分必要,金融监管正是金融的市场经济、法治经济特征的体现。

二、金融监管的法学理论基础

从法学的角度来看,建立金融监管体系十分必要。

第一,金融监管就是要对权力进行制约。不同的金融机构都发挥着自己的职责,比如中央银行调节经济政策,商业银行承担信用中介、支付中介的职能,信托公司等金融机构也都发挥着调节社会资源的作用。每种职责的背后都隐藏着某些权力,为了防止权力的滥用,有必要对这些机构进行监管。

第二,法律原则的公平及运行同样也需要进行监管。由于金融机构具有一定的垄断地位,为其发展提供了一定优势,同时也给其滥用特许权提供了可能。反垄断是市场经济的根本原则,为了维护市场经济的正常运行,必须防止金融机构滥用垄断权力,建立有效合理的金融监管体系。法律本身具有使国家权力的运用合理化、经常化、系统化、公开化的价值,因此金融监管体系需要从法律角度来规范。

第三,金融监管的法律体系是由各个金融机构的地位、职能、权责决定的。金融法不光具有民商法的特征,还具有社会法的特征。如果一旦发生银行挤提,就会成为社会问题。一旦发生类似的事件,政府对金融体系的监管就成为必不可少的措施,金融监管重点就是通过对金融机构、金融市场的监管来确保社会的稳定。

第四,监管者如何被监管需要法律的支撑。金融监管本身具有权力的因素,监管者本身有可能为被监管者所"俘获"。如何实现对监管者的监管,需要更加完善的金融监管法律制度。

三、金融监管的经济学理论基础

(一)公共利益理论

金融市场中金融机构不是单纯的私人企业,还具有公共产品的属性,如银行向社会不特定公众吸收存款、发放贷款,当然涉及公共利益。金融体系是整个社会的公共产品,其利益为社会公众所共同享受。因此,金融体系对整个社会经济具有明显的公共产品特性。公共利益理论因此而成为金融监管经济学理论的重要基础。

美国1877年马恩诉伊利诺伊州案(Munn v. Illinois)的判决诞生了一项重要原则:当财产以一种具有公共效应的方式被使用且对社会产生普遍影响时,它就被赋予了公共利益的意义;当一个人将财产使用在具有公共利益的用途方面时,他实际上就在那种用途上赋予了公众一项利益,因此他必须接受公众的管制(维斯库斯、哈林顿等,2010)。由于金融同样涉及公共利益,所以要对它进行监管。公共产品的特征导致传统的市场无法解决一系列问题,必须有外部的监管。

(二)金融体系的负外部性效应

由于金融体系中系统性风险的存在,单个金融机构发生危机,不仅仅对自身有影响,对整个金融系统也会产生危害,造成所有市场参与者的风险增加。换言之,系统性金融风险的存在意味着金融机构的破产倒闭将产生连锁反应。雷曼兄弟在2008年美国次贷危机期间申请破产保护,美国银行以440亿美元的价格收购美林证券。同样面临破产的美国国际集团(AIG)也不得不变卖旗下资产。AIG作为美国曾经最大的保险业巨头,规模巨大,业务范围面广,需要强大的资金支援,也只有政府部门才有此能力。同时,考虑到AIG的市场效应,对美国金融市场和实体经济都是无法想象的打击,很容易造成市场混乱。美国政府向AIG伸出了援助之手,为其提供总额高达850亿美元的2年期紧急贷款。AIG成为美国历史上被政府救助的最大一家私人企业,主要原因在于其规模庞大、经营多元化,私人部门无力出面救援。与此同时,AIG与其他金融市场高度关联,是连接美国国内金融市场和实体经济的纽带,一旦破产会造成多米诺骨牌效应,导致金融市场一片混乱并对实体经济造成严重伤害(陈华、张倩,2009)。可以看出,AIG一旦破产带来的负外部性是不可承受之重,连美国政府也不得不伸手相救。

按照福利经济学的观点,外部性可以通过征税来进行补偿,但是金融活动巨大的杠杆效应——个别金融机构的利益与整个社会的利益之间严重的不对称性使这种办法显得苍白无力。科斯定理从交易成本的角度说明外部性无法通过市场机制的自由交换得以消除。因此,需要一种市场以外的力量介入来限制金融体系的负外部性影响。在西方市场经济条件下,私人部门构成金融体系的主体,政府主要通过外部监管来消除金融体系的负外部性,保持金融体系健康、稳定。

（三）金融机构自由竞争的悖论

金融机构不同于普通企业,自由竞争理论对金融机构而言并不完全适用。不加管控的自由竞争容易产生垄断,对社会公平和效率产生影响,同时也容易引发经济危机,破坏经济和谐稳定。金融监管的主要职能就在于在保持经济稳定的同时促进经济发展,提升经济效率。

金融机构的大范围倒闭,容易引发金融恐慌甚至金融危机。当向金融中介机构提供资金的投资者对这类机构的总体状况产生怀疑时,由于无法辨别持有他们资金的中介机构是否健全可靠,他们很可能选择从所有的金融机构中抽回资金,无论是可靠还是不可靠的机构,概莫能外。这样可能造成的结果就是金融恐慌,公众遭受巨大损失,同时经济运行受到严重破坏。

除此之外,金融是最有可能发生系统性风险的领域。美联储前主席伯南克认为:系统性金融风险是威胁整个金融体系以及宏观经济而非一两个金融机构稳定性的事件。也有学者将系统性风险定义为整个金融体系崩溃或丧失功能的或然性。与单个金融机构风险或个体风险相比,具有复杂性、突发性、传染快、波及广、危害大五个基本特征。系统性崩溃是整个金融体系无法消除的风险。一旦发生系统性风险,有可能对整个金融体系和整个经济体系产生极其重要的影响。例如,2007年开始的美国次贷危机和2009年欧洲债务危机都可以认为是发生了系统性金融风险。系统性金融风险只能减缓,或者降低风险的烈度,但无法彻底消除。

金融学作为经济学的重要组成部分,在现实中如何反映金融实践是一个重要课题。现实中存在着金融交易双方严重的信息不对称现象,需要从信息经济学的角度来深入分析,为金融监管奠定经济学理论基础。

第三节　信息经济学:逆向选择和道德风险

一、信息不对称理论

不确定性、风险、收益、管制,这些概念都和信息经济学密切相关,发源于信息不对称理论的信息经济学为现代金融监管奠定了经济分析基础。在金融市场上,交易一方对另一方缺乏充分的了解,以至于无法做出正确的决策,这种不对等的状态被称为信息不对称(asymmetric information)。信息不对称是金融市场的一个重要特征:在银行领域,那些最能造成不利后果、制造信贷风险的潜在借款人,往往是那些最积极寻求贷款的人。

1970年阿克洛夫(Akerlof)发表的《"柠檬"市场:质量不确定性和市场机制》是信息不对称理论形成的标志。

在美国二手车市场上,"柠檬"意为有缺陷的汽车。买家相对于卖家掌握更少的车辆信息,只能根据市场中的平均质量进行出价。这种情况下,质量好的二手车没有达到预期价格,逐渐退出市场,容易造成逆向选择的局面。长此以往,市场上车辆的质量逐渐下降,发展到极端情况,可能会导致交易无法达到帕累托最优状态,最终市场将不复存在。阿克洛夫的主要贡献在于阐述了一个市场现实:卖方能向买方推销低质量商品现象的存在是因为市场双方各自掌握的信息不对称造成的。根据这种现象,阿克洛夫提出了"逆向选择"理论,说明信息不对称"可能导致整个市场瘫痪或是形成对劣质产品的逆向选择",从而开创了信息不对称理论的先河,形成了现代信息经济学的核心理论。阿克洛夫和迈克尔·斯宾塞(Michael Spence)、约瑟夫·斯蒂格利茨(Joseph Stiglitz）一起获得了 2001 年度诺贝尔经济学奖。

在证券市场上,大股东和上市公司高层往往更了解本公司最真实的情况,和外部的中小投资者之间存在着严重的信息不对称问题,内幕交易、虚假陈述等问题在几乎所有的国家都屡见不鲜,也因此而成为各国证券法打击的重点。

除了亲友之间的借贷之外,资金的供给者和需求者由于信息不对称,很难直接交易。由于像银行这样的金融中介机构的存在,一般的资金供给者就可以间接参与到金融市场中来,即将资金存放在可信赖的银行类金融中介机构中,银行会将这笔资金用于发放贷款或者购买股票、债券等有价证券。金融中介机构的存在部分解决了资金的供给者和需求者之间的信息不对称。但金融机构本身由于逐利和规避风险动机,信息不对称问题更加突出,导致即使主观上愿意稳健经营的金融机构也可能因为信息不对称而陷入困境,因此,政府及监管当局有责任制定方案,采取措施降低信息不对称造成的危害。

二、逆向选择和道德风险

逆向选择和道德风险是信息不对称理论的两个最基本概念,从不对称发生的时间进行划分,信息不对称可能发生在当事人签约之前,也可能发生在签约之后。由于事件的信息不对称导致交易中产生问题,将其称为逆向选择（adverse selection）;交易过后,由于信息不对称产生的问题称为道德风险（moral hazard）。

逆向选择指的是,交易的双方信息不平等,信息优势方依仗信息优势让自己获取更多利益,让信息劣势一方难以决策,导致市场价格扭曲,失去平衡供求、促成交易的作用,进而导致整个市场效率的降低。

道德风险是在信息不对称条件下,不确定或不完全合同使得负有责任的经济行为主体不承担其行动的全部后果,在最大化自身效用的同时,做出不利于他人行动的现象。

在银行领域,由于逆向选择使得贷款可能导致信贷风险,尽管金融市场上存在着信贷风险很小的选择,但贷款人仍可能决定不发放任何贷款,从而出现惜贷现象。信贷市场中的道德风险是借款人从事不利于贷款人的（不道德）活动的风险（危险）,因为这些活动增大了贷款无法清偿的概率。由于道德风险降低了贷款偿还的可能性,贷款人可能决定不发放贷款。在保险市场上,道德风险的案例也层出不穷:已经投保了车损险和第三者责任险的汽车驾驶者可能会不那么小心翼翼地驾车,发生事故后寄希望于保险公司的赔偿,往往投保汽车的损坏率或丢失率高于未投保的同类汽车。在人寿保险业,投保人在保险期内随时有根据意外事故所造成的损失向保险公司索赔的权利。在此期间,保险公司无法排除两种可能性:一种是投保人对自己的身体健康状况不再精心照料和保护;另一种是投保人故意造成的事故,以伪装的意外发生事故骗取保险金。购买巨额人寿保险后的自杀和谋杀屡屡成为社会新闻的头条。在证券市场上,一般投资者对投资项目掌握的信息比较少,而融资人掌握了更多的信息,融资人的私人信息有可能会导致道德风险。证券市场上的强制性信息披露制度就是为了抑制道德风险所做出的努力。

按照 2007 年度诺贝尔经济学奖获得者、芝加哥大学博弈论与信息经济学教授梅耶森（Myerson,1991）的定义,逆向选择为"由参与人错误报告信息引起的问题",是指交易双方拥有的信息不对称,拥有信息不真实或信息较少的一方会倾向于做出错误选择。道德风险为"由参与人选择错误行动而引起的问题",也就是指在第三方提供保障的情况下,即使经营者或市场交易的参与者做出的决策和行为引起了损失,也不必承担完全责任,甚至可以得到某种补偿。这将激励其倾向于做出风险较大的决策,以博取更大的收益。这里的信息不对称既可能是指某些参与人的行动,也可能是指某些参与人的知识。

自从阿罗(Arrow,1963)将道德风险的概念引入经济学中以来,在相关的经济学文献中,有关道德风险的定义,有许多种相似的解释。阿罗给出的定义是:"道德风险就是个体行为由于受到保险的保障而发生变化的倾向"。瓦里安(Varian,1990)则认为"道德风险是指保险双方中的一方不能观测到另外一方的行为的情况"。由此可见,道德风险泛指市场交易中的一方难以观测或监督另一方的行动而导致的风险,即隐藏行为的一方由于其行为或疏忽致使不利结果出现的概率加大。可见,道德风险是一种事后机会主义行为,与"道德"本身并没有多大关系。一般的观点认为,道德风险是客观存在的,是"经济人"假设中的必然结果,它属于经济环境中的外生不确定性,而且破坏了金融市场均衡并导致金融市场的低效率。

逆向选择和道德风险的概念还被推广应用于委托代理理论中。这里的逆向选择是指委托代理关系中,代理方因拥有隐蔽的私人信息而在合同或契约签订前,利用委托方不知情的信息劣势进行欺骗以谋私利的行为。在委托代理理论中,逆向选择这个概念不是单独存在的,而往往是与合同或契约签订后出现的道德风险并用的,这样做的目的,是要设计一种有效的激励机制,防止由于信息不对称而产生的逆向选择和道德风险两种机会主义行为。

三、信息经济学

在当代经济学界,斯蒂格利茨和信息经济学之间几乎可以画上等号。在重要的经济学辞典、手册里,"信息经济学"这一项几乎都是由他撰写的。在研究信息非对称性对市场有效性的影响方面,与阿克洛夫共享2001年诺贝尔经济学奖的斯蒂格利茨的贡献在于他区分了缺乏信息的交易方的几种调整方式,即缺乏信息的交易方,要绞尽脑汁地从拥有更多信息一方那里获取更多信息。比如保险公司对顾客提供多种保单,其中赔付率越低的,保费也越低,反之亦然。这样,缺乏信息的保险公司就能从顾客对保单的选择中,获取顾客更多的信息。在金融市场,斯蒂格利茨认为其运行基础就是信息。如果美国没有证券交易委员会(SEC)要求上市公司充分披露信息,投资者就很难确定自己购买的公司股票究竟价值多少。有关上市公司的管理层及卖方也许知道有关上市公司内部存在的严重问题,但股票购买者却不知道,如果这种信息不对称现象经常发生,股市就有可能出现崩盘。由于信息不对称,金融监管机构、银行及一些大型投资机构存在的理由就自然生成了。

在信息不对称的情况下,需要相关机构来解决如何让人说真话的问题。例如,企业需要资金可以通过发行股票或债券的方式筹资,此时该企业的实际控制人一定会向投资者描述这个项目多么好,会赚许多钱返还给大家。但企业的许诺是不是欺骗,最后能回报多少,愿意回报多少,是新参与的中小股东或者债权人无法控制的。最好的办法就是在投资周期完成后去该公司查账。但如果每一个人都去查账,成本太高,也不现实。从这一角度看,金融监管机构、商业银行或投资银行的功能实际上就是代理普通投资者承担查账的任务,并由他们替所有出资者检查企业经营活动和督促有关企业进行信息披露。但商业银行或投资银行也存在着道德风险的问题,所以对银行经营安全的管制,需要政府出面进行必要的监督和管理。

斯蒂格利茨作为信息经济学的代表,他在和韦思(Andrew Weiss)合作的论文《不完全信息市场中的信贷配给》一文中,沿着与 MM 定理①不同的思路,对金融市场进行了分析。他们指出,银行的信贷配给会约束企业财务政策,因此他们提出一种在非对称信息和逆向选择条件下的信贷模型:企业较银行更了解其投资行为的风险,高风险的条件下,企业会为了借款而愿意接受高利率,同时高利率也会挤出部分低风险的企业,容易导致银行放贷平均风险提高,预期利润降低。同时,这种情况容易使高风险企业投资风险更大的项目,进一步降低银行的预期利润,引发道德风险问题。因此,银行宁愿把控在低利率水平满足所有企业贷款申请。这种信贷配给现象,说明了价格(即利率)调整的不充分和资源配置中数量约束(即信贷配给)的必要性。这一市场特征构成了新凯恩斯主义宏观经济学货币理论的微观基础(Stiglitz and Weiss,1981)。

在与格罗斯曼的共同研究中(Grossman and Stiglitz,1980),斯蒂格利茨对金融市场效率假说进行了论证。他们的结论被称为格罗斯曼-斯蒂格利茨悖论:如果市场在信息上是有效的,即所有信息在市场价格上都能得到反映,不会刺激经济主体获得蕴藏在价格之中的信息。但如果每个人都不知道信息,则市场会让某一主体掌握信息。因此信息有效均衡不会存在。这一研究对金融经济学影响颇大。

以保险市场为例,越是人身风险高的人越是希望能够参保,例如有人存在隐瞒病情甚至骗保等行为。保险公司为了解决这些问题,往往要求投保人寿保险、医疗保险的被保险人在参保之前进行体检。针对该情况,罗斯查尔德和斯蒂格利茨(Rothschild and Stiglitz,1976)合作的研究中发现:竞争性的保险市场中,风险不同的消费者购买的保险合同也不同,任何市场中,高风险和低风险的消费者都不会联合,因此保险公司可以通过某些特征和某些信息对消费者进行区分。保险公司在不了解投保人风险信息的情况下,向客户提出各种保费率和免赔额度的组合,让客户自选,以便通过"对号入座"而有效地选择可知情的客户。该模型参见专栏1-1。

> ### 📖 专栏 1-1
>
> #### 罗斯查尔德和斯蒂格利茨模型的推导
>
> 假定市场中某个体有 2 个单位收入,但可能遭受 1 个单位的损失。为防范风险,他选择投保金额 x,在完全信息下,保险公司可以根据风险高低收取不同的保费,费率即为其出险概率 i,保费为 ix,出险后可以获得补偿 $x \leqslant 1$。假设效用水平 U 为消费水平 C 的对数形式:
>
> $$U = \ln(C) \qquad (拟凹函数)$$
>
> 假定低风险个体 i 损失的概率 $i = l = 1/3$,高风险个体 i 损失概率 $i = h = 1/2$,个人在投保后出险和未出险情况下得益分别为:
>
> $$出险\ C_1 = 2 - 1 + x - ix = 1 + x(1-i)\ ;未出险\ C_2 = 2 - ix$$
>
> 对个体 $i(i = l, h)$ 而言,期望效用为:
>
> $$EUi = [i\ln(C_1) + (1-i)\ln(C_2)] = i\ln[1 + x(1-i)] + (1-i)\ln(2 - ix) \qquad (1)$$

---

① 默顿·米勒(Morton H. Miller,1990 年诺贝尔经济学奖获得者)和弗兰克·莫迪利安尼(Franco Modigliani,1985 年诺贝尔经济学奖获得者)在其《资本费用、公司理财和投资理论》和《股利政策、增长和股票价值》等重要文章中推导出了两项所谓不变定理:在完全的资本市场上,理性投资者认为现金股利和资本利得这两者之间并不存在区别。这一理论后被冠以两位经济学家的姓氏首个字母简称为 MM 定理。该定理在世界范围内引起了广泛的争论,详细内容可参见:余斌.诺贝尔经济学奖的耻辱:彻底否定资本结构无关论[M].北京:中国商业出版社,2001。

欲最大化其效用,即 EUi 对 x 求一阶导数并令其为 0:

$$i(1-i)/[(1+x(1-i)]-(1-i)p/(2-ix)=0$$

假定足额投保,参加保险且完全赔付:$x=1$,代入(1)得:

$$EUi_1=\ln(2-i)$$

不参加保险:$x=0$,代入(1)得:

$$EUi_2=(1-i)\ln2$$

参加保险比不参加的超额收益:

$$EEUi=\ln(2-i)-(1-i)\ln2 \tag{2}$$

将 $i=l=1/3$;$i=h=1/2$ 分别代入(1),则可以得出在参保的情况下:

$$EUl=\frac{1}{3}\ln\left(1+\frac{2}{3}\right)+\frac{2}{3}\ln\left(2-\frac{1}{3}\right)=0.5108 \tag{3}$$

$$EUh=\ln(2-p)=\ln1.5=0.4055 \tag{4}$$

代入(2):$EEUl=0.0487$,$EEUh=0.0590$

可见,与不参保相比,高风险者参保比不参保所获的超额收益相较于低风险者更高,更有参保积极性。在不完全信息情况下,保险人无法辨别风险高低,只能按高风险损失概率 $i=h=1/2$ 来设计保险合同。对于低风险者,此时可以选择投保金额 x,以最大化期望效用水平,即此时(1)中系数 $i=l=1/3$,但 C_1、C_2 中的 $i'=h=1/2$:

$$\text{Max}\left[\frac{1}{3}\ln\left(1+\frac{x}{2}\right)+\frac{2}{3}\ln\left(2-\frac{x}{2}\right)\right] \tag{5}$$

其一阶条件:

$$0=\frac{1}{3}\cdot\frac{1}{2}/\left(1+\frac{x}{2}\right)-\frac{2}{3}\cdot\frac{1}{2}/\left(2-\frac{x}{2}\right)$$

解得 $x=0$,即低风险者最佳选择是不参保,证明了 Akerlof 的柠檬问题。此时保险人可设计一份 Rothschild-Stiglitz 合同,投保金额 x^* 减小使得高风险者与在完全信息下的预期效用即 $\ln(1.5)$ 一致(亦即 $i=h=1/2$),使得低风险者 l 能够以较低费率参保而非出现逆向选择。此时 C_1、C_2 中的 $i'=l=1/3$,且 x 不再是 1 而是 x^*,代入(1):

$$\text{Max}\left[\frac{1}{2}\ln\left(1+\frac{2x^*}{3}\right)+\frac{1}{2}\ln\left(2-\frac{x^*}{3}\right)\right]$$

$$=\frac{1}{2}\left[\ln\left(1+\frac{2x^*}{3}\right)\left(2-\frac{x^*}{3}\right)\right] \tag{6}$$

令(6)$=\ln1.5$,解得:

$$x^*=0.2657$$

即为确保高、低风险者均能够参加的保险赔付均衡点。低风险者会选择低于 1、未充分保障的 x^* 吗?

将 $x^*=0.2657$ 代入(1),令其中 $i=l=1/3$:

$$EUl=\frac{1}{3}\ln(1+2\times0.2657/3)+\frac{2}{3}\ln(2-0.2657/3)=0.4861$$

而在柠檬问题发生"最优解"$x=0$ 时，$EUl = \dfrac{2}{3}\ln 2 = 0.462\ 1 < 0.486\ 1$。

结论：低风险客户选择价格低的有限承保合约，而高风险客户购买高价、承保范围广的合约，分别对自身都是有利的，多元合约构成分散均衡，部分解决信息不对称问题。

本 章 小 结

金融风险是中国经济面临的诸多问题中最主要的问题之一，宏观经济发展中出现的问题，很多都跟金融密切相关。党的十九大报告提出金融要服务实体经济，守住不发生系统性风险的底线。所以金融问题以及金融监管问题是中国国家治理层面最重要的问题之一。防范化解系统性金融风险需要经济学与法学交叉学科的研究。从经济学角度来看，公共利益理论、市场失灵以及金融体系的负外部性效应是金融监管的经济学理论基础。从法学的角度来看，各金融机构承担着各自的社会职能，相应职能中隐含着权力的因素，并具有一定的垄断地位，权力必须加以制约以及公平须得维护的法律规则也决定了必须进行金融监管。

即 测 即 评

请扫描右侧二维码检测本章学习效果。

本章思考题

1. "金融监管"课程主要用什么样的工具？解决什么问题？
2. 试述逆向选择和道德风险的概念，并阐述其在银行、证券、保险业的表现形式。

本章参考文献

1. 陈华,张倩. 美国国际集团被政府接管的教训及启示[J]. 亚太经济,2009(1):96-100.

2. 席勒. 新金融秩序:如何应对不确定的金融风险[M]. 束宇,译. 北京:中信出版社,2014.

3. 阿克洛夫,希勒. 动物精神[M]. 北京:中信出版社,2009.

4. 维斯库斯,哈林顿. 反垄断与管制经济学[M]. 4 版. 北京:中国人民大学出版社,2010.

5. AKERLOF G A. The market for "Lemons":Quality uncertainty and the market mechanism[J]. The Quarterly Journal of Economics,1970,84(3).

6. ALLEN F. Capital structure and imperfect competition in product markets(Working paper). University of Pennsylvania,1986.

7. ARROW K J,DEBREU G. Existence of equilibrium for a competitive economy[J]. Econometrica, 1954,22(3).

8. ARROW K. Uncertainty and the welfare economics of medical care[J]. American Economic Review,1963,53(5).

9. FAMA E F. Efficient capital markets:A review of theory and empirical work[J]. Journal of Finance,1970,25(2).

10. GLAESER E L, SHLEIFER A. The rise of the regulatory state [J]. Journal of Economic Literature,2003,41(2).

11. GROSSMAN S J,STIGLITZ J E. On the impossibility of informationally efficient markets [J]. The American Economic Review,1980,70(3).

12. ROTHSCHILD M,STIGLITZ J. Equilibrium in competitive insurance markets:An essay on the economics of imperfect information[J]. The Quarterly Journal of Economics,1976,90(4).

13. MYERSON R B. Game theory:Analysis of conflict[M]. Cambridge:Harvard University Press, 1991.

14. SHILLER R J. From efficient markets theory to behavioral finance[J]. Journal of Economic Perspectives,2003,17(1).

15. STIGLITZ J, WEISS A. Credit rationing in markets with imperfect information [J]. The American Economic Review,1981,71(3).

16. VARIAN H R. Monitoring agents with other agents[J]. Journal of Institutional and Theoretical Economics,1990,146.

本章必读文献:参考文献 15。

第二章

法和经济学理论

系统性风险是对金融稳定产生威胁的重大风险,会给整个宏观经济体系带来重大的负面影响。本章将法和经济学这一前沿交叉学科的法律金融分析方法论引入防范化解系统性金融风险的研究,将成本-收益分析方法引入金融监管,寻求中国金融监管的最优监管区域,增强金融监管法律和政策的有效性。

第一节　法和经济学的定义

一、什么是法和经济学

法和经济学(law and economics)是第二次世界大战后发展起来的一门经济学与法学的交叉学科,也是当代在经济学、法学两大学科中都不可忽视的一个重要学术流派。法和经济学从萌芽、初创、产生到发展,其丰富的研究成果无论在学术界还是在实务界的影响力都在日益增大。关于法和经济学的内涵,学者们提出了诸多不同的看法。

美国法和经济学创始人之一卡拉布雷西(Calabresi,1996)认为,法和经济学是研究整个社会在一个良好的框架下运行可能产生的成本和收益,以及维护社会持续运行所需要的一整套体系,而这套体系需要识别。显然,在卡拉布雷西来看,法和经济学既研究法律的效率,又研究如何实现社会公正等价值,即兼顾效率与公平双重价值。然而,美国法和经济学创始人之一波斯纳(Posner,2008)则反对将道德判断作为法和经济学的一部分。他认为,法和经济学的全部内涵就是用经济学的方法分析法律制度。美国哈佛大学法学院教授莱西格(Lessig,1998)认为,法和经济学分析的对象应该是建构性体系、市场、规范和法律体系共同构成的一个整体。在莱西格看来,法律仅仅是一种约束机制。

不同学者从不同的分析视角出发,对法和经济学的定义进行了阐述,但迄今为止,并没有形成一个大家都普遍认可的标准定义。正如霍维坎普(Hovenkamp,1995)所言:"不是每个人都认可'法和经济学'已经有了一个专门的定义。"究其原因,一方面是因为法和经济学涉及了法学与经济学两大学科门类,不同领域的学者对法和经济学从各自的视角出发有着不同的学术世界观;另一方面是因为法和经济学作为一门新兴交叉学科,一直在不断发展。

二、为什么需要研究法律

(一)法律与经济的相互关系

马克思指出:"只有毫无历史知识的人才不知道:君主们在任何时候都不得不服从经济条件,

并且从来不能向经济条件发号施令。无论是政治的立法或市民的立法,都只是表明和记载经济关系的要求而已。"[①]恩格斯指出:"在社会发展的某个很早的阶段,产生了这样一种需要:把每天重复着的产品生产、分配和交换用一个共同规则约束起来,借以使个人服从生产和交换的共同条件。这个规则首先表现为习惯,不久便成了法律。"[②]法律体系从起源与演进,到实体、程序和宪法规则,每一个方面都具有一定的经济结构。在这样的经济结构中,一个国家金融体系发展的需要也会影响法律规则的变化。在市场、规范和法律体系共同构成的一个整体中,法律仅仅是一种约束机制。

在理想市场状态中,不存在各种摩擦因素,不存在清晰界定权利、责任和义务边界的困难,每个人的行为及其后果都是可以观察的,这种条件下,所有人的行为都是可以预期的、明确的,人们之间的相互影响及其经济效率都是确定的。此时,交易各方不会存在争议、争夺,当然不需要法律,更不会产生法律。

现实世界中,人们的交易活动中存在由于各种原因所导致的争端,如果不能解决,就会引起人们退出交易而使得社会分工和交易的链条中断,此时,法律就是重要的、必不可少的。

（二）法和经济学的分析范式

1. 运用经济学语言分析法律规则的效果

给定一个国家的法律规则,人们就会根据法律的规定而行动,我们通过分析法律规则在不同条件下给人们带来的成本和收益,就可以判断出理性人的行为方式以及人们的行为之间相互作用的结果。运用经济学判定法律规则的经济效率,以便给出应当采用何种法律规则的建议。分析人们之间的相互作用后,可以了解资源配置的状况和效率;给定一个国家发展的目标,可以决策应该采用什么样的法律规则来实现预定的社会目标。

2. 运用经济学的工具推测法律规则的演化和发展

社会个体追求效用最大化的行为会激励集体行动的产生,从而推动法律规则的变化,如果知道了不同利益集团的利益取向和力量对比就可以了解法律规则变化的内在原因以及未来的发展趋势。

社会在不同的阶段追求效率或者公平目标的不同,也会影响到法律规则的变化,但是社会的不同目标实际上也是社会利益集团力量对比的体现。

法和经济学分析方法主要包括给定法律框架,分析法律对人们行为所产生的影响及其经济后果;给定经济条件,分析人们的行为模式对法律执行效果所产生的影响;给定经济条件和人们的行为模式,分析如何设计最优法律;研究经济条件的变化和人们行为模式的变化是如何影响法律制度的变迁。

三、法和经济学的分析主题

（一）合同法的经济分析

1. 合同与合同法

合同是指双方在自愿的前提下,所达成的一致意思表示。合同关键之处在于是否达成了一

---

① 马克思恩格斯全集:第 4 卷[M]. 北京:人民出版社,1958:121–122。

② 马克思恩格斯选集:第 3 卷[M]. 北京:人民出版社,2012:260。

致的意思表示,因此,除了常见的书面形式外,口头也可以形成合同。合同是进行经济活动的重要手段,是社会实现商品、服务流转的主要途径。

合同法是规范合同关系的法律规则体系,内容大致包括:合同的成立、合同的履行、合同的解释和变更,以及合同的救济。其中,合同的成立是指在什么情况下合同关系被予以确认,具有法律的强制力。合同的履行是有关合同双方如何有效地履行合同的规定。合同的解释是有关如何解释当事人之间的合同以及按照什么样的标准来进行解释的规定。合同的救济是当合同没有被有效履行时如何进行救济的规定。合同法对上述问题进行了系统的规定。而合同法的经济分析对上述问题进行了研究,从最大化交换效率的角度深入而系统地回答了上述问题,提出了不同于传统法学分析的分析思路和结论。

在金融领域,银行存单本身就是一个存款合同,购买股票是投资者和上市公司之间的合同,保单大多数是一个格式合同,合同在金融领域无处不在。

2. 合同法的经济理论

科斯定理强调交易是有成本的,建构法律以消除私人协商的障碍,可以最大化地降低交易中的成本。财产法的经济目的是将资源配置到最有效率的使用者手中,然而,财产法只能保证资源在初始配置时的效率。随着情势的变化以及财产使用技术的变化,财产的最佳使用者也不断地发生着变化,因此财产需要动态地调整到最佳使用者手中,这就产生了交易行为。而为了能够在降低交易成本的前提下,促进双方的自愿交易行为,合同制度应运而生。

根据法和经济学理论,可以根据交易所需时间,将社会经济中的交易分为即期交易(spot transaction)与远期交易(forward transaction,如期货和期权)。即期交易即一手交钱一手交货。远期交易是一种承诺交易,从承诺的作出到实现之间存在一段所需要的时间,因此,承诺交易将涉及未来,进而涉及不确定性及风险问题,同时也容易出现信息不对称问题。

市场经济可分为传统市场经济和现代市场经济两大类。传统市场经济规模小,经济实体之间的交易多为即期交易,在传统市场经济中的远期交易主要依靠交易双方的声誉而非第三方。当交易活动在很小的范围内就可以完成时,依靠声誉和关系的交易成本很小,足以满足交易活动。但是一旦范围扩大,这种交易成本就会迅速扩大,对企业规模和市场规模都会产生影响,造成很多经济活动无法完成。决策者具有理性是非人格化交易作为现代经济的主要方式,在这种交易模式下,买卖双方甚至可以不认识对方,因此,承诺交易所涉及的不确定性和风险将上升,信息不对称的问题将变得更为严重。这就需要通过合同制度的建立,赋予符合法律成立条件的合同以国家强制力,以第三方(政府)来公平地执行合同。因此,合同法的经济目的就在于最大化交换效率,有关合同的经济研究重点也是如何通过人们所达成的自愿协议来促进对私人目标的追求。

既然合同法有利于提高交易效率,那么法律就不应该不加区别地强制人们履行合同,而是强制人们履行有效率的合同。从帕累托效率角度来看,如果一份合同经过修改有可能在双方都不受损的条件下至少使一方收益,那么原来的合同就是无效率的;反之,该合同就是有效率的,有效率的合同也就是一份更完善的合同。合同经济理论的研究表明,一份完备合同的订立需要满足两个基本的条件:一是合同的订立者须具备理性人前提,亦即法律上的完全民事行为能力人;二是签订合同的环境必须是一个具有自由、竞争的环境,从而在该环境下签订的合同是当事人的真实意思表示。

（二）赔偿的经济分析

当受害人遭到侵权人损害，并且认定侵权人对此负有责任后，具体应当如何对受害人进行赔偿？法和经济学在计算赔偿金和惩罚性赔偿的适用方面进行了探索。

1. 市场品的赔偿

当被损害的物品有市场替代品时，对损害的赔偿并不存在较大争论，按照市场替代品市场价赔偿即可。此时受害人认为在没有受损害和受损害获得赔偿之间并无差异，可以达到完美赔偿。

2. 非市场品的赔偿

对非市场品的损害如何赔偿？非市场品缺乏一个定价市场，如人身损害赔偿，并且对非市场品进行市场定价往往也有违道德。

法和经济学利用汉德公式，根据为保护非市场品需要进行的事前投资和投资降低的事故发生概率，来判断有效防止的事故损失，并将非市场品的赔偿价值认定为被有效防止的事故损失。汉德公式源自"美利坚合众国政府诉卡罗尔拖轮公司"一案，法官汉德（Learned Hand）提出了著名的汉德公式：

$$B > = < LP$$

这里 B 为预防事故的成本，L 为一旦发生事故所造成的实际损失，P 为事故发生的概率。即只有在潜在的致害者预防未来事故的成本小于预期事故的可能性乘预期事故损失时，他才负过失侵权责任；亦即 $B<LP$ 时，当事人没有预防就存在过错；而当 $B>LP$ 时，当事人没有预防不构成过错。预防的最低要求就是 $B=LP$，进而有 $L=B/P$，这就是非市场品赔偿额的汉德公式，这里 L 代表了对非市场品的损害估价。

3. 惩罚性赔偿

惩罚性赔偿不同于补偿性赔偿，补偿性赔偿在于填补损失，即赔偿后能够使受损害人恢复到损害之前的水平，但惩罚性赔偿的金额超出了使被损害人恢复到事前状态时的赔偿金额。对于为何会产生惩罚性赔偿以及惩罚性赔偿是否能够适用于侵权法领域，目前尚存在争议。

对此，法和经济学做出了一些有说服力的解释。

一是威慑理论。假定侵害人给社会造成的损害是 C，其逃脱责任的概率是 P，那么当侵害人被追究责任时，要求他进行 C/P 的惩罚性赔偿，对整个社会来讲就是让侵害人将所有的侵害成本内部化，从而保持了法律的整体威慑水平。

二是赔偿不足。由于非市场品的精确定价存在很大的困难，赔偿很可能是不足的。对此，适用惩罚性赔偿，减少赔偿不足的概率，从而使侵害人全部内部化其造成的损害。

三是故意侵权。侵权法基本上是否定惩罚的，仅仅将损害成本内部化就足够。但在故意侵权中，如果给受害人带来的损害是 C，而侵害人得到的利益是 B，即使侵害人对受害人完全赔偿后也会得到收益 B。法谚云：任何人不得因其违法行为获得利益。为了阻止侵害人因其违法行为获得利益，就需要对其进行惩罚性赔偿，把侵害人的收益全部剥夺掉，从而使得侵害人的故意侵权没有额外收益，进而起到了防止侵害人再次故意侵权的作用。

四是鼓励交易。即在交易成本不高、能够事前通过自愿交易进行权利转移的领域，通过惩罚性赔偿来提高非自愿交易的成本，迫使侵害人选择自愿交易而非侵权。

（三）处罚和预防犯罪的经济学分析

贝克尔（Becker，1968）在贝卡利亚和边沁思想的基础上，首次抽象出关于犯罪行为的经济学模型。他认为,罪犯和其他人一样是追求个人效用最大化的理性人。理性人之所以选择犯罪,是因为在他看来犯罪是有利可图的。因此,要实现对犯罪行为的预防和控制,就可以通过增大犯罪成本来实现。

1. 犯罪行为基本模型

犯罪行为模型将从事犯罪的条件概括为:犯罪的预期收益超过其预期成本。贝克尔给出了一个简明的犯罪行为模型。罪犯从犯罪行为中获得的预期效用记为 $E(U)$:

$$E(U) = PU(Y-F) + (1-P)U(Y)$$

其中,P 代表惩罚概率,Y 代表从犯罪行为中获得的预期收益,F 代表惩罚给罪犯造成的预期成本的实际损失。当罪犯的预期效用为正时,罪犯就会实施犯罪行为。惩罚概率与惩罚严厉程度是决定预期惩罚成本的两个非常重要的变量,是控制和威慑犯罪的主要途径。

2. 犯罪收益

犯罪收益(Y)是指罪犯从犯罪中获得的物质性(例如,从盗窃、抢劫、诈骗中获得的金钱性收益)和精神性(例如,冒险的刺激、复仇的兴奋)的满足感。

3. 犯罪的个人成本

犯罪的个人成本包括:

(1)物质性成本。实施犯罪均需要付出一定的物质成本,例如,实施盗窃、抢劫行为准备作案工具的成本,生产制造毒品所投入的资金成本。

(2)精神性成本。罪犯在实施犯罪时会产生恐惧感、负罪感、焦虑感以及厌恶感等,这一系列因犯罪行为所造成的精神损失即为精神性成本。

(3)机会成本。犯罪的机会成本是犯罪行为人将用于犯罪的资源用于从事合法职业时所获得的净收益。因此,一个人从事合法职业的收入越低,其实施犯罪的机会成本也就越低,其实施犯罪的概率也就越高。犯罪统计的经验性研究证实了这一推测,即青少年、低收入人群、低受教育水平群体、贫困区域的犯罪率高于平均水平。对此,可以认为,扩大就业机会可以起到预防犯罪的效果。

(4)预期惩罚成本。预期惩罚成本包括所有正式和非正式惩罚给罪犯造成的损失。正式惩罚包括罚金、监禁以及权利、资格或职务的剥夺等,非正式惩罚包括任何私人在罪犯被侦察、抓获、起诉和定罪过程中对其施加的各种不利影响。通过加大犯罪成本使犯罪行为人无利可图,进而威慑犯罪,便可降低犯罪发生的概率,达到预防犯罪的效果,这是刑罚威慑理论的核心观点。

第二节　法和经济学的方法论

一、为什么方法论重要

(一)经济人假设

经济人假设强调,在研究的出发点上,将个人视为分析的基本单位,以独立的个体作为观察问题、分析问题、进而解决问题的起点。在价值评价方面,经济人假设把个人的地位和作用提高到了很高的地位。在制度设计和架构方面,个人主义的研究方法倾向于强调个人的意志和个人的选择。

理性选择理论表明,选择就是指决策者这一经济个体从自身的角度进行成本收益的比较,并且只有经济行为人之间的自我利益最大化选择都得以实现,才能达到所谓的效率均衡,如果没有对经济行为人的行为方式的准确判断根本不可能建立均衡。因此,西方经济学在方法论上是个人主义的。它始终从个体的角度出发理解个体所生活的社会,认为是个体的选择决定了社会关系的内容和形式。

(二)理性选择

经济学被定义为研究如何在稀缺资源具有的多种相互竞争的用途之间进行选择的学问。经济学提供了一个关于人们如何进行选择的一般性结论。理性选择理论是主流经济学的基本行为假定,法和经济学的创建和发展实际上是一个对理性选择理论的应用、深化和反思的过程。

决策者具有理性是主流经济学最基本的理论假设,这是对经济社会中从事经济活动的所有人的基本特性的一个一般性的抽象。这个被抽象出来的基本特征就是:每一个从事经济活动的人都是利己的。换言之,每一个从事经济活动的人所采取的经济行为都是力图以自己的最小经济代价去获得自己的最大经济利益。以该理论来审视法律世界,每一个进入法律关系的当事人也都有其不同的动机和愿望,它们依据自己的偏好和最后利于自己的方式进行活动,它们是理性的、追求个人效用最大化的"理性人",即所谓的"经济人"。

理性人假设是对法律行为进行经济分析的理论前提,也是法和经济学的基本理论支柱。法和经济学研究中的理性选择的核心内涵是:假定人们对法律是熟知的,对自己在一种法律关系中享有的权利和应承担的义务是清楚的,会通盘考虑适用法律行为所引致的法律后果,并做出恰当的有利于实现自己利益的行为选择。

(三)稳定偏好

稳定偏好,是指在经济学研究中,通常假定消费者对于它们喜欢的事和不喜欢的事一清二楚,并能根据它们满足消费者偏好的能力大小,排列出物品和劳务的各种可供选择的组合,并且假设消费者总是偏好物品和劳务数量多的组合(Becker,1993)。

传统的民间习惯、宗教与国家法律都有提供某种理性秩序的功能,其社会成员都遵循某种常规性但并非有意构建的行为模式。这种遵循和坚持,实际上就是对牢固确立的习惯传统和稳定的秩序本身的稳定偏好。如果国家制定的法律不符合人们对"秩序"的稳定偏好,人们仍会"不由自主"地遵循旧的习惯,变相地抵制法律,直到现行法律作出某种让步或者变通的规定为止。

(四)一般均衡分析

均衡(equilibrium)概念最初源自物理学,经济学家马歇尔首次将均衡概念引入经济学的分析当中。他把经济活动中各种对立的、变动的力量处于一种力量相当、相对静止、不再变动的状态称为均衡。具体而言,在一般的市场经济活动中,每个人都想通过交换获得能提供最大满足欲望能力的物品组合,它们彼此之间就欲望的满足形成一定的价格,互相制约,逐步达到需求等于供给,从而出现价格不再变动而持久不变的情形。这是一种使社会财富持续、高效递增的状态。

经济学中的均衡分析可以扩展到对法律活动及其规律的研究之中。狭义的法律均衡(legal equilibrium)就是法律供求均衡,即国家机关强制或意愿进行的立法、司法、执法等活动同人们购买(或遵守)法律的主观愿望和客观能力相适应。法律供求均衡有两重含义:一是法律供给与需求在量上处于均等状态,由此决定的法律成本最低,收益最大;二是既定法律供求已有一整套从立法、司法、执法到守法的有序机制,能够保证这种均衡持续产生最优行为选择和约束条件。广义的法律均衡是指法律资源在社会生活中均衡配置的持续状态和目标模式。它具有外部适应性、内部协调性、状态稳定性、力量平衡性以及结构对等性的特点。法律均衡可以用来分析宏观如公法与私法、实体法与程序法、中央法与地方法、国内法与国际法之间的关系问题。微观如授权性规范与义务性规范、构成性规范与调控性规范、奖励性规范与惩罚性规范等的合理配置问题，无论在法律基本原则的普适性方面，还是在程序选择与规范涉及的可操作性方面，都有极其重要的意义。

二、法和经济学的分析工具

（一）科斯定理：交易成本、权利的初始界定对效率的影响

国内学者黄少安（2004）将科斯定理表述为一个定理组。第一定理：如果市场交易成本为零，不管权利初始安排如何，当事人之间的谈判都会产生资源配置效率最大化的安排。第二定理：在交易成本大于零的世界中，不同的权利界定会带来不同效率的资源配置结果。第三定理：产权制度的供给是人们进行交易、优化资源配置的前提，不同的产权制度将产生不同的经济效率。

科斯重点强调的是，在交易成本为正的世界中，权利的初始界定及相对应的交易成本对资源配置有着十分重要的作用。科斯揭示出了交易成本、制度安排与经济绩效之间的关系，即不同的制度安排具有不同的交易成本，因而具有不同的经济绩效。制度的交易成本与其经济绩效之间存在反比关系。建立高经济绩效制度的关键在于降低其交易成本，而降低交易成本的关键在于适当的产权安排。最优的产权安排是将权利赋予最能有效利用它的主体的制度安排。

（二）帕累托效率和卡尔多-希克斯效率

效率是经济学研究中最核心的问题之一，即在现有的技术条件下，如何才能使资源的配置效果最佳。判断资源配置的某种变化是否具有经济效率主要有两种标准：帕累托效率和卡尔多-希克斯效率。

1. 帕累托效率

帕累托效率，也被称为帕累托最优，是资源配置帕累托改进的最终结果。帕累托改进是指，假定固有的一群人和可分配的资源，从一种分配状态到另一种状态的变化中，在没有使任何人境况变坏的前提下，使得至少一个人变得更好。帕累托最优是指，资源配置的任何改变都不可能使任何一个人的境况变得更好而不使别人的境况变坏，即不存在帕累托改进。在自愿市场交易中，交易各方都对对方所持的东西给予较高评价，因此，交易后能给双方当事人均带来福利的改善。

2. 卡尔多-希克斯效率

帕累托效率具有局限性，即只有那些至少有一方的境况变好而同时没有其他人的利益受损的调整才能被接受。卡尔多-希克斯效率则试图超越这一局限性。卡尔多-希克斯效率关注的重点不再是资源的重新配置是否会导致某些人的境况变坏，而是社会整体的效用是不是增加到最大值。在该理论下，如果那些从资源再配置中获利的人足够补偿那些受损的人，那么资源配置的这种调整就是有效率的，称之为卡尔多-希克斯效率。

（三）公众选择和阿罗不可能定理：立法决策过程的困难

诺贝尔经济学奖获得者肯尼斯·约瑟夫·阿罗于1951年在他的经济学经典著作《社会选择与个人价值》一书中，对投票选举方式能够产生合乎大多数人意愿的领导者进行了专项研究，用

数学公理化方法和数学逻辑思维认真论证,提出了阿罗不可能定理:在排除了人际效用比较的可能性之后,我们考虑从个人口味得到社会偏好的方法,如果要求这些方法既要令人满意,又要在一个相当多样的个人排序的集合上有定义,那么这种方法必然要么是强加的,要么是独裁的。随着候选人和选民的增加,投票的"程序民主"必将越来越远离"实质民主"。阿罗不可能定理说明了民主立法要最终实现实质民主的困难性。

(四)博弈论:执法和被执法者的双重角度

博弈论是第二次世界大战结束后发展起来的理论,到了20世纪80年代末90年代初,已经形成了内容丰富、完善的理论体系。博弈论研究当人们知道其行动相互影响而且每个人都考虑该影响时,理性个体如何进行决策的问题。

应用博弈论进行法律分析的优势在于:

第一,法律是一种调整人与人之间行为关系的规则体系,而人与人之间在法律指引下本身就有相互博弈的因素。博弈论所研究的对策行为与法律规则作用下行为人的行为模式更相一致。在既定的法律关系之中,被执法者在既定的法律关系中,任何一方的行动选择,既受到自身因素的影响,也必然受到其他当事人行为的影响。因此,将法律规则下行为人之间的行为互动归结为对策行为更加准确。博弈论是分析法律等非市场制度和非充分竞争市场的恰当工具。

第二,博弈论承认个人理性与集体理性之间存在冲突。这一结论通过纳什均衡即可得知。纳什均衡是一种策略组合,给定对手的策略,个人参与人选择自己的最优策略。纳什均衡的重要性来自其中每个博弈者的策略都是针对其他博弈者策略或策略组合的最佳对策。其是以策略之间的相对优劣关系,而非绝对优劣关系作为基础的。

囚徒困境清晰地说明了博弈论的基本概念。假设两个被怀疑合谋犯罪的嫌疑人甲、乙被警方抓获,但警方掌握他们犯罪的证据不充分,于是将他们分开单独进行审讯,即双方无法进行信息交流、订立攻守同盟。警察向这两个嫌疑人交代的基本原则是:如果一人坦白,另一人不坦白,则坦白者从宽处理,直接释放,不坦白者从重处理,判刑9年;如果甲、乙两人都坦白,则对每个人各判刑6年;如果甲、乙两人都不坦白,则警方由于证据不足,只能对每个人各判刑1年。由于坐牢的效用为负值,可以将两个人不同策略下选择的得益矩阵如表2-1所示。

表2-1 囚徒困境的博弈矩阵

		嫌疑人乙	
		沉默	招供
嫌疑人甲	沉默	−1, −1	−9, 0
	招供	0, −9	−6, −6

两个嫌疑人的博弈过程如下:如果甲、乙两人均不坦白,则都可以获得(−1,−1),显然是一个最好的结果。但由于他们无法订立攻守同盟,每一方均担心对方坦白而自己不坦白进而受损,因而每个嫌疑人的占优策略都是坦白。于是双方的(坦白,坦白)便是该博弈每个参与者的占优策略。然而,由此导致的结果(−6,−6)却是最差的。囚徒困境清晰显示出了个人理性与整体理性之间的冲突,即从个人角度出发所选择的占优策略,从两个人的整体角度来看却是最差的结果。博弈论是对亚当·斯密构建的面包师和屠夫个体最优选择促进社会进步理论的颠覆性创新,即

个体最优的选择对集体而言并非最优选择。

因徒困境具有纯策略纳什均衡,在金融监管中更多存在混合策略的纳什均衡。现阶段大多数金融监管的博弈分析主要是在金融机构和政府监管者之间的博弈。创新和管制实际上是金融机构与监管当局之间进行的动态博弈过程,"管制—创新(规避管制)—放松管制或再管制—再创新",金融机构和监管当局双方在博弈过程中找到最合适的均衡点。创新与管制正是在这一博弈过程中相互作用、共同推动金融深化和发展的进程。

第三节　不完备法律理论

不完备法律理论是由许成钢和卡塔琳娜·皮斯托于 2002 年首先提出的。在《不完备法律:一种概念性分析框架及其在金融市场监管发展中的应用》一文中,他们提出:既然法律通常被设计为要长期适用大量的对象,并且要涵盖大量迥然不同的案件,那么它必然是不完备的。只有当社会经济或技术变革的过程静止时,法律才可能完备。

正如合同不可能是完备的一样,法律也是不完备的。由于当事人的有限理性、信息不对称和交易成本等因素,合同不可能也无须订立得完备。而法律其实是个大合同,是全体国民的社会契约,是很多代、无穷代人之间的契约。所以法律如同合同一样,也是不完备的。

一、法不责众与激励相容

法律的执行是有条件和有成本的。当大多数人都不遵守法律的时候,法律的执行成本高昂,使得法律无法执行,或者执行法律得不偿失而没有必要执行,导致法律形同虚设。

只有当大多数人都有自律遵守法律的内在激励,也就是符合激励相容原则的时候,才能把法律的执行成本降到一个合适的水平,法律的执行才是具有生产效率的。市场越完善,法律执行才越有效率。法律是对市场不完善的补充,但是只有市场具有一定的完善性,法律才能有效执行。

法律规则不一定是分析问题的基准,建立书面的法律条文是容易的,但是书面的法律会由于种种原因而不能被执行,导致我们所观察到的现实与书面的法律大相径庭。因此,虽然转型国家可以在一夜之间通过移植和模仿建立与成熟市场经济国家相似的法律体系,但效果是不一样的。重要的不是看法律的条文的规定,而是要看法律条文有没有执行的条件,有没有产生预期的效果。

二、不完备法律理论:一个分析框架

例子:一个理性人有机会通过不良行为获得收益。良好行为的收益为 a,成本为 c_1,不良行为的收益为 b,成本为 c_2,发现的概率为 p,未发现的概率为 $(1-p)$,法律的处罚为 f,理性人需要怎样行动?

假设两种行为的预期收益:良好行为的净收益为 $a-c_1$,不良行为的净收益为 $(1-p)(b-c_2)+pf$。比较两种行为的净收益 $(a-c_1)-[(1-p)(b-c_2)+pf]$,怎样才能让人不去违法而遵守社会规范呢? 这就是所谓的有效执法条件,即法律的阻吓作用。

当市场存在缺陷的时候,法律可以发挥作用。但如果从开始起,金融市场就不断充斥着丑闻和舞弊行为,尽管立法者一直试图通过颁布新的法律和强化执法制度,控制损害行为的发生,那么依赖法庭执法的法律为何没有对这类舞弊行为产生有效的阻吓? 阻吓为什么

会失灵？

如果所有可能造成损害的行为都能准确无误地由法律详细规定,则法律是完备的。否则,法律就是不完备的——这或是因为法律存在空白(即法律不能处理特定的损害行为),或是因为法律条款的开放性质(即法律的边界未清晰地加以限定)。在法律中,某些领域比其他领域更不完备。环境因素会影响法律的相对不完备性,当环境变化时,如果法律还想维持有效性,就需要频繁修改。

法律也可能由于有意设计而具有不完备性。立法者可以决定将法律设计得或多或少不太完备,而且考虑到现有的执法制度及其有效性,他们常常会这样做。由于立法者知晓法庭会介入并且填补法律留下的空白,他们会起草宽泛、开放性的而非详细的条款。反过来说,如果不愿给予法庭立法权,或者法庭被认为无法以预期的方式行使这些权力,那么立法者会试图以更精确的方式表述其意图。然而,即使高度明确的法律也是不完备的,因为它必定会遗漏一些影响裁决未来案件的相关问题。

在法律不完备时,如果不阐明法律的含义,则无法用之断案。我们将这种解释现有法律,适应环境变化,并把它扩大适用于新案例的权力称为“剩余立法权”。剩余立法权可由立法者保留,也可授予法庭或监管者。

但是,仅分配立法权还不够。除此之外,还应分配执法权。除非能自愿或强制地得到遵守,否则再好的法律也会形同虚设。

法律是完备的,即对同一经济体中的所有个人和执法者而言,法律的表述均是准确无误的,并且,法律涵盖了所有可能的损害行为。在此假定下,设计一种以最优阻吓来达到最佳效果的法律就成为可能。与此相一致,法庭执法成为此类分析的核心。

如果法律是不完备的,无论是在判例法还是在成文法中,执法所面临的挑战要比设计最优刑罚更复杂。它要求设计适当的制度机制以解决不完备法律下执法无效的问题。在更进一步的条件下(例如预期损害的程度),仅靠法庭不足以保证执法的最优化。这源于法庭执法的本质。

法律的阻吓作用因其内在不完备性而削弱。法律的不完备性对立法和执法制度的设计有深刻的影响。法律不完备时,剩余立法权及执法权的分配方式会影响执法的有效性。在不完备法律下,对立法及执法权最优分配的分析,集中于可能作为立法者的立法机构、监管者和法庭,以及可能作为执法者的监管者和法庭。剩余立法权及执法权的最优分配取决于法律不完备性的程度及性质,对导致损害的行为进行标准化的能力,以及此种行为产生的预期损害和外部性的大小。

三、为什么法律是不完备的

既然法律通常被设计为要长期适用于大量的对象,并且要涵盖大量迥然不同的案件,那么它必然是不完备的。只有当社会经济或技术变革的过程静止时,法律才可能完备。在后农业社会,这显然是不切实际的幻想。

法治原则决定了法所具有的一般性、持久性、可预测性以及对所有人都平等适用这些性质。马克斯·韦伯在其有关经济史的论述中指出,理性的、可预测的法律是资本主义产生的前提之一。

法律会因为各种原因而不完备。一种情况是,法律没有对特定行为进行界定或仅列举了少数行为,使得对行为结果的限定很宽泛(第Ⅰ类不完备法律);另一种情况是,法律虽明确了应予制止的行为,却不能涵盖所有相关行为(第Ⅱ类型不完备法律)。

第Ⅰ类型不完备法律的一个例子即侵权法。一般性侵权原则通常规定,损害他人财产、生命及自由的责任人要承担侵权责任。要注意到,它并未定义具体的损害行为,仅定义了造成财产损害要支付赔偿金这种广义的行为结果。尽管在确定侵权责任时要求行为人存在故意或过失,或规定某类行为要负严格责任,这样可以进一步限定责任范围,但这仍然给损害行为的形式留下了空间。

第Ⅱ类型不完备法律的一个很好例子是刑法。刑法通常会规定许多以保护产权为目的的条款,但每条都针对特定行为,如盗窃、侵占、财产损坏等。更仔细地审视这些条款则会发现,法律并未概括所有可能侵犯产权的行为。但人们还是宁可有意识地选择制定高度明确的法律,即使这意味着那些可能产生类似损害结果的行为不可避免地会被遗漏。这种选择受到"法无明文规定不处罚",即"罪刑法定"原则的影响,而后者直接来源于法治原则。

法庭在刑法领域行使的只是有限的剩余立法权。即使某些特定行为被广泛视为违法行为,诉讼的结果也常常是宣判无罪。这是执法不足的明显例子,也是法律体系坚持诸如"罪刑法定"原则所要付出的代价,如果损害行为在发生之前没有被清楚地规定为犯罪,这些原则将限制政府对损害行为进行处罚的权力。更一般地任何试图制定高度完备的法律以明确所有应受制裁的行为类型,都必定导致执法不足,因为那些立法者无法事先预见但会产生类似损害结果的行为注定还会发生。

四、法律不完备与证据不足、惩罚不确定

起诉某人或要求其依法承担责任时所需证据的类型,取决于所适用的法律。因此在收集证据之前,很重要的一点是要确定行为是否在法律规定的范畴内(假定所有的相关证据都可以确定)。如果情况很明显不是,那就不需要处理证据问题了。只有在法律能够解释为包括相关行为在内时,才会产生证据问题。

在本质上,法律的不完备性不同于惩罚程度的不确定性。只要行为人知道,他可以预期到惩罚,并且他所预期的惩罚程度的最大值足够高,那么,法律为达到最优的社会效果已具备足够的阻吓力,且这一阻吓力与惩罚程度的不确定性无关。相比之下,如果法律不完备,对于行为者个人以及执法者而言,核心问题均是确定行为是否违反法律。不完备的法律可能会惩罚无辜者,从而阻止有利于社会的行为。当然,它也可能会阻止潜在的损害行为。因此,除非能找到在不完备法律下增强执法的制度机制,否则不完备法律会使执法处于次优状态。

第四节　金融监管博弈模型的构建与分析

第二节中讨论了纯策略纳什均衡,金融监管博弈更接近混合策略博弈,这里在监管者和被监管者之间引入混合策略博弈模型。

一、博弈论是否可以解决监管问题

迪克西特(Dixit,1996)认为,在传统经济政策的研究中,习惯于将经济政策的决策者看作无所不知、无所不能、仁慈的独裁者。但依据信息经济学,经济政策制定者并非是无所不知的,而在

政策工具的使用受到限制的条件下,更不是无所不能的。[①]在布坎南(Buchanan,1975)的新政治经济学的分析框架中,政府不再单纯是市场的守夜人、裁判者,不再是外生的、既定的变量,而是内生的、由政客操纵的、参与市场行为并对市场运行产生影响的机器,其在一定的制度框架下有着自己的诉求。经济政策研究的对象是经济。它是通过一定的政治行为过程或决策过程实现的,其离不开独立进行选择的个体间的互动。进行经济决策的政治人物,也并不是完全出于公共利益行事的。他们有着自己的利益追求,在此过程中也会寻求自己利益的最大化,而非一味追求公共利益最大化。因此,在此过程中所产生的监管部门利益问题便是应有之义(席涛,2004),这包括监管中所产生的监管俘获问题(Stigler,1971)以及监管的"过桥收费"现象(Djankov 等,2003)。对于政治人物来说,在西方政治体制下,其最基本的诉求是通过获得选民的支持而谋求连任;在我国,则是地方政府官员通过获得上级和属地群众的认可来谋求升迁机会,其突出表现是晋升锦标赛的存在,即通过追求地方经济增长来凸显自身的执政能力。同时,还存在着上级针对下级的问责机制,这在地方政府官员对风险事件处置不当时就会发挥作用。

金融监管者需要平衡经济发展与防范金融风险之间的关系。对于中央政府的金融监管者来说,地方经济发展相对于防范系统性金融风险相比就次要得多,中央政府要确保经济发展处在适当的增长区间,但其更要控制金融风险的爆发,即"守住不发生系统性金融风险的底线"。三大攻坚战之首的定位以及讲政治的要求,使得"一行两会"的中央监管者更注重金融稳定目标的达成,并促使其维护中央监管者的声誉。对于地方政府来说,地方经济增长状况和发展速度是一个更易考核的指标,且能够对当地民生改善奠定物质基础。而金融风险的集聚和爆发是一个需要时间积累的过程,只有当金融风险爆发时,才能让地方监管者意识到当地所存在的金融风险。在不承担金融风险处置责任的情况下,地方政府在利用金融系统发展地方经济的同时,较少承担由其所带来的负面影响。因此,地方政府在利用金融促进当地经济发展中,可能会具有机会主义行为的倾向。博弈论成为解决监管问题的有意义工具。

二、监管博弈模型构建

在金融监管的实际工作中,如果我们用博弈论来分析金融监管者和金融机构之间的关系,例如证监会和上市公司,可以简化为两个参与人:金融监管者和被监管者。假设这两个参与人均是理性经济人,监管者的目标是最大程度地抓住被监管者中的欺诈发行股票者,追回欺诈款项并给予处罚;而被监管者为了最大化其效用,在监管者很可能抓到自己的情况下会不去欺诈发行,而在监管不力的情况下会欺诈发行以获取额外利益。据此,可以构建监管者和被监管者之间的混合策略博弈模型。

在该博弈中,假设作为被监管者的上市公司有两种策略:欺诈发行证券和不欺诈发行证券;作为监管者的证监会也有两种策略:检查和不检查。博弈参与者所采取的策略、收益情况都是双方的共同知识和共同信息,二者的博弈据此而展开。

当被监管者不欺诈发行股票、监管者也不检查时,被监管者正常发行,监管者获得正常的声

[①]　根据丁伯根法则,要实现 n 个经济政策目标,经济政策制定者至少需要 n 个政策工具。在政策制定者可使用的政策工具极为有限的情况下,其要达成所有的政策目标是不可能完成的命题。丁伯根法则参见:TINBERGEN J. On the theory of economic policy[M]. North-Holland,1952。

誉、绩效、升迁等常规收益,双方均没有超额的收益或损失,各自在博弈中的超额收益为0。当监管者不检查,而被监管者欺诈发行股票时可获得违法的额外收益 E(extra income),此时监管者遭受由于被欺诈而带来的声誉损失 $-R$(reputation)。这里的声誉评价涉及监管者的监督人(如立法机关或上级机关)、被监管者及社会公众。当被监管者欺诈而被监管者查处时,除额外收益 E 被没收还要支付罚款,其收益为 $-F$(fine),现实中罚款往往是非法所得的额外收益 E 的数倍。而监管者需要付出检查成本 C(cost),比如出动人力、物力,需要一定的检查时间,等等。此时监管者因查处欺诈行为而获得绩效奖励 B(bonus),即此时监管者的总收益为 $B-C$。这里假设 $B-C>-R$,或 $B+R>C$,表明监管者对自身声誉 R 以及奖励 B 之和的计算会大于去检查而必须支付的成本。这是一个非常基本的假设:监管者基于自身声誉及奖励的需要,不会怠于检查;或者说,只要能够确定被监管者存在欺诈行为,监管者基于自身职责的要求,也一定会去进行检查。当监管者付出了检查成本 C,而被监管者并未欺诈时,监管者无法获得奖励 B,监管者收益为 $-C$,被监管者收益为0。这里 E、R、F、C、B 均为正值,检查包括现场和非现场两种检查方式。

我们可以把上述股票发行中被监管者和监管者之间的博弈收益情况表示在如表2-2所示的博弈矩阵中,监管者的得益为每一栏中左边的数据,而被监管者的得益在每一栏的右侧。竖向的箭头指向监管者占优的策略,横向的箭头则指向被监管者占优的策略。可以用 θ 代表监管者检查的概率,则 $1-\theta$ 代表监管者不检查的概率;用 γ 代表被监管者欺诈的概率,则 $1-\gamma$ 代表被监管者不欺诈的概率。

表2-2　监管者与被监管者之间的博弈矩阵

		被监管者	
		欺诈(γ)	不欺诈($1-\gamma$)
监管者	检查(θ)	$B-C$,　　$-F$	$-C$,　　0
	不检查($1-\theta$)	$-R$,　　E	0,　　0

这个博弈不存在像典型的囚徒困境那样的纯策略纳什均衡。因为被监管者一旦选择"欺诈"的策略,那么对监管者来说最好的策略当然是选择"检查",这样虽然花费了一定成本但却可以抓住逃费者,从而履行了自己的监管工作职责。但当监管者真的选择"检查"时,被监管者的正确策略是"不欺诈"而不是"欺诈"。既然被监管者"不欺诈",当然监管者选择"不检查"比较合算,可以不花费成本地完成监管工作。而当监管者真正怠于监督检查时,被监管者当然要去"欺诈"。因此,这个博弈在一次性博弈中没有会自动实现的均衡性策略组合,从而无法预测博弈的结果。双方选择策略的核心是不能让对方预先知道或猜到自己的策略,而是以随机的方式选择策略,并且随机选择两种策略的概率不能让对方有可乘之机。也就是说,监管者应当以一定概率随机检查被监管者,被监管者则以一定概率选择欺诈。本博弈的核心是求出在什么样的概率情况下能够达到混合策略的纳什均衡,即 θ 和 γ 的最优值。

在给定被监管者欺诈概率为 γ 的情况下,监管者选择检查($\theta=1$)和不检查($\theta=0$)的期望收益分别为：

$$\pi_G(1,\gamma) = (B-C)\gamma + (-C)(1-\gamma) = \gamma B - C \qquad (2-1)$$

$$\pi_G(0,\gamma) = -R\gamma + 0(1-\gamma) = -R\gamma \qquad (2-2)$$

根据被监管者不让监管者有可乘之机的基本假设，被监管者在选择最优的欺诈概率 γ^* 时监管者选择检查和不检查的期望收益是相等的，令式 2-1 等于式 2-2，得出最优的 γ^*：

$$\gamma^* = \frac{C}{B+R} \qquad (2-3)$$

同样地，可以求出监管者的最优检查概率。在给定监管者检查的概率为 θ，被监管者选择欺诈（$\gamma=1$）和不欺诈（$\gamma=0$）的期望收益分别为：

$$\pi_G(\theta,1) = (-F)\theta + E(1-\theta) = E - \theta(E+F) \qquad (2-4)$$

$$\pi_G(\theta,0) = 0\theta + 0(1-\theta) = 0 \qquad (2-5)$$

令式 2-4 等于式 2-5，可以得出最优的监管者检查概率：

$$\theta^* = \frac{E}{E+F} \qquad (2-6)$$

根据上述分别对监管者和社会保险被监管者混合策略的分析，可以得出二者博弈的混合策略博弈纳什均衡为：

$$\theta^* = \frac{E}{E+F}, \quad \gamma^* = \frac{C}{B+R} \qquad (2-7)$$

即监管者以 $\frac{E}{E+F}$ 的最优概率去检查，而被监管者以 $\frac{C}{B+R}$ 的最优概率去欺诈。此时，被监管者欺诈的概率取决于监管者：如果监管者执法成本 C 越小，而监管者因抓欺诈而获得的奖励 B、绩效和声誉价值 R 越大，被监管者欺诈的概率就越小。监管者检查的概率主要取决于欺诈者的额外收益 E 和对欺诈的处罚程度 F，欺诈的收益 E 越高，处罚程度 F 越低，则监管者为了自身的工作、绩效和声誉，进行检查的概率就越高。

对于被监管者的上市公司而言，欺诈的违法收益的大小 E 决定了欺诈的诱惑力，违法后被查处的损失大小 F 是法律规则的强制力的体现。被监管者是否违法，取决于违法获利的诱惑力 E 与规则的强制力 F 的比较。当诱惑力大于强制力，即 $E>F$ 时，虽然监管者查处的概率很高，但即使被抓住罚款额也很小的情况下，被监管者将选择违法欺诈；只有当罚款的强制力 F 远大于诱惑力 E 时，被监管者才有可能选择不违法，同时监管者检查的概率也小。

对于监管者来说，其收益和激励来源于自身工作的绩效、声誉和提升，其成本是检查支出。前者很难定量衡量，且主要评价来源于公众和上级机构，因此降低检查成本成为关键要素，同时也可以促使被监管者降低欺诈概率。声誉的积累对于监管者是非常重要的，成为监管者的一种重要的无形资产。当监管者不断向参与者发出严厉查处的信号时，其违规行为就会被遏制；反之，会造成参与者行为无约束的灾难。所以，通过立法制定有效的监管措施应该能对监管者本身构成激励，促使其积极履行职责。如果监管者因公众评价指标比较高而享有较高的声誉，同时奖励优渥，相当于增大了 $\frac{C}{B+R}$ 的分母，可以促使被监管者以更低的概率违法。例如，我国香港地区的廉政公署声誉 R 很高，该地区公务员贪腐的概率就比较低；新加坡政府高薪养廉 B 比较高，其公务员贪腐的概率也比较低。

上述符号还是比较抽象,我们可以代入数据来进行检验。假设监管者检查一次的成本是25元,不管是否能够查到欺诈者,监管者都需要支出这样的成本。查获一个欺诈者则监管者可以获得500元的奖励,同时还可以获得价值500元的声誉增加(我们这里把声誉也进行了数量化,在实际工作中其实是很难量化的)。而被监管者欺诈一次可以获得2 000元的收益,但如果被抓住,除了这2 000元被没收之外,还将面临3倍即6 000元的罚款,此时的监管者和被监管者各自采取的最优策略概率是:

$$\theta^* = \frac{E}{E+F} = \frac{2\,000}{2\,000+6\,000} = 25\%$$

$$\gamma^* = \frac{C}{B+R} = \frac{25}{500+500} = 2.5\%$$

从以上分析可见,欺诈的超额收益 E、对欺诈的处罚力度 F、监管者的检查成本 C、监管者的奖励 B 和声誉 R,共同成为股票欺诈发行监管博弈的关键因素。假设的数据结果意味着监管者最优检查概率是25%,这个概率其实和监管者自身的因素无关,而和上市公司欺诈的收益和罚款有关,罚款越高,检查的概率越低。

上市公司进行欺诈的概率仅为2.5%,这个概率其实和上市公司超额非法收入 E 和罚款 F 无关,而主要取决于监管者自身的因素如检查成本、监管者的奖励、绩效和声誉。可以看到这些因素构成了所谓的“监管悖论”:监管者主动进行检查的概率与被监管者欺诈的额外收益 E 成正比,而和对欺诈的处罚力度 F 成反比,这些其实都和监管者自身的因素无关,特别是处罚力度 F 越大监管者反而越可能怠于检查,即减少现场检查的概率;而被监管者欺诈的概率反而和自身欺诈的超额得益无关。“监管悖论”表明:在监管者和被监管者之间博弈最优策略的选择主要取决于对方的禀赋和策略,其实更深刻地体现了混合博弈中“对策论”的性质,即博弈参与方的效用函数不仅依赖于自身选择,还依赖于对手的选择,个人的最优选择是对手选择因素的函数。

哈萨尼(Harsanyi)对混合策略的解释:混合策略均衡等价于不完全信息下的纯策略均衡。尽管混合策略不像纯策略那样直观,但它确实是一些博弈中参与人的合理行为方式。桥牌比赛、球类比赛、划拳就是这样的例子,在这类博弈中,参赛者总是随机行动以使自己的行为不被对手所预测。

法学上的监管博弈也是如此。在立法和执法中,监管者和被监管者之间就存在着机会主义、博弈的问题。监管博弈是猜谜博弈的变种,它概括了诸如税收抽查、质量检查、惩治犯罪、雇主监督雇员等各种情况。而证监会监管上市公司、银保监会监管银行、保险企业,都符合监管的博弈分析框架。

本 章 小 结

法和经济学理论的创新之处在于,它为分析法律体系的设计和发展提供了一种新的、具有连贯性的分析框架。这一分析框架的基础是不完备法律。而其分析工具则是:剩余立法权及执法权的分配,以及对各种制度在权力行使方式上的差别所作的详细分析。这一理论可用于比较不同的法律体系,就像对民法和普通法国家所作的简要分析,也可用于分析那些在选择法律制度时受到更多限制的国家中的立法和执法情况。博弈论作为经济学方法,其中的囚徒困境模型和监管博弈模型都为规范金融机构和监管机构之间的相互关系提供了分析工具。

即 测 即 评

请扫描右侧二维码检测本章学习效果。

本章思考题

1. 法和经济学主要用什么样的工具？解决什么问题？
2. 不完备法律理论依据和结论是什么？
3. 博弈论的研究方法对金融监管有什么价值？

本章参考文献

1. 黄少安. 产权经济学导论［M］. 北京:经济科学出版社,2004:280.

2. 贝克尔. 人类行为的经济分析［M］. 上海:上海三联书店,2008.

3. 阿罗. 社会选择与个人价值［M］. 上海:上海世纪出版集团,2010.

4. 席涛. 管制理论的发展演变分析［J］. 中国社会科学院研究生院学报,2004(4):9-14.

5. BECKER G S. Crime and punishment:an economic approach［J］. Journal of Political Economy, 1968,76(2).

6. BECKER G S. A treatise on the family［M］. Cambridge Harvard University Press,1993.

7. BUCHANAN J M. A contractarian paradigm for applying economic theory［J］. The American Economic Review,1975,65(2).

8. CALABRESI G. Some thoughts on risk distribution and the law of torts［J］. Yale Law Journal, 1996,70(4).

9. DIXIT A K. The making of economic policy［M］. Cambridge:MIT Press,1996.

10. DJANKOV S,RAFAEL L P,LOPEZ-DE-SILANES F,et al. The regulation of entry［J］. Quarterly Journal of Economics,2003,117(1).

11. HOVENKAMP H. Law and economics in the United States:A brief historical survey［J］. Cambridge Journal of Economics,1995,19(2).

12. LESSIG L. The new Chicago school［J］. Journal of Legal Studies,1998,27(S2).

13. ZYWICKI,SANDERS. Posner Hayek,and the economic analysis of law［J］. Iowa Law Review, 2007,93(2).

14. STIGLER G J. The theory of economic regulation［J］. The Bell Journal of Economics and Management Science,1971,2(1).

本章必读文献:参考文献4、8、9、11、14。

法律金融理论

自 20 世纪 70 年代起,由于欧美国家法律现实主义运动兴起和社会经济发展受阻,经济学和法学开始真正融合。金融发展和经济增长之间的关系是当前经济学家关注的焦点之一,法律、金融和经济增长三方的关系也越来越受到学者们的广泛关注。

第一节　法律、金融发展与经济增长

本章所指的金融包括两个含义:一是货币银行学(money and banking)和国际金融(international finance),可统称为宏观金融。二是微观金融,其中包括公司金融(corporate finance),如股权、债权的结构,收购合并等;也涉及公司治理问题,如组织结构和激励机制等;还包括资产定价(asset pricing),它是对证券市场里不同金融工具和其衍生品价格的研究。

金融学是经济学理论中发展最快的重要分支,法律金融理论因而成为法律经济学的前沿研究理论。

一、金融发展与经济增长的关系

金融发展是金融交易规模的扩大和金融的高度产业化过程带来金融效率的持续提高。体现为金融压制的消除、金融结构的改善,即金融工具的创新和金融机构适应经济发展的多样化。其量的方面(规模)可以用金融资产与实物资产的比例(金融相关比率)等指标来衡量;质的方面(效率)可以用实际利率、金融工具与经济部门的分类组合(金融相关矩阵)、各部门的资金流量表的合并(金融交易矩阵)和融资成本等指标来衡量。经济主体为追逐潜在收益而进行的金融创新(包括制度创新和技术创新)是金融发展的根本动力。金融发展的一般规律是金融相关比率趋于提高。

经济增长,狭义指 GDP 的提高,属于宏观经济范畴。经济增长主要是指在一定时间跨度内,一个国家人均产出(或人均收入)水平的提高。经济增长率是一个国家或地区总体经济实力增长速度的标志,表示一个国家或地区在一定时期内经济总量的增长速度。

决定经济增长的直接因素包括投资量、劳动量、生产力水平等。由于 GDP 中包含了产品或服务的价格因素,GDP 的计算可以分为,用现价计算的 GDP 和用不变价格计算的 GDP。用现价计算的 GDP 可以反映一个国家或地区的经济发展规模,用不变价格计算的 GDP 可以反映经济增长的速度。

20 世纪经济学家关注的焦点之一是金融发展和经济增长之间的关系。20 世纪 70 年代,麦金农(Mckinnon)和肖(Shaw)以发展中国家的金融问题为研究对象,认为在发展中国家存在着严重的金融约束和金融压抑现象。这些问题导致金融体系聚集金融资源的能力被削弱,同时使金融体系发展停滞甚至产生倒退的局面。他们二人分别从"金融抑制"与"金融深化"这两个角度,结合货币金融理论和发展理论,对货币金融与经济发展的辩证关系进行了深刻论证,得出发展中国家陷于资金短缺的问题的原因并非能用于积累的资金短缺,而是因为"金融抑制"阻塞融资渠道,使资金成本异常。在金融深化的条件下,发展中国家经济建设资金不足的问题可以得到一定程度的缓解。

资本的积聚与集中,现代化的大规模生产经营,规模经济的效益可通过金融发展实现。金融发展可以优化资源使用效率,继而提升社会经济效率,加大用金融资产进行储蓄的比例,对社会投资水平的提高有正向作用。总体来说,金融发展主要是通过以下三种途径促进经济增长:一是促进储蓄;二是充当储蓄转为投资的桥梁,促进资本积累;三是通过资金提供者对投资取向的调控,实现有效的资源配置。同时,经济发展提高了社会收入水平,继而提高人们对金融投资、理财服务的需求。微观层面上,大企业集团逐渐变多,这些企业集团随之会要求与之相匹配的现代金融机构为其提供融资服务。

在金融发展、经济增长两者关系研究中,国外学者如希克斯(1987)详细考察了金融对工业革命的刺激作用后在《经济史理论》中认为,工业革命不是技术创新的结果,而是金融革命的结果,法律和货币制度是市场经济的两大基石。

戈德史密斯(Goldsmith,1990)在《金融结构与金融发展》一书中将一国金融发展指标用金融中介资产的价值与 GNP 的比率来界定,对 35 个国家 1860—1963 年的数据进行检验后发现:金融的发展水平在很大程度上反映了一国的经济发展所处的阶段,一国的金融发展与经济增长水平之间是正相关的。

金和列文(King and Levine,1993)针对戈德史密斯研究不足,利用 80 个国家 1960—1989 年的统计数据进行了计量分析发现:金融发展的程度越高,经济增长越快,金融中介发展和经济发展之间存在较强的正相关关系,金融部门的发展在相当程度上具有引导作用,金融发展是经济增长的预报器(predictor)。

麦金农(1997)提出的金融深化理论认为:发展中国家生产要素市场扭曲,人为低利率抑制了储蓄的增长,并导致资源配置的低效率。如果解除对实际利率的限制从而使其反映储蓄的稀缺性,以刺激储蓄并提高投资水平,就可以为经济发展提供一个高效率的金融体系。

肖(1988)也认为:一国经济中的金融部门在经济发展中举足轻重,健全的金融体系能够有效地动员储蓄和投资,从而促进经济发展;经济发展反过来也会提升对金融服务的需求,继而促进金融业的扩张。

国内理论研究起步较晚,但国内学者们在对相关理论研究成果学习研究的基础上,进行了一定的定性研究和大量的定量研究。

宾国强(1999)通过时间序列分析得出中国实际利率、金融深化和经济增长三者之间的关系,回归结果对麦金农的理论进行验证,表明实际利率、金融深化确实与经济增长有正相关关系,经济增长能促进金融深化,得出中国的金融发展是经济增长的原因这一结论。

韩延春(2001)以有关中国经济发展过程中的相关数据为基础,通过金融发展与经济增长关联机制的计量模型进行实证分析,得出结论为经济增长的最为关键因素是技术进步与制度创新,而金融发展对经济增长的作用极其有限。

史永东(2003)利用格兰杰因果关系检验和基于柯布-道格拉斯生产函数框架下的计量分析,对我国金融发展与经济增长间的关系进行了实证研究。认为在格兰杰意义上中国经济增长与金融发展存在双向因果关系,同时得出了金融发展对经济增长贡献的具体数值。

袁云峰等(2007)为探究我国金融发展与经济增长效率之间的关系,以 Battese and Coelli 提出的随机边界模型以及中国 1978—2004 年的跨省份面板数据为支撑进行研究,认为中国金融发展与经济增长效率之间有着显著的时空特征,金融发展并没有全面提高中国技术效率,仅以资本积累助力经济增长。

综上所述,目前关于我国金融发展与经济增长的研究存在的主要问题包括:一是对于"金融发展"这个概念,到现在为止缺少一个能够完整准确覆盖其内涵和外延的定义,特别是伴随着经济和金融创新的不断变化,金融同样处于变化发展当中。因此,关于金融发展和经济增长的关键影响因素就不好确定,基于此,之前研究中的数据的可靠性和分析结果的有效性也就值得商榷。二是技术手段带来的局限。计量经济学诞生到现在为止取得了长足的发展,在科研领域也做出了巨大的贡献,但它仍然还是一门发展中的学科。随着计量经济技术不断进步,新的更先进的技术手段必将随之出现,未必现在认可的东西就永远正确。

由此而引出的疑问是:为什么有些国家的金融制度比较发达并推动了经济增长,而其他国家则缺乏这样的金融制度? 对于不同国家在经济发展过程中为什么会形成不同的金融结构这个问题,经济学家们做出了不同的解释。

二、金融系统决定论与金融结构决定论

(一)金融系统决定论

金融系统决定论认为,金融体系管制的特点决定了金融体系的结构。有些制度的发展会因政府的干预被阻碍或者促进。例如,德国政府的干预措施虽阻碍了证券市场的运行,但对全能银行的发展有推动作用。美国限制银行业活动则刺激了资本市场的发展。学者们认为,长期来看,经济增长的主要决定因素是技术进步,如目前的人工智能、区块链、云计算、大数据等。经济发展离不开金融,投资银行和商业银行在对新行业和新技术提供融资的过程中由于信息成本不同,产生不同的效果,前者使得投资者在了解新技术的基础上自主投资,而后者通过代理人投资。

一种融资方法并不能适合所有项目,一旦建立了某种制度,规模效益就会阻碍其他制度的形成。本斯顿(Benston)对美国通过 1933 年《格拉斯-斯蒂格尔法案》的原因进行了分析,认为政治和法律会对美国金融结构和公司财务结构都产生重要的影响。在大萧条时期,美国对银行业实施限制措施,从而形成了与资本市场相比规模相对较小的银行行业。

(二)金融结构决定论

金融是对现有资源进行重新整合之后,实现价值和利润的等效流通,金融的本质是价值流通。

传统金融的概念是研究货币资金的流通的科学,诸如货币的发行、流通和回笼,贷款的发放和回收,存款的存入和提取,汇兑的往来等经济活动。而现代的金融本质就是经营活动的资本化过程。金融的核心是跨时间、跨空间的价值交换,涉及价值或者收入在不同时空、不同空间之间

进行配置的交易都是金融交易。

证券是多种经济权益凭证的统称,也指专门的种类产品,是用来证明券票持有人享有的某种特定权益的法律凭证,主要包括资本证券、货币证券和商品证券等。狭义的证券主要是指证券市场中的证券产品,包括产权市场产品如股票,期权市场产品如债券,衍生市场产品如股票期货、期权、利率期货等。

传统的金融理论用现金流来界定证券,认为债券可以使持有人获得有保证的、固定的利息收入,而股票则使所有者分得红利,二者之间没有本质的区别(MM 定理)。MM 定理认为:企业的市场价值与资本结构无关。如果在完全市场中的两家公司拥有相同的现金流入,但却拥有不同的资本结构,那么这两家公司的价值应该相同;否则的话,投资者可以卖出价值较高公司的证券同时买入价值较低公司的证券,通过套利轻松获取收益,直至两个公司的价值相等为止。MM 定理被誉为金融学发展史上的一座里程碑,但其重要性并不在于定理本身,而在于其首次将无套利作为金融学的分析范式,即在一个无摩擦的金融市场上不存在零投资、零风险但却能获取正收益的机会。换言之,金融市场不存在"免费的午餐"。

近年来金融学的研究表明:各种证券的特点取决于它们赋予持有人的权利,如股票赋予股东选举公司董事的投票权,而债券赋予债权人在公司无法清偿时占有公司抵押物的权利。同时,这些权利的行使取决于证券发行地的法律规则。法律的执行力度决定了证券持有人拥有什么样的权利,以及这种权利能够得到多大程度的保护。由于各个国家情况不同,不同国家的法律给予投资者以不同程度的保护。这可以解释各国公司采取不同的融资方式,并且促使了不同金融结构的形成。由于法律环境不同,公司通过发行股票或者债券进行外部融资的能力也不同。一个国家的法律环境(法律规则及执法力度)对于资本市场的规模和作用具有重要的影响。

然而,金融结构决定论和国家管制决定论都不能完全解释不同国家的金融发展和经济增长。哈耶克 1960 年在《自由秩序原理》中发现以普通法为代表的自发秩序比构建主义的大陆法更能促进个人自由,普通法国家理应享受更高的经济增长。曼哈尼(Mahoney,2001)在对不同法系经济增长的比较研究中发现:在 1960—1992 年的 32 年间,普通法国家比大陆法国家每年人均 GDP 增长率大约高 0.5%。

因此,下面重点介绍法律金融理论,或曰法律起源假说。

第二节 法律金融理论

一、法律金融理论源起

长期以来,西方法学家都没有关注法律和经济之间的内在联系和相互作用。直到 20 世纪 30 年代,在席卷全美的法律现实主义运动(legal realism movement)的影响下,人们改变了以往概念式的法学教育方法和内容,开始更多关注复杂多样的社会现实,无论是法律理想主义还是法条主义,在日益纷繁复杂的经济现实的影响下,对此后美国的法学教育和研究均产生了不容忽视的影响。与此同时,由于 1929 年开始的经济大萧条在全球蔓延,自由放任主义的经济政策被国家干预经济的政策替代,政府的社会经济职能成为法学家们不得不考虑的法律现象,法学家们改变了将法律作为一个封闭式的规范体系的传统法律机能观,积极探讨法律和经济的内在联系和相互作用,在这一背景下,法和经济学开始萌芽。

从研究方法来看,法和经济学是以"个人理性"及相应方法论的个人主义作为其研究方法基础,以经济学的"效率"作为核心衡量标准,以"成本-收益"及最大化方法作为基本分析工具来研究法律问题的。

20世纪90年代后期,美国兴起法律金融理论(law and finance)。该理论是一门由金融学和法学交叉而形成的新型交叉学科,是法和经济学在金融学领域的运用和发展,属于法和经济学研究的前沿分支领域。它应用金融经济学和计量经济学的方法分析和探究金融和法律的关系、法律和法律制度对国家金融体系的形成、金融体系配置资源效率、公司金融、金融发展以及经济增长的影响。1996年,来自美国哈佛大学、芝加哥大学的四位学者La Porta、Lopez-de-Silanes、Shleifer和Vishny(简称LLSV)在美国国家经济研究局(NBER)网站上发表了"法律与金融"(Law and Finance)论文,之后,于1998年将这篇奠基性文献正式发表,这标志着法律金融理论的产生。1997年,LLSV发表题为"决定外部融资的法律因素"的论文,由此开始,法律金融理论渐渐引起了越来越多的法律学者、经济学者、金融学者、管理学者甚至历史学者的研究兴趣。此后他们又进行了十多年的研究,逐步形成相对完整的理论框架,认为:不同的法律起源塑造了不同的法律体制、政治制度和监管规则,并进一步塑造了不同的金融体系,最终导致了不同的经济绩效(LLSV,1998、2008)。法律作为约束人们在市场和非市场领域行为的制度体系,规定了合约双方的责任、权利和义务。同样,在金融交易中,法律规则也同样影响着交易各方表面的和潜在的行为模式,因此,法律对于金融体系的效率同样具有重要的影响。

法律金融理论研究目前尚未形成完整、系统的理论体系,很多研究成果散落于法和经济学、新制度经济学、管制经济学和新比较经济学以及金融法等领域的一些专题研究文献中。目前,法律金融理论有两大研究方向:一是结合法律制度来研究金融学问题,也就是以金融学为中心、以经济学或计量经济学作为分析工具,同时研究涉及的法律问题,着重研究法律作为环境因素对金融主体的行为和金融系统运行的影响,比较金融组织在节约交易成本方面的功能性结构和与其相适应的法律形态;二是利用金融经济学的研究方法来研究法律问题,即运用经济学、金融学的最优化、均衡、效率、风险、收益等概念和工具对金融法律制度进行解析,描述和评判金融法律制度和法院的行为和效果,将法律原则转化为经济学原则,从而去解释金融法背后的逻辑。目前法律金融理论已经取得两个方面的成就:一是宏观法律金融理论,即研究法律和金融的关系、法律起源、法律移植与金融发展、法系与金融发展、司法效率与金融发展,投资者保护、债权保护与金融发展等问题;二是微观法律金融理论,即研究法律与企业成长,企业融资能力、融资成本,法律体制的质量与企业所有权和企业规模,投资者保护与企业公司治理,公司价值等问题。

二、法律金融理论的主要代表人物

LLSV四人中的核心人物是施莱弗(Andrei Shleifer),他1961年生于莫斯科,1986年在麻省理工学院获得经济学博士学位,同年兼任美国经济研究局研究员,曾在普林斯顿大学和芝加哥大学任教,1991年至今任哈佛大学经济系教授,曾担任俄罗斯政府顾问(1991—1997年),是美国文理学院院士,1999年获得有"小诺贝尔奖"之称的40岁以下年轻经济学家克拉克奖。拉·波塔

（Rafael La Porta），1994 年在哈佛大学获得经济学博士学位，现为达特茅斯塔克商学院诺贝尔基金会金融学副教授。洛佩兹-德-西拉斯（Florencio Lopez-de-Silanes），1993 年在哈佛大学获得经济学博士学位，现任法国 SKEMA 商学院金融学教授。维什尼（Robert Vishny），1985 年获得麻省理工学院经济学博士学位，现为芝加哥大学迈伦·S. 斯科尔斯杰出服务教授，纽鲍尔学院院长。四人以其姓的首字母合称 LLSV。

他们通过实证研究发现：法律规则的性质和法律实施的质量两方面衡量，如果一个国家对投资者保护越差，其资本市场（包括债券市场和股票市场）的发展越差（smaller and narrower），具体来说，普通法国家的投资者保护和资本市场发展最好，法国民法法系国家最差。他们同时发现：富国一般比穷国在实施法律上更好；但如果在同等人均 GDP 的情况下，法国民法法系国家的法律实施效果最差。

三、法律金融的基本理论

法律金融理论的奠基之作是 LLSV（1998）的"Law and Finance"。这篇文章考察了对股东及债权人保护的法律规则，这些规则的起源以及它们在世界上 49 个国家得以执行的质量。LLSV 将 49 个国家按普通法系、德国法系、法国法系和斯堪的纳维亚法系分为 4 组，研究结果表明，普通法系的国家对投资者提供的法律保护最充分，法国法系的国家对投资者提供的法律保护最薄弱，德国及斯堪的纳维亚法系的国家对投资者提供的法律保护则居中。大型公众公司中股权集中的现象与投资者保护呈负相关关系。这符合一种假说：持股数量少、股权结构多元的小股东在不能保护他们权利的国家中不可能处于重要地位。

此后沿着同样的逻辑思路，Glaeser and Shleifer（2002）进一步研究法律渊源的问题：民法法系和普通法系是公认的两大基本法系。民法法系又可以具体划分为法国法、德国法和斯堪的纳维亚法三个子法系。讲英语的大部分国家属于普通法系，其他国家则多数属于民法法系。

民法法系又称大陆法系、罗马—日耳曼法系、成文法系，是 19 世纪以民法典的颁布而形成的独特法律文化现象。民法法系最先产生于欧洲大陆，以罗马法为历史渊源，以法典化的成文法为主要形式。法国法系包括法国、比利时、荷兰、意大利、西班牙和拉美各国的法律，德国法系包括德国、奥地利、瑞士、日本等国的法律。共同特点为：一是强调成文法典的权威性、明确立法与司法的分工；二是重视法律的理论概括，强调法典总则作用；三是注重法典的体系排列，讲求规定的逻辑性、概念的明确性、语言的精练性；四是在司法上强调法院体系的统一、检察机关垄断公诉权、庭审时采取纠问制等。

普通法系亦称英美法系、英国法系、判例法系、海洋法系，是以英国普通法为基础发展起来的法律的总称，指英国从 11 世纪起主要以源于日耳曼习惯法的普通法为基础，逐渐形成的一种独特的法律制度以及仿效英国的其他一些国家和地区的法律制度。它产生于英国，后扩大到曾经是英国殖民地、附属国的许多国家和地区，包括美国、加拿大、印度、巴基斯坦、孟加拉、马来西亚、新加坡、澳大利亚、新西兰以及非洲的个别国家和地区，是西方国家中与大陆法系并列的历史悠久和影响较大的法系，注重法典的延续性，以传统、判例和习惯为判案依据。其特点包括：以英国为中心，英国普通法为基础；以判例法为主要表现形式，遵循先例；在法律发展中，法官具有突出作用。LLSV 所选取的 49 个国家法律渊源和相关指标见表 3-1。

表 3-1　各国法律渊源和相关指标的比较

指标	法律渊源				
	普通法系 （18 国）	法国法系 （21 国）	德国法系 （6 国）	斯堪的纳维 亚法系(4 国)	49 国平均
A 栏:股东的权利指数					
反董事权利指数	4.00	2.33	2.33	3.00	3.00
邮寄投票权	39%	5%	0	25%	18%
无阻碍出售权	100%	57%	17%	100%	71%
累计投票权	28%	29%	33%	75%	53%
受压小股东机制	94%	29%	50%	0	53%
优先权	44%	62%	33%	75%	53%
召开临时股东大会 的股权比例	94%	52%	0	0	78%
B 栏:债权人权利指数					
债权人权利指数	3.11	1.58	2.33	2.00	2.30
非自动扣押抵押物	72%	26%	67%	25%	49%
有抵押债权人的 优先获偿权	89%	65%	100%	100%	81%
对重组的限制	72%	42%	33%	75%	55%
管理者不进入重组	78%	26%	33%	0	45%
C 栏:执法效率指数					
司法效率	8.15	6.56	8.54	10.00	7.67
腐败水平	7.06	5.84	8.03	10.00	6.90
会计准则	69.92	51.17	62.67	74.00	60.93

从表 3-1 可以看出,作者从 5 个方面衡量了法律的实施情况,包括司法系统的效率、法治、腐败、政府剥夺的风险以及政府毁约的可能性,还考察了会计标准。法律的实施方面,斯堪的纳维亚法系国家居首位,德国法系国家紧随其后,普通法系国家领先于法国法系国家,但落后于上述国家。

所有权集中程度最高的是法国法系国家,所有权集中程度最低的是德国法系国家,普通法系国家居中。计量结果显示,法国法系对公司所有权的影响源于其对投资者保护不力。相对于民法法系国家,普通法系国家的投资者,由于获得了有效的法律保护,从企业得到的股息(dividends)更高(LLSV,2000)。普通法系国家和民法法系国家对投资者的不同法律保护导致了不同的股息水平。平均而言,民法法系国家企业的股息对现金流(cashflow)的比率为 9.74%,普通法系国家为 18.28%;民法法系国家企业的股息对收益(earnings)的比率为 25.11%,普通法系国家为 37.42%;民法法系国家股息对销售(sales)的比率为 0.83%,普通法系国家为 2.02%。不同的法系不仅影响股息水平,还会影响企业的估值(valuation)。平均来说,民法国家企业的托宾 q 值(公司市值对其资产重置成本的比率,反映的是一个企业两种不同价值估计的比值)为 1.202 2,普通法国家为 1.372 4。计量的结果进一步显示,从民法国家转为普通法国家,可以使企业的托宾 q 值提高 0.28。

不同的法系不仅通过对投资者的不同保护,决定了资本市场的发展水平和企业的表现,还影响着金融中介,特别是银行的发展。根据 1995 年的数据计算,普通法系国家中政府对银行所有权的平均比率(以政府在该国前十大银行的总资产中所拥有的资产比率计算)为 28.2%,法国法系国家的平均比率则高达 45.5%。

进一步的分析可以发现,政府对银行的所有权抑制了金融发展和经济增长。如果政府对银行的所有权提高 10 个百分点,生产率的增长率每年将会减少 0.1%,经济增长率则每年将降低 0.24%。

LLSV(2006)还分析了证券法中到底什么在起作用的问题。对上市公司股东而言,除了规范董事权利的公司法外,证券法同样是重要的投资者保护机制。证券法保护投资者的权益主要包含:首先是信息披露,即证券发行需要信息充分披露以及政府主管部门核准及发行后的持续披露;其次为保护证券市场上的公平交易,禁止部分交易行为。例如,禁止与他人串通,事先约定的时间、价格和方式互相进行证券交易或者互相买卖并不持有的证券,影响证券交易价格或者证券交易量;以自己为交易对象,进行不转移所有权的自买自卖,影响证券交易价格或者证券交易量。禁止国家工作人员、新闻媒体从业人员等编造并传播虚假信息、严重影响证券交易;禁止证券交易及中介机构从业人员,在证券交易中做出虚假陈述或信息误导;禁止证券公司及从业人员从事法律认定的各种欺诈客户利益的行为等。

证券法主要从两个方面对投资者提供保护,即信息披露(disclosure)和责任标准(liability standards)。信息披露包括:销售证券是否必须以发布招股说明书为基础;对董事和主要管理人员持股情况的披露;对超出正常业务范围的合同的披露;对关联交易的披露。责任标准衡量的是投资者在公司未披露重大信息而要求赔偿时追究发行商和中介机构责任的难易程度。在信息披露要求和责任标准方面,普通法国家再一次表现出优越性,其平均分值高于各个民法法系国家,特别是法国民法国家。

Djankov 等构建了一个少数股东对抗内部人、衡量私人实施机制的指标。事前的私人控制包括交易是否经过无利害关系股东(如独立董事)的批准和事前披露,是否需要独立审查。事后的私人控制也包括两个方面:公司定期公报中是否进行披露和证明不端行为的难易程度;公司因交易受损时少数股东起诉所需的持股比例,取消交易的难易程度,使控股股东承担民事责任的难易程度,使交易的批准部门(董事会或 CEO)承担民事责任的难易程度,原告(少数股东)获得证据的难易程度等。

La Porta 等集中总结了法律渊源对金融发展的影响因素。普通法系传统起源于英国法,而大陆法系的起源则可以追溯到罗马法。普通法系依靠未经职业训练的法官,宽泛的法律原则和口头辩论。在同等发展水平上,大陆法系国家表现出更严厉的监管,财产权保护的缺乏,较低的政府效率和更多的腐败,甚至比普通法系国家更少的政治自由。

值得深思的是:为什么两个区别很大的法律体系分别在英国和法国发展起来?为什么这些

在法律体系组织方面的区别会产生不同的社会经济结果？所有这些研究最终都指向了一个命题,不同的法律起源塑造了不同的法律体制、政治制度和监管规则,并进一步塑造了不同的金融体系,最终导致了不同的经济绩效。

在历史的演进中,普通法和大陆法形成了不同的理念、目标和解决社会问题的策略:普通法倾向于依靠市场的力量和私人诉讼解决问题,大陆法则强调政府对市场的控制和干预。这种分歧持续存在,并通过具体的法律规则和制度深刻地影响着那些国家的经济表现。

在分析不同国家金融发展的差异方面,法律金融理论主要关注法律制度的作用:强调私人产权、支持私人契约安排并保护投资者合法权利的国家,金融市场活跃度更大;反之则相反。总之,法律的起源成为理解不同形式资本主义的关键。

四、法律金融理论的应用

世界银行报告《法律与司法改革:世界银行的观察、经验与进路》部分采纳了 LLSV 的思想,详细阐述了其倡导的法律与经济发展改革策略。

支持发展中国家与地区的法律改革是世界银行的一项重要工作。[①] 从 2003 年起,世界银行每年都会出版一册《投资环境》报告。该报告沿袭了 LLSV 的"法律与金融"的思路,设计一系列衡量法律质量、司法效率以及政府规制水平的指标,包括管制程度、管制后果、财产权的法律保护、劳动雇用规制的弹性以及企业的税收负担等,对 175 个国家的法律与规制情况进行量化比较分析,明确不同领域的法律规则对投资环境产生的不同影响,从而有针对性地提出政策建议。[②]

第三节　对法律金融理论的补充和质疑

一、法律金融理论的补充

一个国家的法律起源有助于解释其当前的金融制度发展。虽然法律起源是既定事实无法改变,但司法环境可被重新制订。不少学者对该理论进行了补充和完善。

Beck、Demirgüç-Kunt 和 Levine 认为:欧洲移民在世界殖民化统治时,其死亡率影响了他们最早建立的制度,而后者则对今天的制度产生了持久的影响。作者的经验性研究结果符合强调法律传统作用的理论。尽管政治可以给金融部门造成明显的影响,但一个国家的法律起源有助于解释其目前的金融制度,即使在不受其他因素影响的情况下也是如此。具有法国民法传统的国家一般金融制度较弱,而具有普通法和德国民法传统的国家一般金融制度较完善。

除法律制度外,一国宗教的构成可能会对其政府的监管策略造成影响,代表人物 Stulz 和 Williamson 发现宗教与债权人权利的态度也有关系。天主教的传统是对收息行为与债权人权利持否定态度(比如在莎士比亚笔下的威尼斯商人中透露的信息);同样地,伊斯兰教也明令禁止了收息的行为,甚至到今天一些阿拉伯国家都仍然保持此禁令。然而,16 世纪的宗教改革使新

---

① 世界银行不定期出版的《法律与司法改革》报告详细阐述了其倡导的法律与经济发展策略,如 2002 年《法律与司法改革:世界银行的观察、经验与进路》。

② 世界银行的投资环境项目的官方网站提供历年的《投资环境》报告电子版。

教对待金融的态度发生了转变,认为支付利息是正常的商业行为,从而在那些信奉新教的国家,债权人权利可以得到有效的保护。具有天主教和伊斯兰教传统的国家会有一个相对不发达的信贷市场,从而建立起金融模式与宗教之间的关系。当然,宗教文化的发展并非是一成不变的,随着对外开放程度的增加和国际贸易的深化发展,即使是天主教国家也会逐步加强对债权人的保护。天主教及伊斯兰教国家更容易产生相对权力集中、等级森严及强有力的政府,倾向于对银行的经营活动进行更严格的限制并拥有更强大的官方监管机构。

地理影响论认为一个国家的地理位置(如离赤道的远近,以地理纬度作为指标)以及疾病的发生率决定着政治、制度与经济的发展模式,从而影响金融模式。实证研究表明:欧洲殖民者所面对的地理禀赋对其殖民化政策有影响。在适宜生活的地区,欧洲殖民者会选择扎根生活的定居政策,如北美和澳大利亚;而在不宜生活的地区如刚果,殖民者选择了掠夺式的殖民化政策。定居式政策对建立私人产权的长期制度提供保障,对金融市场有正向助力作用。而掠夺式政策带来的是允许少数精英分子利用其优势地位的长期制度的建立,私人产权得不到有效保护,对金融市场有负向作用。

上述法律起源假说、资源禀赋理论无法解释同为普通法系起源的澳大利亚、新西兰之间金融发展的差别,更不能解释智利这一法国法系国家金融发展的成就。因此,孙守纪和胡继晔(2013)提出了养老金制度是影响金融发展的重要因素的补充。他们通过对 55 个国家的截面数据回归表明:养老金资产规模能够解释金融发展的国别差异,养老金资产规模每增加 1% ,股票市值可提高 0.15% 至 0.23% 。面板数据表明:不同养老金制度模式对金融发展影响程度不同,可以解释上述"例外":澳大利亚的超级年金制度是其金融比新西兰更发达的主要原因,智利虽然属法国法系国家,但 20 世纪 80 年代在全球率先开始的养老金制度改革使其成为南美金融最发达的国家,也是南美唯一的 OECD 成员。因此,面对世界范围内的人口老龄化危机,只要各国根据具体的国情建立某种程度积累制的养老金计划,并审慎投资资本市场,就能逐步改变其金融发展落后的局面,促进经济增长。

二、对法律金融理论的质疑

哈佛大学法学院政治论的代表人物罗尔(Roe,2006)提出了对 LLSV 结论的质疑,同时他也是国家管制决定论的倡导者之一。罗尔认为,相比其他法系的影响,政治经济因素(包括战争)对金融市场的发展影响更大,法系归属对于金融市场的发展确实存在影响,但是二者仅仅是相关关系并非是因果关系。他尤为强调世界大战这一政治军事因素对于各国战后金融市场发展的重大影响:主要民法法系国家几乎都被大战摧毁,而主要普通法系国家则很大程度上幸免于难。他所主张的政治经济学的基本观点是 20 世纪上半叶各国在世界大战中的不同遭遇导致各国在战后对建立和发展资本市场具有不同的意愿,这一政治经济因素是各国金融市场发展状况不同的主要因素。以瑞士为例,虽然瑞士属于大陆法系国家,但其证券市场和公司治理状况却与英美法系国家很相似,这显然不符合法律起源假说。他认为核心原因在于,瑞士是大陆法系国家中少有的几个在世界大战中没有受到毁坏的国家,其金融市场因此而得到大力发展。

关于金融发展与法律变革的顺序,剑桥大学的柴芬斯(Cheffins,2000)认为,尽管英国的司法制度提供了稳定而诚实的解决争端的途径,但在中小投资者的权益方面,其 20 世纪前期的法律制度常常无法保障,不过,市场的自我调节能力,对其提供了替代性保护,如自律监管体制。因此,LLSV所形容的法律对英国的仅有权和控制权体系形成的影响与现实不一致。

哥伦比亚大学法学院科菲(Coffee,2007)考察了美国和英国公开证券市场的发展史后发现:金融发展的实践总是领先法律变革的速度,只有大量公众股东和相应利益群体在政治上提出修改法律、增订有关投资者保护法律条款,有关投资者保护的法律改革才具有了民间上的合法性和合意性。所以金融发展实践是自变量,法律变革是因变量,刚好跟LLSV的因果关系相反。

哥伦比亚大学法学院的皮斯托等(Pistor等,2002)对法律制度起源的重要性持怀疑态度:作为法律执行效率性的决定因素,一个国家更应该关注其接受法律制度移植时的过程。研究员以过去200年中移植了公司法的六个国家,即西班牙、智利、哥伦比亚(均源自法国法)、以色列、马来西亚(源自英国法)、日本(源自德国法和美国法)为调研对象,对这六个国家公司法演进与其起源国进行比较分析。得出了观点:移植国的制度与起源国演进形式大致相仿,这跟制度源自哪个国家没有关系。虽然基本所有国家(哥伦比亚除外)最后从自身情况出发对公司法进行改革,可这不代表引入正规的法律制度就能马上使用,也不代表法律制度能够进入一个自发本土化改革的连续性演进程序。

皮斯托等在分析24个转轨经济国家的投资者保护水平与该国证券市场规模增长程度之间的关系后发现,一国的执法效率是解释该国证券市场规模增长程度的重要变量之一,换言之,制约着转型经济国家金融市场发展的一个重要因素就是该国较低的执法效率。回归分析表明,相较于法律条文的质量,执法效率对一国金融市场发展水平具有更强的解释力。这项研究指出了转轨经济国家从中央计划经济向市场经济转变的核心问题,即转型需要国家的角色完成由经济活动的垂直协调者转向公平正义的裁决者才能成功。从投资者对执法效率的较低满意度来看,这个转向还没有真正完成。在这种环境下,以提高证券市场对投资者保护的能力,单靠改进和完善法律条文并不是唯一的解决手段。

英国牛津大学法学院的阿默等(Armour等,2009)利用相关数据的确证实了LLSV的一些结论,但他们认为原因并非普通法系比民法法系创造出更有效或更符合市场的法律规则,而是因为英美所制定的"全球化"标准先入为主造成的。民法法系对投资者和债权人的保护一直在加强,过去10~15年间普通法系和民法法系二者一直在趋同。

三、法学研究的特性

法律的确是金融发展的一个因素,但和其他因素相比,并不突出。量化法律是否会忽略其固有的特性。法学研究与一般科学研究不同:一是法学在实践中注重判例,而不是观察与数据;二是法律在运行中需要司法或者公共机关的强制力予以执行;三是法律的发展有其自身的历史沿革。它不是个孤立的个体,而是受周围政治经济文化背景影响的。

法学家一般都会质疑任何会使事物复杂性贬损的研究方法。比如Kronman就指出法学与其他学术领域有着本质区别。因为法学最关键的情绪或者态度就是怀疑主义,而不是对某一特定的抽象理论的信任,而这种对抽象原则的信任可以说是整个科学的一般性基础。

法律起源与金融发展之间的联系本身就是值得怀疑的。有很多学者就运用了同样的方法对金融发展进行了解释。仿佛客观冷静的统计数据研究能解释多个故事。就像Pistor得出执法效率更有解释力的观点,以及文化也能分析来自不同国家和地区的投资者保护之间的区别。

LLSV不能解释的一个特例就是隶属普通法系的中国香港特别行政区,其反董事权利指数和美英一样高达 5,会计标准得分(69)与美国的会计标准得分(71)非常接近,但是从 LLSV 的分析角度出发,会计标准是内生性结果,即因为股权分散、股市发达,需要高会计标准。实际上中国香港特别行政区前三大股东持股率高达 54%(普通法系持股最集中的斯里兰卡更是高达 60%),比大部分大陆法系国家都高。

由此可见,法律起源假说虽然诞生很晚,但对传统比较法的冲击之强,近年来难有出其右者。该假说在学术界能够引起如此轩然大波,一方面证明"经济学帝国主义"所言不虚;另一方面也说明,对金融法进行分析必须跳出法学本身的思维定式,尤其是对和经济学关系如此密切的金融领域,如果不深入理解金融学,金融法的学习和研究便如无源之水、无本之木。假说的提出方一直在继续向前,多以经济学家为主;质疑方也成果颇丰,以法学家为主。不管如何,"法律起源假说"已经成为法和经济学研究的前沿领域。

第四节　法律金融理论在中国

一、转型国家

转型国家是指苏联解体后形成的国家和东欧国家,是冷战结束、苏联解体的产物。转型国家含义具体指国家经济体制正处于转变的过程。经济转型指的是由计划经济向市场经济的转型。当今世界上进行这种经济转型的国家主要是中国、越南,以及前社会主义国家,比如俄罗斯、东欧各国等,各个国家的经济转型都要经历较长的时期。印度、巴西、墨西哥和南非等都处于经济转型过程中。这个概念是源于英语的"新工业国家"。现在世界银行、经合组织、国际货币基金组织根据各自不同的理解,将 10 ~ 30 个国家归于转型国家。区分发展中国家、转型国家和工业化国家的标准是工业化程度、成品出口和出口率等经济指标。

人均收入的多少也是衡量是否是转型国家的重要因素。根据另一个不常见的定义,平均年收入在 699 美元以上的是转型国家,在此之下的则是发展中国家。工业国家和转型国家通常按社会发展标准来区分。标准中包括文盲的比率、新生儿死亡率、国民的平均寿命以及环境等指标。转型理论发生在 1980 年后的中国、苏联和东欧国家的社会转型期间。

二、法律金融理论是否适用于转型国家

新兴的证券市场缺乏有效的投资者保护制度,即使移植或者模仿成熟市场经济国家的经验建立了标准的投资者保护制度,这些制度安排也会由于各种因素的破坏而不能达到预期的效果。在证券市场发展的初始阶段,往往会由于上市公司侵害投资者利益而导致投资者丧失信心,最终会导致市场崩溃(Coffee,1999)。

施莱弗等通过对捷克和波兰的证券市场在 20 世纪 90 年代经济转型中的重大差异进行研究后发现,波兰的证券市场上主要依靠政府监管者进行执法,而捷克则仅依赖法庭执法,结果造就两国证券市场的发展状况大相径庭:波兰发展良好而捷克几近崩溃。这一现象说明政府强有力的金融监管政策有利于促进金融的长期稳定发展。

皮斯托和许成钢(2002)在研究中国股票市场后认为:由于转型国家法律的不完备性(1999年以前甚至没有证券法的实施),实施能力也严重不足(大部分证券案件起诉法院不受理),但中

国的证券市场依然是转型国家中发展最好的,他们认为是行政配额制度起到了优胜劣汰的作用。卢峰、姚洋(2004)的计量研究证实了以下的结果:尽管当时中国已经拥有了一系列相当完整且较合理的成文法,但是执法力度却非常弱。在金融压抑的经济体中,单纯地改善法治(即各省法院每年经济案件的结案率)对助力金融的全面发展效果不明显;相反,它通过减少私人投资的比重对经济增长产生负面作用。这个负面效应来自法治对漏损效应的牵制,它阻碍了金融资源从低效率的经济部门流向有效率的经济部门。所以从中国的金融发展角度来看,改善法治带来的收益远比不上改革银行体制,特别是使利率市场化所带来的收益。

皮天雷、汪燕(2007)的研究利用1980—2004年的面板数据,采用面板分析的技术研究了中国法律与金融发展之间的关系。结果发现:法律制度的完善,会促进金融中介的增长以及效率的提高,有助于金融深度的深化;同时还有助于推动银行业的竞争;在转型的股票市场中,法律的不完备性可能导致正式法律制度的失灵,反而可能是一些正式执法之外的机制在起作用。

栾天虹(2004)基于法律金融理论发现中国投资者法律保护较弱,应当从事前法律保护、事后法律救济和增加市场透明度三方面完善投资者法律保护的规定。计小青和曹啸(2008)认为:中国在所有转型国家中资本市场的发展是最好的。在中国股票市场的发展缺乏足够的社会信任的条件下,国有控股的制度安排包含了一种隐含的契约关系,国家会为投资者提供额外的保险,从而加强投资者的信心。唐英凯(2006)利用计量模型验证了中国上市公司治理水平与大股东侵害小股东利益之间的关系,通过对1995—2002年的历史数据分析证明:随着法律制度的不断改进,投资者保护水平不断提高,大股东通过侵害小股东获得的控制权私有收益得到有效抑制,更好的公司治理能够更有效地约束大股东获取控制权私有收益。

我国改革开放以来随着持续的经济增长和金融发展,法律体系也开始不断完善,合同法、公司法、证券法等法律的相继颁布和修改,使得我国逐步加强了对中小投资者和债权人的法律保护。虽然目前我国相关的法律还不十分完善,但对防范国际金融危机、促进金融发展创造了制度条件,也为经济增长奠定良好的制度基础。目前在我国金融改革的取向上存在不少争论。有人主张建立像德、日国家那样以银行为基础的金融体系,也有人主张建立像美、英国家那样的以直接融资为基础的金融体系。由上述研究可知:这种争论是徒劳的,与其浪费时间在争论上,不如采取切实行动来提高金融发展的总体水平。政策制定者们应该将精力集中在那些对金融中介和金融市场发育有益的法律改革上。可以从改善法律的质量入手,着手提高立法、司法机构的效率。

三、主要结论

法律金融理论综合运用法学和金融学、计量经济学的方法对金融领域中的一些问题进行了开创性的探索,取得了不少有价值的研究成果,其中许多结论对中国经济发展颇有启示,如加强金融法治、提高金融执法效率、加强投资者法律保护等。

不可否认,法律金融理论仍存在很多缺陷和不足,主要体现在以下方面:

一是过分推崇英美法系。法和金融理论研究者认为普通法系法官在立法者的职能上比较灵活,司法独立;大陆法系法官比较受限制,且司法独立性不强,存在行政干预。在实践中,这两个法系支持各国的法治、金融发展和经济增长,足以显示各自的法律地位。金融发展和经济社会发展在这两大法系都是占据首要地位的政府目标。

二是研究范式有待丰富。法律与金融的互动可以促进或阻碍金融的发展,有助于法律的金融影响的改革。法律和金融理论主要采取计量经济学的方法来确定和解释一些现象,但无法深入研究法律不能对金融产生影响的内在结构和深层次因素,如文化观念、历史与社会结构等。法律金融理论不仅需要采用金融学、计量学和法律方法,还应当采用历史学、社会学和管理学的工具和方法来研究法律与金融发展的关系。

三是关于转型期国家经验的研究缺乏。虽然当前法律金融理论研究覆盖主要经济体,但对发达国家的研究远多于对其他转型国家的实证研究。该理论的优化不仅需要研究发达国家,也需要转型国家经验的支持。

当前,中国越来越重视推进法治建设和金融体制改革的法律理论研究,在传统文化和市场经济体制基础上建立了金融法治。但行政权力的惯性、广度和深度有可能长期影响到我国的金融领域。与此同时,经数千年历史形成的儒家文化、伦理道德和人际关系规范,以及社会结构和特殊信赖机制也会影响金融主体的行为范式。所以对法律金融的研究需结合我国现状,借鉴外国法律金融理论的研究成果,为我国金融发展和法治进步提供坚实的理论基础和方向,完善我国的金融监管法律制度。

本 章 小 结

法律制度对金融发展产生了重要影响。法律金融理论提供了从经济学角度审视金融法的视角。LLSV 的研究范式 20 多年来在学界引起了巨大影响,对我国的金融监管理论与实践具有重要的参考价值。中国的经济增长经验没有按照主流经济学家预言的那样在完善的法律制度和金融环境下实现,中国改革开放 40 多年的经济发展中金融市场发挥着越来越重要的作用,但中小民营企业融资难、融资贵的现象并没有得到根本缓解,整个金融市场过于倚重间接融资的银行体系,直接融资的资本市场发展相对滞后的趋势仍未得到根本改善,未来需要进一步发展多层次资本市场。

即 测 即 评

请扫描右侧二维码检测本章学习效果。

本章思考题

1. 为什么有些国家的金融制度比较发达并推动了经济增长,而其他国家则缺乏这样的金融制度?

2. 简述 LLSV 法律与金融理论主要内容。该理论如何解释中国的金融发展与经济增长?

3. 请论述金融体系的结构与金融体系管制的特征之间的关系。

4. 你从中国五粮液的例子中有什么收获？

5. 不同的法律起源影响着不同国家金融体制的构建,导致了国家之间经济绩效的不同,你同意吗？请论述理由。

本章参考文献

1. 宾国强. 实际利率、金融深化与中国的经济增长[J]. 经济科学,1999(3).

2. 戈德史密斯. 金融结构与金融发展[M]. 上海:上海三联书店,1990.

3. 韩廷春. 金融发展与经济增长:经验模型与政策分析[J]. 世界经济,2001(6).

4. 计小青,曹啸. 标准的投资者保护制度和替代性投资者保护制度:一个概念性分析框架[J]. 金融研究,2008(3).

5. 卢峰,姚洋. 金融压抑下的法治、金融发展和经济增长[J]. 中国社会科学,2004 (1).

6. 栾天虹. 投资者法律保护:理论与实证研究[D]. 杭州:浙江大学,2004.

7. 麦金农. 经济发展中的货币与资本[M]. 上海:上海三联书店,1997.

8. 皮天雷,汪燕. 转型经济中法律与金融的发展[J]. 财经科学,2007(7).

9. 皮斯托,许成钢. 不完备法律(上):一种概念性分析框架及其在金融市场监管发展中的应用[J]. 比较,2002(3).

10. 史永东. 股市泡沫和操纵行为:理论研究与计量分析[A]//辽宁省哲学社会科学获奖成果汇编(2003—2004 年度)[C]. 辽宁省社会科学界联合会,2003.

11. 孙守纪,胡继晔. 养老金制度对金融发展的影响分析:对法律起源和资源禀赋等假说的反思[J]. 经济学动态,2013(5).

12. 唐英凯. 公司治理、法律制度与投资者保护:基于中国上市公司的法和金融学研究[D]. 天津:天津大学,2006.

13. 肖. 经济发展中的金融深化[M]. 上海:上海三联书店,1988.

14. 袁云峰,曹旭华. 金融发展与经济增长效率的关系实证研究[J]. 统计研究,2007(5).

15. 希克斯. 经济史理论[M]. 北京:商务印书馆,1987.

16. ARMOUR J, DEAKIN S, LELE P, et al. How do legal rules evolve? Evidence from a cross-country comparison of shareholder, creditor, and worker protection[J]. American Journal of Comparative Law,2009,57(3).

17. CHEFFINS. Does law matter:The separation of ownership and control in the United Kingdom[D]. Cambridge:ESRC Centre for Business Reasearch, University of Cambridge,2000.

18. COFFEE J C. Law and the market:The impact of enforcement[J]. University of Pennsylvania Law Review,2007,156(2).

19. COFFEE J C. The future as history:Prospects for global convergence in corporate governance and its implications[J]. Northwestern University Law Review,1999,93(3).

20. GLAESER E L,SHLEIFER A . Legal origins[J]. Quarterly Journal of Economics,2002,117(4).

21. KELEMEN R D, ERIC C. Americanization of Japanese law[J]. University of Pennsylvania

Journal of International Economic Law,2002,269(2).

22. KING R G,LEVINE R. Finance and growth:Schumpeter might be right[J]. Quarterly Journal of Economics,1993,108(3).

23. LA PORTA R,LOPEZ-DE-SILANES F,SHLEIFER A,et al. Law and finance[J]. Journal of Political Economy,1998,106(6).

24. LA PORTA R,LOPEZ-DE-SILANES F,SHLEIFER A. The economic consequences of legal origins[J]. Journal of Economic Literature,2008,46(2).

25. LA PORTA R,LOPEZ-DE-SILANES F,SHLEIFER A,et al. Agency problems and dividend policies around the world[J]. The Journal of Finance,2000,55(1).

26. LA PORTA R,LOPEZ-DESILANES F,SHLEIFER A,et al. Investor protection and corporate valuation[J]. NBER Working Papers,1999,57(3).

27. LA PORTA R,LOPEZ-DE-SILANE F,SHLEIFER A. What works in securities law? [J]. The Journal of Finance,2006,61(1).

28. LA PORTA R, FLORENCIO L D S, ANDREI S, et al. Investor protection and corporate governance[J]. SSRN Electronic Journal,2000.

29. MAHONEY J T. A resource-based theory of sustainable rents[J]. Journal of Management, 2001,27(6).

30. PISTOR K,KEINAN Y,KLEINHEISTERKAMP J,et al. The evolution of corporate law:A cross-country comparison[J]. Social Science Electronic Publishing,2002,23(4).

31. ROE M J. Legal origins,politics,and modern stock markets[J]. Harvard Law Review,2006, 120(2).

本章必读文献:参考文献6、11、17、18、20、23。

第四章 新比较经济学和监管型国家的兴起

新比较经济学理论是 21 世纪比较经济学发展的最新成果,对产权制度和产权保护的研究有利于我国金融体系的完善。学者对监管国家兴起的研究,对我国建立更加有效的金融监管体系有很好的参考价值。

第一节　新比较经济学假说

新比较经济学是在传统比较经济学理念基础上发展的一个新型领域,即通过比较不同的经济体制,从而更好地理解各种经济制度的运行模式。新比较经济学研究的意义在于,它可以在综合国内外最新研究前沿的基础上,结合新比较经济学的理论成果,对各国经济制度变迁进行探索分析,从而在理论、方法、内容等方面使原有的比较经济理论进一步完善,更好地分析总结不同国家的金融监管模式,其相关内容对防范化解系统性金融风险具有重要价值。

一、产权制度与产权保护

(一) 产权制度与产权保护的含义

产权制度是指既定产权关系和产权规则结合而成的且能对产权关系实现有效的组合、调节和保护的制度安排。产权制度的最主要功能在于降低交易费用,提高资源配置效率。它包括财产的所有权、占有权、支配权、使用权、收益权和处置权。在市场经济条件下,产权的属性主要表现在三个方面:产权具有经济实体性、产权具有可分离性、产权流动具有独立性。

建立归属清晰、权责明确、保护严格、流转顺畅的现代产权制度,是市场经济存在和发展的基础,是完善基本经济制度的内在要求。当前我国经济社会发展中出现的一些矛盾和问题,都直接或间接地涉及产权问题。建立健全现代产权制度,是实现国民经济持续快速健康发展和社会有序运行的重要制度保障。

中共中央、国务院发布的《关于完善产权保护制度依法保护产权的意见》明确提出,要坚持平等保护,健全以公平为核心原则的产权保护制度,公有制经济财产权不可侵犯,非公有制经济财产权同样不可侵犯。坚持全面保护,保护产权不仅包括保护物权、债权、股权,也包括保护知识产权及其他各种无形财产权。坚持依法保护,不断完善社会主义市场经济法律制度,强化法律实施,确保有法可依、有法必依。

上述意见从加强各种所有制经济产权保护,完善平等保护产权的法律制度,妥善处理历史形成的产权案件,严格规范涉案财产处置的法律程序,审慎把握处理产权和经济纠纷的司法政策,完善政府守信践诺机制,完善财产征收征用制度,加大知识产权保护力度,健全增加城乡居民财产性收入的各项制度,营造全社会重视和支持产权保护的良好环境十个方面提出具体改革措施。

(二) 产权保护制度

大多数国家都建立了许多公共制度和私人制度,这些制度的功能包括选择政治领导人、保护产权以及重新分配财富等。过去两个世纪里的政治经济学研究以及近来的实证研究都表明,各国在制度安排方面存在着极大的系统性差异,而这些制度差异对经济绩效产生了重大影响。关于这些差异及其影响的分析正是新比较经济学的核心研究课题。

正如亚当·斯密所言:在那些建立了一定产权保护制度的国家中,每个具有正常理解力的个人都力图去使用他所能支配的(资本)储备,而在那些尚未建立有效产权保护制度的国家中,由于害怕特权阶层对其财产的侵占,人们常常隐藏其大部分财富,以防止由于暴露财产而招致特权阶层的威胁。

但是这种产权保护制度却是一把双刃剑。一方面,投资必须得到政府的保护,以免遭受盗贼、竞争者及民事侵害人等人的非法侵占。霍布斯(Hobbes)认为,控制人与人之间的敌对状态(所有人对所有人的战争)是一个国家的中心任务。另一方面,时至今日,战争、犯罪、民族暴力冲突、土地非法侵占、民事侵权、垄断、贿赂、侵害投资者权益等失序问题仍然困扰着发展中国家。政府所具有的保护产权使之免受私人侵害的能力,也能将其自身变成一个侵害者和盗贼,斯密称之为来自特权阶层的侵害。

孟德斯鸠则更为鲜明地指出:商业大企业通常产生于共和制国家中,而在君主制国家中却难得一见。这是因为在共和制国家中,由于确信对自己财产的所有权,商人们会去从事各种商业活动。由于对持有财富的安全感,商人们能够大胆地公开使用这些财富以赚取更多。一个普遍原则就是:在奴隶制国家中,人们从事劳动更大程度上是为了保持财富水平,而非赚取更多;而在一个自由国家中,则是为了赚取更多。在启蒙思想中,产权保护的核心是对君主专制的控制和掠取。

(三) 有序、无序与社会、经济制度

控制无序(disorder)与专制(dictatorship)之间的冲突是制度设计的核心所在。霍布斯由于厌恶无序造成的混乱,所以倾向于实行专制。美国宪法的制定者也意识到,通过一个更强有力的中央政府去控制无序和地方主义与抑制君主统治的目标是冲突的。当代许多关于制度设计的文献,特别是新制度经济学和公共选择理论都提及了这一点。此外,实证研究还进一步明确证实了,好的制度与经济发展之间的密切关系(Acemoglu 等,2001)。

苏联解体和向市场经济转型,再度激发了人们对制度的关注和兴趣。各国的经济转型过程千差万别,从中国和波兰的快速增长,到俄罗斯急剧衰退之后的复苏,再到有限改革的白俄罗斯和乌兹别克斯坦的经济停滞,提供了制度研究的大量范本。早期关于转轨经验的讨论将视角集中于改革速度上的大爆炸式和渐进式,并将速度作为衡量改革成效的决定性因素。尽管从乌克兰和古巴身上可以清楚地看到,没有进行改革的国家总是面临政治和经济发展的停滞,但过分强调改革速度却最终被证明是无意义的。正如穆勒(Murrell,1995)所指出的,各国经济转型成就存

在巨大差异,这在很大程度上取决于其创立的新制度的有效性。[1] 一些中欧国家之所以取得成功,关键在于它们创立了一系列行之有效的民主制度和市场经济制度。而俄罗斯的各项改革,其速度不可谓不快,而且也建立了民主政治,但却出现了更为严重的腐败和监管俘获问题,从而直到 21 世纪经济才开始恢复增长。

这些迥异的改革经验引发了许多问题,其中有许多是关于如何控制无序的。究竟何种程度的政府所有制才是适宜的? 波兰、捷克和俄罗斯进行了大规模的私有化改革,而中国虽然保留了大量的国有企业,仍然实现了最快速的经济增长。那么政府应实行多高程度的监管呢? 在转型国家中,既存在成功有效的监管例子,也有许多国家的监管最终沦为腐败的"温床",并且对新生经济有选择性地滥用权力(Frye and Shleifer,1997;Hellman,Jones and Kaufmann,2003)。

这些问题中都蕴含了一个最普通不过的权衡问题:一方面,社会需要控制无序,而这又导致过多的专制;而另一方面,又需要控制国家干预的滥用,这当然有助于抑制专制。引入一个分析框架来描述如何在无序与专制中做出权衡取舍,并运用它来分析怎样对商业活动实施社会控制。它们可以表示为制度可能性边界上的四点,分别代表私人秩序(private orderings)、私人诉讼(private litigation)、监管(regulation)和国家所有制(state ownership),依国家权力的介入程度由轻至重排序。

这四种战略选择所代表的由无序所导致的社会成本是递减的,而由专制所导致的社会成本是递增的。可以利用这个分析框架去讨论如何进行有效率的制度选择,并且解释许多历史事件。但效率并非是思考制度选择的唯一视角,制度低效的产生还有一个关键因素,即通过征服和殖民所实现的制度移植。一项制度在其发源国可能会有效地在无序与专制之间进行权衡,可一旦被移植到殖民地,很可能就失去了这种有效性。

这种制度移植的观点可以使人更加理解特定国家实施的不同的监管行为是具有一致性的,以及为什么存在一些反常的制度,而政治家总是选择那些能够维护其既得权力和获取财富的政策与制度。制度选择的政治学研究也可以对这种无效性做出解释。

二、新比较经济学的基本分析框架

(一) 无序与专制

一些学者在对法律起源分析的基础上提出,任何社会都将会面临着两种危机:无序(disorder)和专制(dictatorship)。无序是指个人以及财产遭受谋杀、盗窃、违约、民事侵权以及垄断定价等形式的私人侵占的危险。无序还表现为个人通过行贿、盗窃来扰乱法院等公共机构,从而使进行侵占的个人逃脱惩罚。专制是指个人及其财产被政府机构及其代理人通过谋杀、征税、财产侵害等形式来侵占的危险。专制还表现为通过国家以及利用监管者来限制竞争对手的进入。而贪污腐败等现象,同时反映了无序和专制两个方面:当考虑到个人通过行贿来使自己免除其侵害行为的惩罚时,贪污反映了无序;当考虑到官员通过制定一些有害的规则来从围绕在他们周围的私人身上寻求贿赂的时候,贪污反映了专制。新

---

[1]　冒天启. 转型经济学研究的创新与发展[J]. 山东社会科学,2009(10):23-37.

制度的功能,就是要控制无序与专制的危险。[1]

(二) 制度选择

无序和专制都会造成危险,更大的权力可以控制无序,但是极容易产生滥用权力的危险,因此制度的作用就在于控制可能产生的危险。

图4-1表示的是一个社会或社会中一个部门的制度可能性边界(institutional possibility frontier,IPF)。纵轴表示的是无序带来的损失程度,横轴表示的是专制给社会带来的损失程度,两者都以相对于完备产权基准来度量,以此为准对专制和无序程度进行权衡。IPF表示随着国家权力的不断增加,无序也随之减少,这样就形成一种制度的可能性边界,IPF上的每一点都代表这样一种制度,在这条曲线上每一点都代表了一种制度。

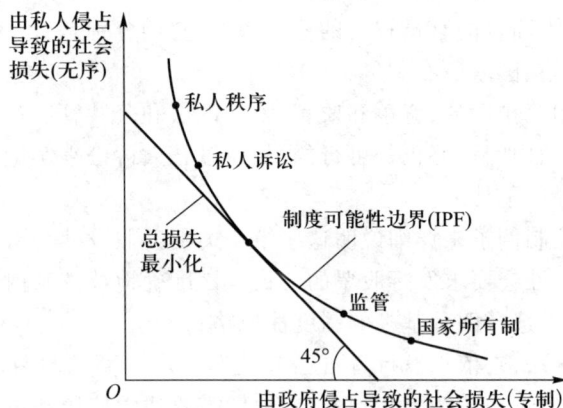

图4-1　制度的可能性

科斯(Coase,1960)认为没有任何规则得到了不折不扣的执行,也不存在任何制度可以完全消除由于专制和无序而产生的交易成本。[2] 图4-1中向下倾斜的45°线显示了一定程度的无序和专制下的总社会成本。它与IPF的切点就是一个社会或社会中某部门的有效率制度选择。有效率的制度可以从民主的压力下演进而来,可以从寻求增长的利益集团如商人的影响中演进而来,还可以从社会精英之间的科斯式谈判,如大宪章或美国宪法谈判中演进而来(Becker,1983),更可以从哈耶克所描述的最合适的制度在一个较长时间的进化过程中演进而来。[3]

多种因素影响着IPF的形状和位置,不同社会发展状态的该曲线位置变化也很大。这里称IPF的位置为"文明资本"(civic capital)。文明资本的程度越高,该曲线越接近原点,人们合作的可能性越高。"文明资本"这个术语与"社会资本"有关,但具有更为广泛的意义。近期的历史研究对于"文明资本"的决定因素进行了深入思考。兰德斯(Landes,1998)强调传统文化的影响。恩加曼和索科洛夫(Engerman and Sokoloff,1997,2002)则强调要素禀赋和物理环境在塑造和限制社会制度可能性方面的作用。

---

① 冒天启. 转型经济学研究的创新与发展[J]. 山东社会科学,2009(10):23-37.

② 晏宗新. 金融业管制与竞争理论研究:兼论中国金融业的管制问题[D]. 厦门:厦门大学,2004.

③ 吴伟. 中国政府管制原因和改革:一个解释框架[J]. 晋阳学刊,2012(5):38-47,55.

决定文明资本的其他一些因素很重要,比如产品生产技术方式。当生产规模扩大和人们互动的步伐加快时,私人侵占的机会就增加了,从而使 IPF 曲线外移,并且影响其斜率。税收提取的效率也会影响 IPF 曲线的位置和形状,因为它决定需要多少专制来减少平均和边际上的无序水平。社会中的人力资本水平本身也决定了 IPF 的位置,因为受过良好的教育、有着良好教养的人们会更倾向于不通过暴力解决问题。文明资本的决定因素中很多方面已经被衡量过了,其中有些方面可以在一段时间内通过公共政策来加以改变。然而,对于许多政策而言,包括社会对商业活动的控制政策,IPF 曲线位置是固定的,文明资本是一种约束而不是一种选择,而且,最优点由 IPF 的形状决定。

为了在更具体的条件下来分析 IPF 的形状和制度选择,可以考虑商业活动的社会控制问题。假设某社会想要减少由于垄断标价、民事侵权、掠夺性策略等行为产生的无序,存在四种不同的控制策略,依据相对于私人而言的官员权力的依次递增,它们分别是:市场约束、通过法院的私人诉讼、通过监管的公共实施、国家所有制。

这四种策略并不是相互排斥的,竞争和监管、私人诉讼和公共管制都经常在一个市场中同时起作用。而且,社会控制的中间策略也是可行的,如通过私人诉讼来实施公共规则。但这四种策略的分类为进一步分析提供了帮助。

用股票发行的社会控制例子来详细说明这些策略类别。假设社会希望存在一个充分且具有流动性的证券市场,而且,社会要求发行股票的公司应该准确地披露其内部信息。为了保证公众公司的良好行为,社会可以选择四种基本的制度性战略:

首先是市场约束的方法,它依靠发行者自己或他们的承销商的自身激励机制来披露有关证券的真实信息,因为要想在将来还能筹集到资金,他们需要建立信用和声誉。

其次,社会可以依靠证券购买人的私人诉讼来进行约束,按照合同法或侵权法的一般原则,如果他们认为被发行者欺骗时,就可以诉诸私人诉讼。因此,社会需要法院和法官。法院的问题是弄清楚证券发行者是否披露了不准确的信息,或是未能提供具体信息。

再次,社会可以建立一个公共的监管机构,它有权规定证券发行者需要披露哪些信息,有权检查账簿和披露情况,并对违反规则的发行人和承销商进行惩罚。介于私人诉讼和全面监管之间的策略是,监管机构可以建立一整套证券发行的规则,而由受到不公正对待的投资者通过私人诉讼来实施这些规则。

最后,社会可以将证券发行国有化。一个公司要想筹资就必须将证券稽查、信息披露和证券发行移交给国家。

这四种基本战略在公共控制程度方面不同,竞争和私人秩序基本不涉及公共管制。法庭诉讼则必须要有公平无私的法官来强制实施保证良好行为的各种规则,法官也只是决策当局的一个公共代理人。通过监管者,政府可以制定法规,对出售前的商品进行检查,并且对出售劣质产品的销售者进行惩罚。相对于独立的法庭执法来说,监管下政府行为的范围和集权程度都上升了。最后,在国家所有制下,政府对所有活动都实施完全的控制。

从效率的角度来看,问题在于,更大的专制能够在多大程度上减少无序。市场约束的主要优点在于,它不需要任何公共实施者,也就不存在专制。能够实施这种战略往往是当事人处于被逼无奈的情形下。邻居间通常不需要依靠政府干预就可以解决争端,因为他们还想长期好好相处。各个产业组成协会,以确保产品质量,同时惩罚其中的欺诈者,使得消费者始终能惠顾该行业。

因此,在一定程度内,市场约束能够控制无序,从而不需要政府监管和法庭的存在。

然而,市场约束并不总是行之有效。市场压力无法消除垄断现象。雇主可能在生产的安全保障方面做得不够,一旦出了事故则怪罪于员工自己的粗心大意(Fishback and Kantor,2000)。欺诈性的股票发行人通过掏空投资者手中的资金而破坏投资者对市场的信心。因此,过分推崇私人秩序将等于纵容黑手党的谋杀行为。在这种情况下,更有效率的做法是社会接受一个更高水平的政府干预来控制无序。

传统的自由主义者对于这些问题的反应,是通过利用合同法和侵权法的私人诉讼来实施良好管理,从而只需要略微提高专制程度。受伤的员工可以因受伤来起诉他们的雇主。当投资者认为证券信息披露有误或者不完备时,可以就此损失向发行者和承销商起诉。法官会很快确认投资者是否确实被误导了,然后要求发行者对投资者进行赔偿。

这些合同法和侵权法的执行被自由主义者认为是财产安全的有效保障。大体上说,这种诉讼和政府没有特别的利益关系,因此可以在不涉及政府的情况下解决争端,而不用讨好那些有势力的党派。法官也可以在合同实施和处理侵权法的案子中形成专业意见,这样可以更为有效和迅速地解决问题。

不幸的是,现实中的诉讼并不是完美的,这一方面是由于无序状况可能仍然很严重,另一方面是因为专制程度提高了。对于私人秩序,强势方以及非正义的一方总是在法庭上横行霸道。且一些影响法庭的机制,如雇佣好的律师、延期审理案件以及寻求政治援助是完全合法的。法官也有可能因为金钱、利益以及许诺升职等而被贿赂,甚至如果不支持强势一方就会受到暴力威胁。当有钱人和政治势力影响了正义的途径时,诉讼并不能有效地减少社会无序(Glaeser, Scheinkman and Shleifer,2003)。

一个避免使法官受干扰的通常办法是通过法典来规范法律条例和程序,以此使司法自由裁量和潜在干扰到达最低程度。这种战略可被视为沿着 IPF 曲线向下移动,当它们减少无序时,也要让政府更多地控制诉讼结果。

一个控制私人干扰法院的相关机制是使法官雇用国家化,从而使得法官避免受到外界的干扰。但是,当法官变得越来越依赖于国家时,其判决受政治影响的风险就增大了,因此,源于专制的社会损失就会上升。

保证良好行为的第三种战略,即政府监管,曾经被自由主义者所唾弃,他们认为在法官实施规则和监管者实施规则之间有显著差异。实际上,向更高水平监管的转变是渐进实现的,而且,在诉讼和监管之间已经不存在深刻的概念差别。

为了阐明这一持续演进的过程,可以考虑一个中间战略,即公共规则的私人实施。政府可以制定一些规制私人行为的条例,然后将这些实施交付于私人诉讼。私人通过诉讼来实施这些成文法规的成本通常要比执行合同和实施侵权诉讼来得更低。

例如,更有效率的做法是,政府制定适当的安全标准,甚至通过严格的工伤保险法,当雇主违反这些标准时,工人和消费者可以起诉雇主。同样,政府可以要求发行股票的公司进行特别的信息披露,同时将诉讼权交给投资者。对投资者来说,对那些没有按照法律要求披露特定信息的公司进行诉讼的成本,远远低于不存在法规时他们要证明发行者有故意疏忽行为的成本。

公共规则的私人实施解决了纯粹诉讼所固有的很多问题:当法律准确地描述了需要证明的那些事实后,法院和原告证明清白(或者有罪)的负担就减轻了;当法官失去自由裁量权后,对法官的外部干扰就越发困难了。

如果不存在特别的披露准则,证券发行人通过游说或行贿可以很轻易地收买法官,从而不向投资者发布重要信息也可以不承担责任。然而,当法律特别申明哪些信息必须要披露时,证券发行人要向同一个法官表明清白就会变得更为困难。根据经验,这一策略在证券发行和银行监管两个领域尤其有效。

然而,公共规则的建立,即使是由私人实施,也会提高专制风险。这些规则可能侵占政治弱势团体而支持强势团体。20世纪初,在美国的进步时期,对工厂、矿井、肉类包装企业进行强制安全预防措施,被认为是大企业通过提高竞争对手服从监管的成本,从而限制小企业进入该行业的企图。

与市场约束和诉讼相比,公共管制在控制无序方面更有优势。

首先,与法官不同,公共监管者可能是在特定领域内追求社会目标的专家,这正是要求对证券市场进行公共管理的主要立足论点。其次,监管者可以优先执行,从而具有执行的优势。由于这些差异,在某些情形下公共执法比私人执法更有效率。显然,公共管制也存在一些明显的缺陷,由于官员要么追求自身利益,要么被特殊的利益团体包括监管的行业所"俘获",导致了公共管制领域里的主要问题——渎职的存在。虽然被激励的监管者可能比法官更难受到干扰,但是,被监管的行业会形成一系列办法来保护该行业利益而损害公共福利。在监管之下,随着社会无序的降低,来自专制的风险显然增加了。

这一理论的基本含义是,只有当无序程度如此之高,以至于私人秩序甚至法院无法有效解决它时,监管才是必要的。只有当交易各方的力量不平等问题非常严重时,监管才是迫不得已的做法。证券发行和工作场所的安全问题就是两个例子。相反,新企业进入一个竞争性市场就不需要监管。大多数竞争性劳动市场的管制也同样很难证明是有效率的。在某些情况下,只有政府所有权才能消除无序。如果竞争和监管不能消除垄断,如果基本的产品质量保证不能通过监管获得,如果公共安全岌岌可危,国家所有制就有了存在的正当理由。比如,监狱最好是国家控制而不是私人控制,因为私人狱卒虐待犯人的可能性很高。(Shleifer and Vishny,1997)之所以出现这种情况,是因为犯人几乎没有什么权利,他们不可能依靠市场、法律甚至监管来保护自己。同样,军队和警察也要由国家来控制,因为这些机构如果由个人控制导致无序的可能性很高。

尽管有时候迫不得已需要政府所有权来解决社会无序问题,但是,公共企业糟糕的经营记录已经很好地说明了它的局限性。总之,我们的分析框架使我们可以系统地讨论不同的对商业活动进行社会控制的方式。选择何种方式最有效这是由IPF的形状所决定的,当然,不同的国家和行业其IPF的形状是不同的。

比如,如果存在一个更加有效率的政府、新闻媒体更加透明和更加自由的话,更多地通过政府来控制社会无序就会产生更少的社会损失。这种情况下IPF的形状会更陡,从而在有效选择点上允许存在更多的政府干预。在那些市场约束更有效,参与者之间的资源分配更平等,并且形成垄断的可能性更小的部门,加强政府专制并不会减少太多社会无序。在这些部门,IPF的形状更平坦,符合效率的选择点要求更少的政府干预。最终,有效的制度设计依赖于各国和不同部门的特定状况,这显然只能根据经验来判断。

三、法律渊源的差异

在12—13世纪,共同起源于罗马法的英国和法国开始分道扬镳,奠定了各自不同的现代法律体系的基础,这些体系有着明显不同的形式。英国是典型的普通法体系,各部门相对独立,承担各自的职责,比如法律的判决并不依赖于成文法典,而是依赖于判例和法律。而法国则相反,他们是典型的大陆法体系,法官的自由裁量权很小,法案以及证据的判决,都取决于程序法和实体法。

格莱泽和施莱弗(Glaeser and Shleifer,2003)认为,任何法律体系的一个关键特征在于它面对有权势的诉讼人的干预的脆弱性。[①] 法庭感受到的要求服务于强权而不是正义的压力越大,则需要越强的集权来化解这些压力。但是,更强的集权会增加专制的成本,因为统治者是基于个人偏好和偏见来断案,而不是根据公众标准或法律。在 12—13 世纪,法国各地方性制度被当地的贵族势力打破,法国逐渐分裂并长期处于无序状态。相反,英国则较为稳定,君主保持着对整个国家的掌控。为了消除无序状态,对于法国而言,采纳比英国专制程度更高的法系是有效的,即便这样会产生统治者在更大范围内滥用法律的成本。

这个模型表述了一个更一般化的观点,即法律规则的选择严重依赖于执法环境。英国采用普通法法系,这是由于分散的判决能够有效地得到执行。法国采用大陆法法系,牺牲了各地的差异,主要是因为更加集中的纠纷解决办法更为可行。关于两大法系的比较,第三章中已经有详细介绍。

第二节　监管型国家的兴起

美国在 1900 年以前,商业纠纷主要通过私人诉讼来解决,如工伤事故中的雇主责任、食品和药品安全等,甚至所得税的合法性都由法院处理。从 1887 年美国国会通过《州际商业法》到 1917 年参加一战从而结束进步运动为止,已经发生了根本性的变化,美国放弃了私人诉讼是解决社会问题唯一理性途径的理念。此后州和联邦监管机构承担了对竞争、反垄断政策、铁路定价、食品和药品安全、工厂安全等许多领域的社会控制,政府的监管诞生。

格莱泽和施莱弗(Glaeser and Schleicher,2003)认为,美国内战前是一个相对稳定的国家,潜在诉讼人之间没有明显的不平等,因此,私人诉讼成为商业活动。内战之前,法院是保护居民财产的唯一机构,内战之后,工业化和商业化水平迅速提高,极大地削弱了法院保护财产权的作用。铁路和大公司的崛起大大加剧了这一混乱局面:它们对乘客和工人造成伤害,通过具有侵略性和潜在浪费性的战略击败竞争对手,偶尔还会伤害和欺骗客户。无序的增长导致了知识产权的外包,使得依赖法院的私人纠纷解决机制失效。与消费者、工人或向法院申诉的竞争对手相比,"攫财大亨"控制着更多的经济和政治资源。他们可以通过以下两种方式:一是利用合法手段,聘请高级律师;二是通过非法手段,即贿赂法官和立法者。施蒂格勒及其后来者所提及的,专制也在增加。政府更大的权力带来了俘获官员的更大利益,从而形成了更多的俘获。

一、法律制度的移植

尽管一些制度差异可以通过讨论有效的制度选择来解释,但有一种观点显然与制度内生性的假设相悖,那就是制度移植。欧洲列强在 19 世纪征服了世界大部分地区后,他们也将包括法

---

① 郑志刚. 金融发展的两种理论及其借鉴意义[J]. 经济社会体制比较,2005(3):70-75.

律在内的制度带到了被征服的地区。各国之间的制度差异,特别是法律制度的差异,很大程度上可以归因于制度移植。

拿破仑在征服西班牙、葡萄牙和荷兰期间,传播了法国的法律体系,通过他和后人的殖民统治,法国的法律体系移植到了拉丁美洲、欧洲大部分地区、西非和北非、加勒比海的部分地区和亚洲部分地区。普通法传统则从英国移植到美国、加拿大、澳大利亚、新西兰、东非、亚洲大部分地区(包括印度)和加勒比海部分地区。另外两个法律传统,德国法律体系和此后的社会主义法律体系也被移植。德国的法律体系被瑞士、奥匈帝国和后来的日本自愿接受,并通过日本影响到朝鲜半岛和中国的法律体系。苏联将其法律制度移植到东欧和亚洲的社会主义国家。这些自愿和殖民地的移植导致了各国法律制度的系统性差异。

LLSV 为法律移植的重要性找到了有力的证据。他们考察了世界各地 49 个样本国家的法律,以衡量它们对包括股东和贷款人在内的投资者如何给予保护,以避免公司内部人掠夺。他们发现,一般来说,普通法国家比大陆法国家更适合保护传统的大陆法,特别是法国法律制度中的传统大陆法国家。此外,普通法系和德国法系国家在保护贷款者方面优于法国法系的大陆法传统国家。LLSV 和其他人的研究也发现,法律渊源和投资者保护以及金融发展的许多方面之间存在着强烈的相关性。

虽然每项研究的数据都是以不同的方式收集的,涵盖了不同国家的样本,但结果显示出一种系统的模式。各国对商业活动的社会控制类型与其法律渊源密切相关。在市场准入、法院和劳动力市场三个方面,苏联等社会主义法国家和法国法系国家的政府监管要比普通法系国家严格得多。总体来说,管制市场准入的国家也对法庭和劳动力市场进行管制,这些相关性至少可以部分归因于法律来源的作用。除了国情,移植还对各国对企业活动的社会控制模式产生了深远影响,其中就包括所有权和监管。这些证据对有关监管的标准理论提出了挑战,这些理论强调从国家行业条件和利益集团能力的角度解释监管实践。

殖民地化是决定制度设计的一个重要因素。这一事实表明,观察到的制度选择可能是低效的。一个完全适合法国的法律和监管体系,如果移植到一个资本文明程度较低的国家,可能会产生低效的重拳监管和国有制。同样,在澳大利亚和美国运作的独立法院系统在马来西亚或津巴布韦也会失败。

为了探究殖民地法律移植误入歧途的原因,我们将理论框架应用于制度移植上。相比大陆法系,英国的普通法作为一种制度,是在历史中演变而来的,它所接受的更多的是社会无序而不是专制。法律渊源反映了商业活动的社会控制战略。皮斯托等(Pistor and Xu,2002)强调了"包容性"对于成功移植法律制度的重要性。系统移植的质量取决于殖民者是想在殖民地定居,如美国和新西兰,还是仅仅建立贸易点掠夺殖民地,如大多数非洲国家。因此,正确认识移植的不同结果,是新比较经济学面临的一项重要挑战。

二、政治因素

首先,当面临新环境时,一些制度会逐渐演化成更具有效率的形式。

其次,政治控制权常常是掌握在有助于增进效率的利益集团手里。在过去的千年里,商人集团统治下的欧洲通过建立行之有效的制度实现了城市经济的飞快发展,而处于专制君主统治下的地区却遭致经济失败。

再次,即使在一些利益集团拒绝变革的情况下,科斯式的讨价还价最终也会实现有效的制度选择。英国的大宪章和美国宪法的采用施行就是这种谈判形式的著名案例。

通常政治的良性影响意味着一个重要的警告,政治主要是指不同利益集团之间的妥协谈判。政治谈判成功与否,主要取决于社会的文明资本,即社会成员的合作能力。文明资本较高的国家就有较好的制度可能性边界 IPF,政治谈判更容易达成,从而在制度可能性边界上选择了一个有效点。按照这种重要方式,IPF 自身的位置与 IPF 某个位置上的政治选择并非是相互独立的。政治谈判的失败往往根源于相同的因素,这些因素一开始就破坏了制度的机会,因此,将所有糟糕的制度完全归咎于政治是不正确的。

本 章 小 结

新比较经济学通过比较不同的经济体制,分析各国经济制度变迁,为不同国家的金融监管模式分析提供重要参考。制度可能性边界以及政府在权力行使方式上的差别对经济社会发展起着非常重要的作用。

新制度经济学理论和监管型国家兴起的理论创新之处在于:制度可能性边界以及政府在权力行使方式上的差别对经济社会发展起着非常重要的作用。西方所谓的"小政府"其实背后是监管型国家的兴起,例如美国的证监会 SEC 被称为"不带枪的警察"。这些理论可用于金融监管的具体实践。

即 测 即 评

请扫描右侧二维码检测本章学习效果。

本 章 思 考 题

1. 新制度经济学与监管型国家兴起的理论对我国的金融监管实践有什么样的启示?

2. 请谈一下新制度经济学与旧制度经济学的关系。

3. 根据对本章内容的学习,谈谈什么是产权保护制度?为什么要保护产权?如何做好产权保护?

4. 通过学习监管型国家的兴起,请从中国的经济发展的角度,谈谈你的建议。

本 章 参 考 文 献

1. 赫尔曼,穆尔多克,斯蒂格利茨 . 金融约束:一个新的分析框架[J]. 经济导刊,1997(5).

2. ACEMOGLU D,JOHNSON S,ROBINSON J. The colonial origins of comparative development: An empirical investigation[J]. American Economic Review,2001,91(5).

3. BECKER G S. A theory of competition among pressure groups for political influence[J]. The Quarterly Journal of Economics,1983,98(3).

4. BLACK B S,TARASSOVA A S. Institutional reform in transition:A case study of Russia [J]. Supreme Court Economic Review,2003(10).

5. COASE R H. The problem of the social cost[J]. Journal of Law and Economics,1960.

6. ENGERMAN S,SOKOLOFF K. Factor endowments,institutions,and differential paths of growth among new world economies//HABER S. How Latin America fell behind,Stanford[M]. Redwood City, CA:Stanford University Press,1997.

7. ENGERMAN S,SOKOLOFF K. Factor endowments,inequality,and paths of development among new world economies[J]. NBER Working Paper No. 9259,2002.

8. FISHBACK P,SHAWN K. A prelude to the welfare state:The origins of workers compensation [M]. Chicago:The University of Chicago Press,2000.

9. FRYE T,SHLEIFER A. The invisible hand and the grabbing hand[J]. American Economic Review,1997,87(2).

10. GLAESER E,SHLEIFER A. The rise of the regulatory state[J]. Journal of Economic Literature,2003,41(2).

11. GLAESER E, SCHEINKMAN J, SHLEIFER A. The injustice of inequality [J]. Journal of Monetary Economics,2003,50(1).

12. HELLMAN J S,JONES G,KAUFMANN D . Seize the state,seize the day:State capture,corruption and influence in transition[J]. Policy Research Working Paper,2003,31(4).

13. LANDES D. The wealth and poverty of nations[M]. New York:W. W. Norton,1998.

14. LA PORTA R,LOPEZ-DE-SILANES F,SHLEIFER A,et al. Law and finance[J]. Journal of Political Economy,1998,106(6).

15. LA PORTA R,LOPEZ–DE–SILANES F,SHLEIFER A,et al. Legal determinants of external finance[J]. Journal of Finance,1997,52(3).

16. MCKINSEY GLOBAL INSTITUTE. Russia's economic performance[M]. Moscow:McKinsey, 1999.

17. MURRELL P. Transition according to Cambridge,Mass[J]. Journal of Economic Literature, 1995,33(1).

18. PISTOR K,XU C. Law enforcement under incomplete law:theory and evidence from financial market regulation. Columbia Law School,2002.

19. PISTOR K,KEINAN Y,KLEINHEISTERKAMP J,et al. The evolution of corporate law [J]. University of Pennsylvania Journal of International Law,2002,23(4).

20. PISTOR K,KEINAN Y,KLEINHEISTERKAMP J,et al. Innovation in corporate law[J]. Journal of Comparative Economics,2003,13.

21. SHLEIFER A,VISHNY R. Politicians and firms[J]. Quarterly Journal of Economics,1994, 109(3).

22. SHLEIFER H,VISHNY. The limits of arbitrage[J]. The Journal of Finance,1997.

23. STIGLER G. The theory of economic regulation[J]. The Bell Journal of Economics and Management Science,1971,2(1).

24. WITTMAN D. Why democracies produce efficient results[J]. Journal of Political Economy,1989,97(6).

本章必读文献:参考文献 2、5、10、15、18、23。

国际金融与全球监管合作

自 2008 年国际金融危机以来,国际经济金融形势更加变化无常,我国经济体制、结构、周期问题交织,金融风险迫待解决。随着国际收支状况逐渐好转,金融体系内部资金自我循环、脱实向虚倾向愈演愈烈,如若放任不管,必然导致系统性金融风险,带来颠覆性后果,危及国家政治安全与经济持续发展。因金融的跨国流动性特征,金融监管必须要考虑国际因素,促进国际金融监管的协调与合作,为防范化解系统性金融风险提供保障。

第一节 汇 率 理 论

一、什么是汇率

以另外一种货币衡量的一种货币的价格被称为汇率(exchange rate)。这里的隐含前提是可自由兑换。货币和以特定货币计价的银行存款的交易在外汇市场中进行,外汇市场中的交易决定了货币兑换的比率,进而决定了购买外国商品和金融资产的成本。

理解汇率决定机制的出发点是一个简单的概念,即一价定律(law of one price)。如果两国生产的商品是同质的,并且运输成本和交易壁垒非常低,那么,无论商品在哪里生产,其在全世界的价格都应该相同。

假定美国钢材的生产成本为每吨 100 美元,与其同质的中国钢材的生产成本为每吨 700 元人民币。按照一价定律,人民币和美元的汇率应当是 700 元人民币:100 美元=7:1。假设这个汇率是"均衡汇率",当汇率变化为 14:1 的时候,每吨中国钢材在美国的价格变为 50 美元,是美国钢材生产成本的一半;而每吨美国钢材在中国的价格为 1 400 元人民币,是中国钢材生产成本的 2 倍。由于美国钢材在这两个国家都比中国钢材价格高,并且与中国钢材同质,美国生产钢材的需求就会减少为零。这就是过去二三十年间中国成长为全球第一大钢材生产国,而美国越来越减少钢材生产的"一价定律"背后的汇率因素。

二、购买力平价理论

有关汇率决定的最著名的一个理论就是购买力平价(purchasing power parity, PPP)理论。1916 年瑞典经济学家卡塞尔(Cassel)在总结前人学术理论的基础上提出:两国货币的汇率主要是由两国货币的购买力决定的。该理论认为,任何两种货币的汇率变动都应当反映物价水平的变化,将一价定律使用于两国的物价水平即购买力平价。

购买力平价理论的优点是可以作为换算各国有关经济指标的一个较好的工具,能作为国家对货币现行实际汇率的重要衡量标准。其局限性是现实操作上较为困难,实用性有限;在统计学上具有欺骗性;其他的指标如住宅和校舍以及公共服务的质量和水平、污染程度、消费者保护法的力度等,很难测定。

PPP 指标是一个越来越引起社会关注的经济指标,甚至在经济史、经济预测的研究中也大规模使用,比如表 5-1 就是中国、美国、俄罗斯、日本、印度等国 1990—2015 年间的购买力平价指标下的 GDP 之比。

表 5-1　GDP 增长率长期表现的比较:1990—2015 年

年份	GDP 水平(单位:10 亿美元,1990 年 PPP)					中国相当于下列国家水平的比例(%)			
	俄罗斯	日本	中国	美国	印度	俄罗斯	日本	美国	印度
1990	1 151	2 321	2 124	5 803	1 089	185	92	37	139
1991	1 093	2 399	2 264	5 792	1 112	207	94	39	204
1992	935	2 422	2 484	5 985	1 169	266	103	42	212
1993	854	2 428	2 724	6 146	1 238	319	112	44	220
1994	745	2 455	2 997	6 396	1 328	402	122	47	226
1995	715	2 504	3 450	6 558	1 426	483	138	53	242
1996	689	2 590	3 521	6 804	1 537	511	136	52	229
1997	199	2 636	3 707	7 110	1 611	530	141	52	230
1998	662	2 609	3 717	7 407	1 716	561	142	51	217
1999	704	2 605	3 961	7 736	1 820	563	152	51	218
2000	774	2 667	4 319	8 019	1 900	558	162	54	227
2001	814	2 673	4 781	8 079	2 009	587	179	59	238
2002	852	2 664	5 374	8 209	2 080	631	202	65	258
2003	914	2 699	6 188	8 431	2 267	677	229	73	273
2015	1 300	3 116	12 271	11 467	4 665	944	394	107	263

资料来源:麦迪森.中国经济的长期表现:公元 960—2030 年[M].上海:上海人民出版社,2008。

从表 5-1 可以看出:购买力平价指标和汇率指标存在不小的差距,中国的 GDP 以购买力平价来看在 2015 年就超过了美国居世界第一,国际货币基金组织(IMF)和世界银行(WB)近几年也得出了类似的结论,说明购买力平价指标越来越得到认可,成为在国际金融和国际贸易中的一个重要参考指标。

第二节　国际金融体系

一、国际金融体系的演进：金本位制度

1752 年休谟在其名著《论贸易差额》中提出了"价格－金币－流动机制"。该机制表明，纯粹的金币流通是最理想的，因为贸易逆差→黄金流出、铸币减少→物价下跌→出口增加、进口减少→黄金流入。反之，贸易顺差→黄金流入、铸币增加→物价上涨→出口减少、进口增加→黄金外流。即贸易差额引起黄金在各国之间的再分配，因而导致铸币的增减与物价变动，物价又引起贸易差额变化，因此各国物价和贸易就会随之获得平衡，即"价格－金币－流动机制"。

要检验该理论的合理性，现实情况须先满足下列条件：首先，各国没有资本流动，国际收支与贸易收支相等，即国际贸易发生的差额必须通过黄金的流动来使国际收支结算平衡。其次，国际上过剩的黄金储备为 0，银行体系和社会公众的库存黄金也为 0，所有黄金皆为金币的形式流通。所以一国国际收支如果发生一个单位的变化，国内货币供应同时增减一个单位。黄金流失以货币信用紧缩的外部形式表现。反之代表货币信用的增加。再次，贸易商品的供应与需求对价格变动作出反应，即供给与需求的弹性应满足马歇尔－勒纳条件（马歇尔－勒纳条件是纠正贸易不平衡的充分必要条件）。

上述条件在现实生活中较难实现。原因是：第一，国际收支与贸易收支不相等，资本会在国际上流动，所以通过黄金流动来平衡贸易收支的差额并不一定现实。第二，与流通中的铸币相比，黄金属于财富储藏手段，库存黄金多存放在银行体系和公众手中。黄金的流动也不一定会致使铸币发生增减变化，所以更不会导致物价涨跌。在铸币过多使得铸币的实际购买力小于金块价值时，部分铸币会快速被熔化为金块或以铸币形式在流通环境中退出，转为黄金储备。这种调整是自发性的，所以铸币过多时难以致使物价上涨。相反，铸币过少时，铸币的实际购买力大于金块价值，即铸币的非货币用途价值小于其货币价值时，一定存在一些金块被铸成金币进入流通市场，被收藏的金币也会再次流通。所以因铸币过少而致使物价下跌的情况难以出现。

在第一次世界大战前，世界大多数国家的货币可直接兑换为黄金，即金本位制度（gold standard）。例如，美国财政部可以将 1 美元纸币兑换成大约 1/20 盎司的黄金。同样，英国财政部会用 1/4 盎司黄金兑换 1 英镑，英镑和美元之间的汇率就固定为 5 美元＝1 英镑。

货币供给是由国家之间的黄金流动决定的，所以坚持金本位制度表明一个国家的货币政策不受控。因为黄金生产开采受制约，世界各国的货币供给增长缓慢，不能跟上世界经济发展的步伐，从而导致通货紧缩。

第一次世界大战极大地破坏了世界贸易。各国不再将货币兑换成黄金，金本位制度崩溃。两次世界大战期间，尽管有多次试图恢复金本位制度的尝试，始于 1929 年的世界经济大萧条最终导致金本位制度破产。

二、布雷顿森林体系

（一）布雷顿森林体系的背景

20 世纪 30 年代初，世界经济危机导致金本位制和金汇兑本位制难以维系。大部分国家实

行了纸币流通的货币管理制度。新制度下,纸币无法自由兑换黄金,政府发行货币也没有了黄金的限制,因此各国过多发行货币,造成通货膨胀,导致纸币的金平价背离同它表示的实际黄金量,使得由法定金平价决定的汇率行市的难以维稳。为避免由此带来的混乱局面,1944 年 7 月在美国布雷顿森林召开的联合国货币金融会议上达成了"国际货币基金协定"。由于布雷顿森林体系的建立,全球经济背景进入纸币本位制,汇率失去保持稳定的客观条件后波动频繁而剧烈,所以众多经济学家从不同角度对汇率进行分析。

(二)布雷顿森林体系的建立和崩溃

1944 年在美国新罕布什尔州的布雷顿森林(Bretton Woods)召开的会议上,英国著名经济学家凯恩斯提出建立国际货币单位"Bancor",即 30 种有代表性的商品作为定值基础,而来自美联储的美国人怀特提出的方案是主张恢复金本位制,美元与黄金挂钩,在二战后设立一种国际货币稳定基金,资本总额为 50 亿美元,由各会员国以黄金、本国货币和政府证券认缴,认缴份额取决于各会员国的黄金外汇储备、国民收入和国际收支差额等因素。遗憾的是由于二战后英、美两国经济实力的逆转,美国综合国力全面超越英国,最终"怀特方案"入选:1 盎司(28.35 克)黄金 = 35 美元,且维持汇率在既定的固定水平,即固定汇率制度。

"凯恩斯方案"和"怀特方案"的实质均为从英、美两国各自的利益出发,旨在最大限度地维护本国在战后重建国家货币体系的主导地位。英国黄金匮乏并出现国际收支逆差,而美国拥有巨额黄金储备,布雷顿森林体系实行可调整的固定汇率制度,即各国货币对美元的汇率只能在法定汇率上下各 1% 的幅度内波动。若市场汇率超过法定汇率上下 1% 的波动幅度,各国政府有义务在外汇市场上进行干预,以维持汇率的稳定。若会员国法定汇率变动超过 10%,就必须得到国际货币基金组织的批准。布雷顿森林体系下汇率的上限干预点和下限干预点由国家行政实施,是根据国家之间人为协议而实施的,所以布雷顿森林制度下的固定汇率由政府干预维持。

以美元为中心的布雷顿森立体系正常运转的基础是美国雄厚的经济实力、充足的黄金储备、国际收支的巨额顺差,以及其他国家普遍存在的"美元荒"。但布雷顿森林体系的设计存在制度性缺陷,即"特里芬难题"。美国为保证其外部均衡的目标,美元与黄金之间固定比价和可兑换性,就必须控制美元的境外输出;而其他国家的外部均衡目标体现为尽可能地积累美元储备,这就要求美国大量向外增加输出美元。两者之间的矛盾使美国处于"两难"境地:如果美国国际收支保持顺差,作为国际储备资产的美元无法保证国际贸易发展的需要,将形成"美元荒";如果美国为了国家贸易发展而保持国家贸易逆差,则引起美元贬值、发生美元危机。

在布雷顿森林体系下,美元有责任和义务维持其与黄金的固定官价,导致美元币值人为高估,美国国际收支转入逆差,并很快沦为最大的债务国。1971 年 12 月 18 日,"史密森协议"允许美元官价贬值至 38 美元兑换 1 盎司黄金,意味着布雷顿森林体系的第一大支柱美元与黄金挂钩倒塌。1973 年 3 月,美元与黄金脱钩,主要国家货币与美元脱钩,各国实行单独浮动或者联合浮动汇率制度。至此,布雷顿森林体系的第二大支柱各国货币与美元挂钩也倒塌,布雷顿森林体系宣告崩溃。

三、牙买加货币体系

布雷顿森林体系崩溃后,国际金融形势动荡不安,国际社会为建立新的国际货币体系进行了长期的讨论与协商。旧国际货币体系改革和新国际货币体系的建立过程充满矛盾和斗争,最终各方通过妥协达成共识。1976年1月,各国在牙买加首都金斯敦签署"牙买加协议"。同年4月,国际货币基金组织理事会通过了国际货币基金组织协议的第二修正案,国际货币体系进入新阶段即牙买加体系。

"牙买加体系"放弃了布雷顿森林体系下的"双挂钩"制度,但继承并加强了布雷顿森林体系下的国际货币基金组织的作用。"牙买加体系"的主要内容包括:第一,浮动汇率自由化。即国际货币基金组织各成员国可根据本国的情况选择汇率制度,但必须事先取得货币基金组织的同意。国际货币基金组织有权监督成员国汇率以确保有秩序的汇率制度安排,避免操纵汇率谋取不公平的利益。第二,黄金非货币化。即黄金不再是货币平价的基础,成员国货币不再与黄金挂钩,黄金与货币彻底脱钩。第三,扩大特别提款权的作用。成员国可用特别提款权来履行对基金组织的义务和接受基金组织的贷款,各成员国相互之间也可以用特别提款权来进行借贷。第四,扩大货币基金组织的份额,从原有的290多亿特别提款权(special drawing right,SDR)扩大到390亿,增加34.48%。第五,增加对发展中国家的资金融通数量和限额。

四、欧洲货币体系

1979年3月,欧洲经济共同体的8个成员国(德国、法国、意大利、荷兰、比利时、卢森堡、丹麦和爱尔兰,后来西班牙、英国、葡萄牙加入)成立了欧洲货币体系(European monetary system,EMS),各国同意它们各自货币之间的汇率保持不变,而且相对于美元实行联合浮动。EMS创建了一种新的货币单位,称为欧洲货币单位(European currency unit,ECU),中国曾经翻译为"埃居"。它的价值和一篮子特定数量的欧洲货币挂钩。1991年12月,欧共体首脑会议通过《马斯特里赫特条约》,计划从1999年起实行统一货币。从此,欧共体成为欧盟,欧元取代了埃居。1999年1月1日,欧元如期启动。2002年1月1日,欧元纸币和硬币正式进入欧元区12国流通。

欧洲货币体系和1999年欧元的诞生,对美元在国际金融交易中作为关键的储备货币的地位可能形成了挑战。欧盟的经济实力与美元不相上下:它们占世界GDP(20%左右)和世界出口(15%左右)的份额相似。如果欧洲中央银行能确保较低的通货膨胀率,那么将预示着欧元前景看好。

然而,若要欧元取代美元作为储备货币的地位,欧盟必须作为紧密的政治实体发挥作用,对世界事务施加更大的影响。2010年2月,欧元区的希腊主权债务危机对欧元体系形成挑战,其核心原因在于:欧元区各国由于实行了货币统一,不得不采取相同的货币政策,但各国财政状况不同,无法采取相同的财政政策。由于货币政策和财政政策之间缺乏协调机制,基于财政状况的主权债务危机爆发,葡萄牙、意大利、爱尔兰、希腊、西班牙等"欧猪五国"(PIIGS)成为欧洲主权债务危机的重灾区。这也从另外一个侧面看出:欧元要在国际金融交易中击败美元,还有很长的路要走。

五、人民币加入SDR

在全球金融危机爆发后的2009年,时任中国人民银行行长的周小川发表《关于改革国际货币体系的思考》,认为此次爆发的金融危机使我们再次正视"什么样的国际储备货币才能保持全球金融稳定、促进世界经济发展"这一问题。周行长点评了凯恩斯当初盯住30种代表性商品的设想以及怀特方案,建议将特别提款权SDR工具重新拿出来,回到它被创设那时的设想,成为一种国际货币。SDR 的存在为国际货币体系改革提供了希望,应当更多发挥 SDR 的作用,推动 SDR 一篮子货币占比的重新分配。人民币终于在 2015 年 11 月 30 日加入 SDR。人民币加入 SDR 前后各主要货币在 SDR 中的占比见图 5-1。

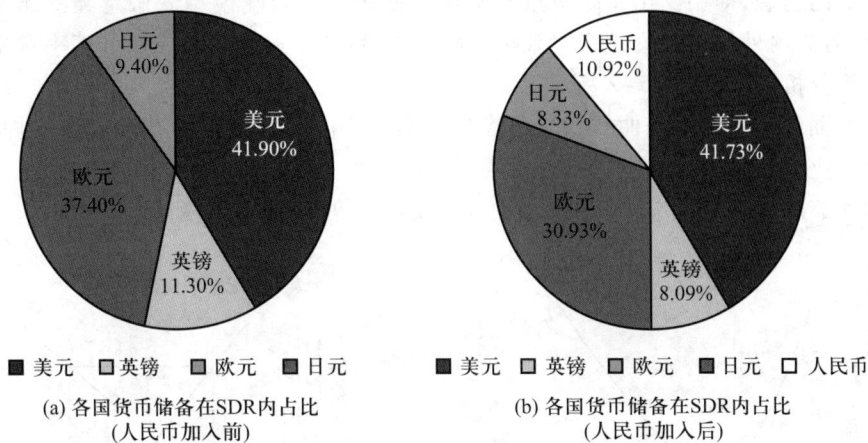

图 5-1　人民币加入 SDR 前后各主要货币在 SDR 中占比情况

截止到 2015 年 9 月,IMF 分配给成员国的 SDR 总额为 2 041 亿份,约 2 800 亿美元,占全球外汇储备的 2.4%,SDR 在国际货币体系中具有稳定性。若各国采取措施,行动起来,就能为将来的进步积蓄力量,所以提高 SDR 的使用会变得没那么难。SDR 自 1969 年出现以来,还没有国家会借此公然与美元霸权对抗。即便美国在 SDR 中所占份额依然最大,但仅有 41.7%,而中国占比 10.9%,远高于人民币在国际储备货币中所占份额(不到 3%),因此若 SDR 在全球推广,人民币最受益。

如果对 IMF 的治理结构做出重大变革,提高中国和新兴市场发展中国家的话语权后,逐步扩大 IMF 和 SDR 的信用,提高 IMF 作为国际最后贷款人的能力是符合发展中国家和国际社会利益的。但是与全球经济和政治的多极化发展趋势相适应,储备货币多极化也是大势所趋,并且也是最符合中国国家利益的。因此对中国政府而言,在扩大 SDR 在国际货币体系中的地位和作用的同时,应当推进人民币国际化,有序地将人民币发展成与美元、欧元并重的国际储备货币。

六、蒙代尔-克鲁格曼三角

(一)米德冲突

1951 年英国经济学家詹姆斯·米德在《国际收支》中最早提出了固定汇率下内外均衡冲突问题:在开放经济条件下,若一国想要同时实现内外均衡,则必然采取政策搭配措施。在固定汇率下,政府不能采取汇率政策,只能依靠支出调整政策以达成内外均衡同时实现,在这个过程中会造成内部均衡目标与外部均衡目标的矛盾,被称作"米德冲突"。

(二)丁伯根法则

丁伯根法则由荷兰经济学家丁伯根提出:一国政府要实现一个经济政策目标,需要使用至少一种有用的政策措施,这表明如果需要实现 n 个独立的经济政策目标,至少要使用 n 种独立并且有用的政策措施。丁伯根法则的一个特例是米德冲突,政府若要达成内外均衡的两个政策目标,却只做出支出调整政策这一个政策措施,便会出现矛盾。

(三)斯旺模型

澳大利亚经济学家斯旺(Swan)对内外均衡冲突有进一步的探索,且提出了"斯旺模型"解决内外均衡冲突的思想,即用支出增减政策和支出转换政策。斯旺模型先假定经济体不存在国际资本流动,再研究内外均衡冲突并提出政策搭配建议,构造了以国内总支出和汇率水平的内外均衡研究的二维分析框架,如图5-2所示。

其中,EE'曲线为外部平衡曲线,YY'曲线为内部平衡曲线。Ⅰ区存在顺差和通货膨胀,Ⅱ区存在顺差和失业,Ⅲ区存在逆差和失业,Ⅳ区存在逆差和通货膨胀。

内部和外部总体平衡状态:EE'和YY'曲线相交的G点,如图5-3所示。

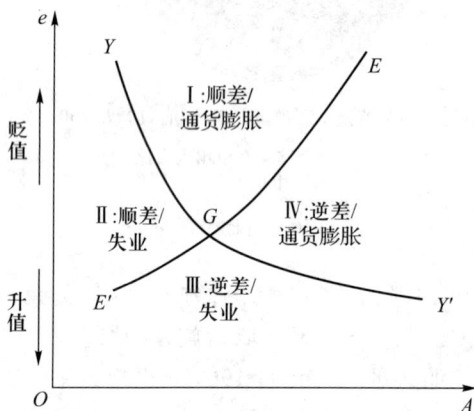

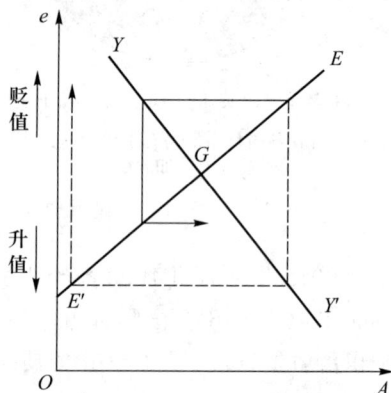

图5-2　斯旺模型　　　　　　　　图5-3　斯旺模型政策搭配图解

政策搭配措施:

当YY'相对于EE'曲线更为陡峭时,代表汇率政策对外部均衡的影响力更大,需要把目标定为汇率政策追求外部均衡和以支出调整政策追求内部均衡;

当YY'相对于EE'曲线更加平坦时,代表调整政策对外部均衡的影响力更大,需要把目标定为汇率政策追求内部均衡。

(四)蒙代尔政策搭配理论和蒙代尔-弗莱明模型

财政货币搭配政策是由美国经济学家罗伯特·蒙代尔提出,经弗莱明在此基础上进行修正,在20世纪60年代中期蒙代尔-弗莱明模型形成。开放经济的环境中,资本完全自由流动条件下,蒙代尔(Mundell,1963)对影响全球较小的小国货币政策有效性进行了研究,阐述了两个重要观点:

首先,若资本完全流动,固定汇率制下货币政策仅能改变外汇储备,不影响收入和就业,那么为失效的货币政策,在浮动汇率制度下货币政策明显影响收入和就业,那么为独立有效的货币政策。其次,在资本完全自由流动且实行固定汇率制度前提下,若采取对冲操作则没有作用,最终仅能令固定汇率制度瓦解。

可以看出:若想同时实现固定汇率制度、资本自由流动与货币政策独立性是不可行的,为后来三元悖论的提出提供了重要理论依据。

（五）克鲁格曼三元悖论

克鲁格曼在1998年初关于亚洲金融危机的文章中,称之为"The eternal triangle"（永恒的三角形）;后又在所著《萧条经济学的回归》中对该原则进行论述（克鲁格曼,1999）。据此有学者将其总结为"蒙代尔-克鲁格曼不可能三角形",又称"三元悖论"（impossible trinity）。它表明货币政策独立性、汇率稳定、资本自由流动这三大金融目标不可能同时实现。

图5-4中被分为区域Ⅰ、区域Ⅱ、区域Ⅲ、区域Ⅳ四个小三角形。区域Ⅰ:严格资本管制+严格固定汇率制度+货币政策完全独立;区域Ⅱ:严格固定汇率制度+放弃货币政策独立性+资本完全流动;区域Ⅲ:货币政策完全独立+资本完全流动+汇率自由浮动;区域Ⅳ:严格固定汇率制度+资本完全流动+货币政策完全独立。

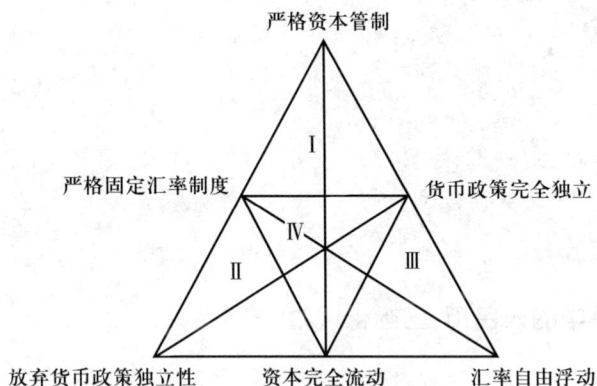

图5-4　三元悖论图解

不可能三角可以总结为:X（汇率）+Y（资本流动）+M（货币政策）= 2。

以三个经济体美国、中国大陆、中国香港为例来看不可能三角问题:中国大陆,货币政策独立$M=1$、汇率稳定$X=1$,但资本（Y）不能自由流动;中国香港,汇率稳定$X=1$、资本自由流动$Y=1$,但货币政策（M）不独立;美国,货币政策独立$M=1$、资本自由流动$Y=1$,但汇率X不稳定。中国大陆希望独立制定货币政策,资本不能自由流动,以及稳定汇率。M不变即货币政策独立,必然要靠近1或等于1;而对外开放继续扩大,资本自由流动会继续加快,Y必然要提高;X值要缩小是变化的唯一可能性,这表明汇率需向有弹性的浮动汇率目标靠近。

> **📖 案例5-1**
>
> ### 不可能三角形
>
> 2015年1月15日,瑞士中央银行在未通知任何其他中央银行的情况下,出人意料地放弃了逾三年前设置的汇率上限,放弃了保卫瑞士法郎对欧元1.20下限的承诺,从而导致瑞士法郎兑欧元的汇率暴涨。
>
> 1992年9月16日,为了提高英镑吸引力,英格兰银行宣布将利率从10.0%提高到12.0%,几个小时后,承诺再次提高利率至15.0%,但是包括索罗斯在内的投机者顶住压力,不为所动。交易者不断抛售英镑,英格兰银行不断买入,直到当晚7点,英国宣布退出汇率机制,利率恢复到10.0%。在24个小时内,英镑暴跌了近5 000点。

1997 年,东南亚各国越来越难以应付不断扩大的国际收支赤字,依赖外部融资的方式越来越难以维系,而且内部的腐败动摇了经济根基,资产质量迅速恶化,资本流出,各国捉襟见肘的外汇储备很快流失,尽管中央银行试图干预,但无济于事。最后,一些国家不得不宣布放弃固定汇率,货币被大规模卖空,大幅贬值,泰铢贬值多达 48%,在次年贬值近 100%,其他东南亚国家货币的贬值程度差别小,有时甚至会更严重。

"不可能三角"表明一国在固定汇率、资本自由流动、货币政策独立性之间有且仅有以下三种政策组合的选择。

首先,维持资本自由流动、货币政策独立性:只能通过浮动汇率制。比如,巴西、加拿大在资本自由流动的前提下,进出的国内外资金频繁会使得国际收支状况更变动。

其次,维持汇率稳定、货币政策独立性:只能通过资本管制。对大多数发展中国家特别是被金融危机影响的国家而言,相对固定的汇率能保持对外经济稳定,货币政策独立性能调控国内宏观经济。

最后,维持资本自由流动、汇率稳定:只能放弃货币政策独立性。例如,阿根廷或 2000 年前的大部分欧洲国家,在资本自由流动和在固定汇率制度前提下,引发的资本流动的变化会抵消货币政策效果。

七、国际金融体系中的人民币:国际化展望

(一) 人民币汇率制度的未来长期选择

"新特里芬难题"已经预示着现行的过度依赖美元的国际货币体系不具有长期持续性,作为新兴的大国,我国有条件并责无旁贷地推进人民币国际化并参与国际货币体系重构。因此,我国汇率制度选择应该与国际货币体系改革趋势相适应,并有助于人民币国际化。

随着中国内地经济的增长以及人民币汇率形成机制的不断完善,2005 年 4 月 1 日起,欧洲央行已在其每日统计并发布的欧元指导汇率体系中加入了人民币等 7 种新货币。

目前中国分别与澳大利亚、新西兰、韩国、马来西亚、白俄罗斯、印度尼西亚、新加坡、俄罗斯、蒙古国、缅甸、越南、乌克兰等多个国家签署了自主选择双边货币结算协议。未来人民币的国际化要满足三大条件:首先要有经济发展;其次有稳定的金融和强有力的监管能力;最后要有足够的国际信誉。

(二) 人民币国际化的全球意义

1. 避免遭受现行国际货币体系不稳定的伤害

布雷顿森林体系的缺陷是过度依赖美元。20 世纪 60 年代这一缺陷多次成为美元的危机,最后瓦解布雷顿森林体系。若要避免国际货币体系(IMS)不稳定的伤害,参加经济全球化的新头市场经济国家可以在两个方面进行优化:首先,推动 IMS 改革,通过多极化 IMS 的形成减轻过度依赖美元。其次,积极使本国货币成为国际货币。不过后者基本只有大国才可能实现。对中国来说,希望避免受到美元本位制伤害,且推进 IMS 的改革,可通过人民币国际化这一措施实现。

2. 顺应经济国际化发展的客观需求,促进 IMS 从单极走向多级

国际金融危机后,世界经济重心从欧美向亚洲转移的趋势会持续加快。对未来 50 年主要国家经济增长前景,OECD(2012)的报告预测了世界经济格局变化的长期走向。该报告指出,通过

2005 年购买力平价计算,50 年后中印两国 GDP 总量将提升 7 倍,超过 OECD 全部成员国的总和。当然,对中国和新兴市场经济国家的预测可能较乐观,不过变化趋势成立的可能性很大。客观上全球经济多极化趋势要求国际储备货币的多极化适应。

第三节　次贷、欧债危机对金融监管的挑战

美国、欧洲各国作为金融最发达、监管理论实践先进的国家,从 2007 年开始相继发生了次贷危机和主权债务危机,对金融监管理论提出了挑战。

一、次贷危机的源头

进入 21 世纪之后,互联网泡沫破裂和"9·11"事件对美国经济带来负面影响。为了促进经济增长,美联储通过量化宽松的政策提高经济增长,长期的低利率使得美国经济持续繁荣,同时增加美国的房地产泡沫,银行等金融机构的债务融资在全部融资中的比例增大。2001 年至 2005 年期间,美国房地产市场房价不断上涨,居民争相购买,但房地产金融机构提供贷款的条件过于宽松。美国个人信用评分标准大致在 300 ~ 900。评分越高,贷款的代价越低。综合信用评分在 660 分以上、收入稳定可靠的贷款人的贷款被称为优质贷款,其余为次优贷款,简称次贷。据统计,美国国内大约 25% 的人口属于次贷群体。盈利驱使金融家们开发完优质客户资源后,便将注意力集中在本来无法申请抵押贷款的人群。

二、风险的转移:抵押贷款的证券化

市场经济活跃背景下,房地产金融机构手持许多房地产抵押贷款。为了提高资金周转率,房地产金融机构将手中的房地产抵押贷款以合理的价格转让,继而获得下一轮贷款资金,由此,产生抵押贷款支持证券(mortgage backed securities,MBS)。

2007 年美国住宅房地产的市场规模约 17 万亿美元,其中抵押贷款证券化的市场规模大概有 6 万亿美元,其中的 2/3 获得了吉利美、房利美、房地美三家政府背书担保公司的担保,因此属于优质债券。另外大约 14% 属于次级债券。

三、次贷危机的爆发、扩散和升级

美联储从 2004 年 6 月起进入加息周期,从而导致购房者还款压力骤增,次级贷款违约率上升。2007 年 4 月,第二大次级房贷公司新世纪金融申请破产保护。2007 年 8 月,房地产投资信托公司申请破产保护。2008 年 7 月 11 日,作为美国第五大银行的印地马克抵押贷款银行被接管。2008 年 7 月 23 日,国会通过救援法案来挽救房利美和房地美。2008 年 8 月,第四大投行雷曼兄弟申请破产保护,第三大投资银行美林被美国银行收购。美国最大的保险公司美国国际集团(AIG)随后被政府接管。2008 年 9 月 26 日,全美最大的储蓄及贷款银行华盛顿互助银行被美国联邦存款保险公司接管,成为史上最大银行倒闭案。

全球金融危机主要经历了四个阶段,第一个阶段是宽松的货币政策刺激了信贷产品的盲目发展,同时造成了过剩的经济流动性。第二个阶段是紧缩的货币政策使得流动性短缺、信贷缩紧、债务违约率增加。第三个阶段是各国大型投资银行因购买次贷产品,遭受债务违约、巨额亏

损的打击,导致被收购、国有化或者是破产。第四个阶段是因流动性短缺、外资撤离,各国面临外汇风险和实体经济衰退。

四、金融危机爆发的政策根源

(一)美元本位制度的缺陷

布雷顿森林体系瓦解后,美元取消了与黄金挂钩,国际上采用牙买加的货币体系。作为主要储备货币发行国的美国,享有铸币税特权的同时,也能通过发行美元融资,来改善项目逆差和政府债务赤字,美国作为世界金融大国一跃而起。作为中心货币发行国,制定货币政策时美国仅需考虑自己,然而非中心货币发行国,只能依靠美元的外汇储备稳定本国币值。因此,美元流向世界各国,全球流动性过剩、资产价格膨胀、过度消费和过度借贷随之而来。因为美元本位制没有信用货币定值基础,其汇率十分不稳定,币值频繁波动,造成在国际贸易和投资中,投资者难以确定全球货币和资金价格走向,给交易带来了诸多不确定性。美元本位制赋予的宽松条件下美国多危机爆发的关键,国内金融市场动荡和次贷危机的导火索皆因其经济政策的失误。大量的资本因为次贷危机爆发从新兴市场国家撤回美国,国际跨境资本逆向流动,国际金融市场动荡,冲击严重波及主要的发达国家、发展中国家和新兴市场国家,全球金融危机因此爆发。

(二)货币政策过度宽松

本次经济危机离不开美联储货币政策的失误。经济增长率、就业水平等虽然在短期内受益于宽松的货币政策,可是宽松的货币政策会带来需求的泡沫,长此以往,它会成为信贷和资产价格泡沫的膨胀的导火索。低利率带来的房屋贷款的变多、住房价格提高以及其他资产价格上涨随之而来,房地产泡沫快速膨胀,美国经济看似一片欣欣向荣,金融危机爆发的本源也正是在此。

(三)金融监管的缺位

一直以来,美国相信市场经济的自我调整能力,坚持自由市场经济,因而造成金融监管的缺位。美国在危机爆发前,虽然已经进入金融混业发展的阶段,但依然采取放松监管的政策。金融部门、金融从业人员从自身经济效益出发,在监管缺位的环境下,金融衍生品的场外交易不断增多,以此获取高额的利润,造成金融风险越来越大。国际金融危机的重要根源也来源于金融监管的缺位这一因素。

(四)金融创新过度

发达国家的金融创新在美国次贷危机爆发前期快速增长。首先,从有效市场理论出发,学术界普遍认为经济状况能通过资产价格反映,同时由于市场能自我调整,所以金融创新能有效配置资源,也不会造成危机。在此背景下,银行业务转向贷款并大量证券化模式,由于各大银行可以通过证券化转移信用风险,为金融创新提供了内在的动力。在这些强劲的内在因素推动下,金融创新出现了飞跃式发展,但是由过度的金融创新给金融市场带来的高杠杆率、高"尾部风险"、高不确定性,以及银行为此面临的市场价格风险和信用风险,众多因素的叠加使金融系统逐渐丧失了稳定性。

五、欧洲主权债务危机

欧洲主权债务危机简称欧债危机,爆发的主要导火索在希腊。2001 年希腊为了达到了欧盟"预算赤字不能超过 GDP3% 以及总负债不能高于 GDP60%"的要求,尽可能缩减自身外币债务,与高盛签订了一个秘密的货币互换协议,通过协议减少了自身的外币债务,达到加入欧元区标准。希腊所付出的代价是:必须在未来很长一段时间内支付给高盛高于市价的高额回报。纸包不住火,随着时间的推移,希腊的赤字率走高,进而导致了 2009 年主权债务危机。欧债危机爆发的根本原因在于这些国家的政府债务远远超过了其自身的承受能力,被国际评级机构降低其主权信用评级,主权债务违约风险加大。

欧债危机的演化历程包括三个阶段:第一阶段,2008 年美国金融危机最初爆发时,北欧冰岛的主权债务危机就已经存在,随之而来的是中东又爆发了债务危机,因国际社会及时援助,此次事件所幸没有引发全球性的金融震荡。第二阶段,2009 年以后,国际评级机构对希腊的主权信用评级一降再降,主权债务问题日益激烈,希腊成为引爆欧债危机的导火索。第三阶段,2010 年以后,欧洲中央银行、国际货币基金组织等开始伸以援手寻求解决之法,但在此过程中也产生众多分歧。解决债务危机援助希腊的方案迟迟未能出台,导致希腊危机持续恶化,并向葡萄牙、爱尔兰、意大利、西班牙蔓延。

究其原因,首先是为了刺激经济增长,各国纷纷采取宽松的财政和货币政策,导致公共财政盈余无法支撑过度的举债消费。政府增加杠杆,恶化了国家盈利能力,造成国家无法继续承受过重的债务负担。加上评级机构不断下调希腊等五国的主权信用评级,使该五国借入外资的利息变得更高,直接导致欧债危机更加恶化发展。其次,欧洲国家的产业结构发展不平衡,实体经济偏弱,经济发展乏力,难以化解金融危机的影响。例如,希腊的旅游业和航运业过多地依靠于外部的需求,一旦遇到金融危机就会表现得不堪一击。最后,对于欧盟内部,各成员国之间的政治制度、财政状况的差别也扩大了各国之间的经济发展水平差距,这些综合因素引发了主权债务危机风暴。

六、世界各国应对危机的措施

现代金融危机在很大程度上是一种信心危机。肇始于美国的金融危机迅速向欧洲和全球蔓延,德国、意大利、英国、冰岛等绝大部分国家的金融体系陷入危机。据英格兰银行估计,危机导致全球金融机构损失 118 万亿英镑。

面对危机,美国 2008 年 10 月通过了 7 800 多亿美元的《2008 年紧急经济稳定法案》,中国则提出了 4 万亿元人民币的庞大投资计划。2009 年 4 月,二十国集团伦敦金融峰会上与会领导人就国际货币基金组织增资和加强金融监管等携手应对金融经济危机议题达成共识。2009 年 9 月,二十国集团领导人在美国匹兹堡再次召开了金融峰会,就金融体系改革等一系列问题达成了部分共识。此后美国政府一共向花旗银行注资 450 亿美元,并对其 3 060 亿美元的有毒资产提供担保。

七、金融危机对传统监管理论的挑战

从某种意义上来说,金融市场发展史就是一部不断发生危机、不断进行修正的历史,只是这次危机是最新的一次,并且其涉及面之广和影响之大,是史无前例的,也对传统的金融监管理论和监管实践提出了挑战。

政府需要在金融监管体系建设方面做出哪些改变以应对金融风险?

第一是要深入分析现行的金融监管模式。美国 1999 年《金融服务现代化法案》之后,投资银行大量涉足衍生品交易、对冲基金等高风险领域,而监管和风险控制又没有及时跟上,金融机构过度强调短期回报的激励机制形成了较高的"道德风险"。

第二是要深刻反思货币政策。美联储 20 世纪 90 年代以来多次采取注资、降息等方式，但大多只是暂时掩盖危机，并未真正解决问题。

第三是要强化对金融创新的有效监管。强化监管部门对创新产品的主观判断意识和裁量的权力，同时要保证这种裁量的科学性，防范可能的道德风险。

第四是在国际金融市场日趋一体化的情况下，如何防范或有效阻断金融风险的传递？如何对大规模的系统性金融风险有较为有效的预警措施？如何有效阻断金融风险的传递？如何建立起不同国家监管机构之间的协调机制？这些问题需要认真反思。

八、金融危机对法学家的启示

美国次贷危机演变为国际金融危机后，欧债危机也推波助澜，多数中国经济学家均给予高度关注，纷纷撰文评述危机对中国所产生的影响。遗憾的是，很少有法学家能拿出言之有理、持之有据的观点来解释金融危机。[①] 对金融危机进行分析论述，法律人显然不应该缺席（吴志攀，2010）。

法学家如何对未来的金融危机进行应对？这是一个法律与金融领域的重要课题，也是金融监管这门课要解决的核心问题。

第四节　国际金融监管合作

一、预防金融危机的蔓延需要国际合作

美国的次贷危机使长久以来的金融监管法律制度受到了质疑，原有的金融监管制度缺陷成为本次金融危机中广受诟病的焦点之一。在金融危机爆发后，国际社会和各国政府均致力于金融监管法律制度的改革，试图以具有针对性的新金融监管法律制度，作为化解金融危机不利影响和抵御系统性金融风险的手段，以保障国际和各国金融市场的稳步发展。

以 G20 及其金融稳定理事会为代表的国际金融监管组织迅速崛起，并偕同国际货币基金组织、世界银行和巴塞尔委员会等国际组织在吸取本次金融危机经验教训的基础上，提出了国际金融监管的法律改革路径。

无论是各国政府还是国际组织，在经历了本次金融危机后，对监管理念和监管法律制度都有了新的认识。基于金融全球化的渠道，新的金融监管法制改革思路也逐步传播开来，形成了国际社会相互借鉴的新格局，国际金融监管法制由此也正经历着全方位的革新。

美、英、欧盟和其他部分国家在本次金融危机影响下，金融监管法律制度改革的重点包含监管主体、监管内容、监管职能、监管理念等，突出在以下问题：监管机构职能调整、"大而不倒"问题解决方案、金融消费者保护、衍生品市场规范和信用评级机构监管和金融机构公司治理。

G20 下的金融稳定理事会、国际货币基金组织、世界银行和巴塞尔委员会等国际组织在金融危机背景下出台了"软法"性的国际金融监管法律规范，主要反思国际金融监管法制的漏洞和不足，包括运用法律途径减弱金融危机的国际传递、国家干预主权债务重组和涉外金融机构破产

---

① 参见江平. 解决经济危机，要有更多学者声音[N]. 南方周末，2009-06-03。

等。这些漏洞和不足将在未来规制中不断予以完善。

二、全球金融监管改革给我国的启示

国际金融危机对我国而言是一场生动的教育课。作为一个金融业历史较短的发展中国家，我国应当从以下四个方面来吸取教训，守住不发生系统性金融风险的底线。

第一，注重宏观审慎监管和金融风险防范。现代金融体系越来越复杂，系统性金融风险越来越成为金融稳定的重要威胁。加强系统性风险的监管被英、美金融监管改革方案放在非常重要的位置。从英、美的监管案例来看，监管重心从监管局部风险转向系统性风险，且将分散风险监管转变为统一集中监管，构建与防范系统性金融风险相适应的监管模式，促使金融监管由机构监管转向功能监管，可以控制系统性风险。

第二，金融消费者保护制度的建立。金融业持续健康发展的基础是金融消费者的信心。消费者利益的保护若被忽视，会导致金融业的发展失去社会支持与公众基础。此次英、美金融监管改革着力点之一是推动改进保护消费者利益。目前损害消费者利益的行为依然会在中国金融市场出现，如银保市场的销售误导、证券市场的老鼠仓等问题，将社会大众对金融业的信心削弱。所以，增加市场交易的透明度，最大程度地保护消费者利益，对金融产品和金融机构实行严格监管迫在眉睫。

第三，规制金融创新、规范对影子银行的处置、规制金融控股公司、规范危机处置法律、强化金融监管自律机制、建立存款保险制度、规范互联网金融以及完善纠纷解决机制等。

第四，在新时代背景下将我国金融监管法制发展中有待强化的监管问题和国际金融监管制度改革相结合，实现国际金融监管合作。

本 章 小 结

第二次世界大战后，发达国家多次发生严重金融危机。在美欧主导的国际金融体系下，发展中国家也经常陷入热钱流入、外债高企的不利局面，多次诱发经济衰退，国际金融危机的传染和蔓延在次贷危机中再次显现。

按照购买力平价（PPP）指标我国 GDP 已经超越美国。本章通过对 PPP 指标的介绍、国际金融及其国际监管合作的学习，使读者对国际金融中的特里芬难题、不可能三角等概念有深刻认知，从而为促进国际金融监管合作奠定基础。我国改革开放促进了进出口贸易的大发展，尤其是2001 年中国加入世界贸易组织之后，外汇储备直线上升，国际金融对我国金融业的影响也日益加深，为防范和化解系统性金融风险，国际金融的监管和国际合作越来越重要，我国作为 G20 的重要成员，将在国际金融的监管合作方面发挥更重要的作用。

即 测 即 评

请扫描右侧二维码检测本章学习效果。

本章思考题

1. 简述购买力平价理论。
2. 什么是 SDR？
3. 国际金融危机对中国有哪些启示？

本章参考文献

1. 波斯纳．资本主义的失败［M］．沈明，译．北京：北京大学出版社，2009.

2. 陈松威．欧债危机与新"不可能三角"理论：经验及启示［J］．海南金融，2017（9）.

3. 郭又舞．加入 SDR 对人民币国际化进程的影响［J］．中国集体经济，2018，（24）.

4. 克鲁格曼．流行的国际主义［M］．张兆杰，等译．北京：中信出版社，2016.

5. 克鲁格曼．萧条经济学的回归［M］．朱文晖，王玉清，译．北京：中国人民大学出版社，1999.

6. 李晓，冯永琦．国际货币体系改革的集体行动与二十国集团的作用［J］．世界经济与政治，2012（2）.

7. 李扬．金融危机背景下的全球金融监管改革［M］．北京：社会科学文献出版社，2010.

8. 鲁蕴慧．金融全球化下金融市场运营监管制度研究［J］．时代金融，2015（35）.

9. 罗宾逊．经济学论文集［M］．北京：商务印书馆，1984.

10. 钱小安．金融监管体制、效率与变革［M］．北京：中国金融出版社，2006.

11. 曲振涛，杨恺钧．规制经济学［M］．上海：复旦大学出版社，2006.

12. 任钢建．论我国金融监管体制创新［J］．贵州社会科学，2007（4）.

13. 盛学军．全球化背景下的金融监管法律问题研究［M］．北京：法律出版社，2008.

14. 王朝阳，郑步高．加入 SDR 后的人民币及其国际化趋势［J］．区域与全球发展，2018，3（1）.

15. 王姗姗，庞晓波．金融危机的贸易网络和金融网络传染性比较：基于欧债危机的模拟研究［J］．浙江社会科学，2016（11）.

16. 吴志攀．金融危机的法学思考［J］．现代人才，2010（1）.

17. 谢世清，赵仲匡．欧洲中央银行非常规货币政策及启示［J］．亚太经济，2016，194（1）.

18. 谢世清，修忆．希腊主权债务危机的演变和援助效果评析［J］．宏观经济研究，2017（7）.

19. 禹钟华．汇率制度的财富效应与国际货币体系改革［J］．生产力研究，2006（12）.

20. 袁佳，赵大伟．欧债危机救助的经验、教训和启示［J］．清华金融评论，2016（10）.

21. 周小川．关于改革国际货币体系的思考［J］．现代营销（营销学苑），2009（3）.

22. MUNDELL R A. Capital mobility and stabilization policy under fixed and flexible exchange rates［J］. The Canadian Journal of Economics and Political Science，1963，29（4）.

本章必读文献：参考文献 1、3、5、10、11。

货币政策与财政政策

金融与风险相随相伴,根据马克思主义政治经济学原理,金融风险源于商品内在矛盾,即价值与使用价值对立统一。[①] 商品经济由货币经济和实体经济组成,二者相互依存,相互促进;但也可能相互背离,产生冲突。货币政策与财政政策不仅仅是宏观经济学中最重要的内容之一,对于一国的金融监管体系也起着不可或缺的重要作用。因此,一国的金融监管体系与该国的货币政策和财政政策密切相关,探讨金融监管必须基于一定的货币政策和财政政策框架。

第一节 消费函数与财政政策、货币政策

一、凯恩斯的消费函数

凯恩斯认为一个经济社会的总产出的需求总量 Y_{ad} 是四种类型的支出总和:(1)消费支出,包括对用于消费的商品和服务(如汉堡、音响、摇滚音乐会和医疗等)的总需求;(2)计划投资支出,包括企业对新的实物资本(如机器、电子计算机、厂房、原材料等)及新住宅的计划支出;(3)政府支出,包括所有政府部门对商品和服务(如武器装备、公务员薪酬等)的支出;(4)净出口,是指外国对本国商品和服务的净支出。因此,对经济总产出的需求总量,即总需求可以写成:

$$Y_{ad} = C + I + G + X - M \tag{6-1}$$

式 6-1 中,各项变动对 Y_{ad} 的影响如下:

第一项是消费 C,这也是经济发展带来的必然结果。那么是什么因素决定了商品和服务的消费支出呢?收入是最重要的因素,如果收入增加,将导致更多的钱用于消费。凯恩斯(1936)同样认为消费支出与可支配收入之间有着密切的关系:可支配收入(disposable income)是指能够用于支出的总收入,等于总收入(总产出)减去需交纳的税款($Y-T$)。凯恩斯将可支配收入(Y_d)同消费支出 C 之间的联系称为消费函数(consumption function),表达式如下:

$$C = a + \text{mpc} \cdot Y_d \tag{6-2}$$

式 6-2 中,mpc 代表边际消费倾向(marginal propensity consume),是消费函数曲线的斜率(即 $\Delta C / \Delta Y_d$),反映了可支配收入每增加 1 美元引起的消费支出的变动。凯恩斯假设 mpc 是个

---

① 郭树清. 坚定不移打好防范化解金融风险攻坚战[J]. 中国保险,2020(9):4。

介于 0~1 的常数。例如,如果可支配收入增加 1 美元导致消费支出增加 0.5 美元,那么 mpc 的值就是 0.5。而 a 代表自主性消费支出(autonomous consumer expenditure),它是与可支配收入无关的消费支出。它告诉我们当消费者的可支配收入为零时,消费者支出的金额。因为他们此时仍然必须有食品、衣物和住处的消费。自主性消费支出(a)的变动:其增加会直接增加消费支出,从而推动总需求函数曲线向上位移,最终导致总产出水平的提高。

式 6-1 中,其余各项变动对 Y_{ad} 的影响如下:

计划投资支出(I)的变动:其增加会直接提高总需求水平,推动总需求函数曲线向上位移,导致总产出水平的提高。

政府支出(G)的变动:其增加会直接提高总需求水平,推动总需求函数曲线向上位移,最终导致总产出水平的提高。

税收(T)的变动:税收的增加并不直接影响总需求,但会减少消费者可用于支出的收入,从而会使总需求曲线向下位移,引起总产出的下降。税收减少则意味着消费者可以增加消费支出,导致总产出的增加。总产出水平与税收水平之间存在着负相关的关系。

净出口(NX)的变动:净出口的增加会直接增加总需求,提高总需求水平,总需求曲线向上位移。净出口的下降则会直接减少总需求,降低总需求水平,引起总产出水平下降。因此,总产出与净出口 NX 之间存在着正相关的关系。

由此可见,积极的财政政策意味着鼓励消费支出、投资支出、政府支出(发行国债),减少财政税收和鼓励出口。反之,则意味着从紧的财政政策。但这五个手段并非同时使用,应按照实际情况择机使用其中的一个或数个。中国居民消费、政府支出和投资分别增长 1 个百分点,可以分别带动 GDP 增长 1.05、0.51 和 0.44 个百分点,而净出口的增长率对中国长期 GDP 的影响不显著(阎坤,鄢晓发,李琳,2007)。由此可见,在我国,财政政策在宏观经济运行中发挥越来越重要的作用。

二、中国货币政策的变迁

(一) 货币政策的变迁历程

1948 年 12 月,中国人民银行在原华北银行的基础上成立,并行使发行法定本位币——人民币的职能,由此创建起了统一、垂直领导的国家银行体系,执行集中统一的计划经济管理体制。改革开放前中国施行的是计划经济体制,因此经济工具的作用并不突出,此时有关当局并未制定出针对货币的政策。直到 20 世纪 80 年代末,"货币政策"才应用到社会生活各个领域。

改革开放后,我国由计划经济体制转变为市场经济体制,同时金融体系也朝多元化发展,经济金融领域不断出现新的机遇挑战以及金融体制改革的持续深化,货币政策也不断调整和创新。货币政策目标方面,1993 年国务院出台《关于金融体制改革的决定》首次正式确立了货币政策的最终目标是"保持货币的稳定,并以此促进经济增长",货币政策的中介目标是"货币供应量、信用总量、同业拆借利率和银行备付金率"。1995 年通过的《中华人民共和国中国人民银行法》(简称《中国人民银行法》)沿用了"货币政策目标是保持货币币值的稳定,并以此促进经济增长"的表述。在这一时期,货币政策中介目标的重点在货币供应量之上。在货币政策工具方面,间接工具和国际通行的政策工具作为宏观调控的重要手段得到广泛关注。1994 年 10 月首次创办再贴现业务,进而演变成一种常用的货币政策工具。同时,中央银行开始实行公开市场操作,通过买卖有价证券调节货币供应和利率水平。除此以外,对已有的中央银行贷款制度和存款准备金制度进一步改革和完善。

（二）货币政策的新特征

2008 年国际金融危机之后,国内经济形势、世界经济格局和货币政策的运行环境都发生了重大变化,这在客观上要求货币政策进行积极的调整,由此导致货币政策呈现一些新特点。

第一,货币政策包含多个目标且相机抉择。虽然《中国人民银行法》在一定程度上体现了"单一目标"的取向,但近年来,中国的货币政策追求的是更加多元化的终极目标,包括维持物价稳定、促进经济增长、促进就业、维持国际收支平衡、推动改革开放和促进金融市场发展。此外,在不同的条件下,不同目标的相对重要性将随着国内外经济和金融形势的变化而调整。例如,当通货膨胀压力很大时,维持价格稳定是首要目标;当外部冲击来临时,经济增长和就业则显得尤为重要;当资产价格发生重大变化时,维持金融稳定则是重中之重。

第二,货币政策中介目标由数量型向价格型转变。过去中央银行将重点放在数量型中间目标上,如广义货币量(M2)、社会融资规模、新贷款规模及其增长率。随着经济结构和金融结构的日益复杂,各国中央银行越来越难以跟踪和准确调控货币和信贷数额,货币和信贷数额、经济增长、通货膨胀和金融稳定的关系正在逐渐减弱。由此提出了货币政策中介目标由数量向价格转变的必要性和紧迫性。在放开存贷款利率上限和下限之前,中央银行的价格型中间目标主要是商业银行存贷款基准利率;利率管制自由化之后,主要以货币市场利率作为中介目标。

第三,货币政策工具持续创新。在中央银行现行货币政策工具箱中,数量型工具(如调整法定存款准备金率、公开市场操作、再融资和再贴现)等与价格工具并存(如调整商业银行存款和贷款的基本利率、调整超额准备金率等)。自 2013 年起,中国人民银行制定了一系列新的结构性货币政策工具,例如短期流动性调节工具(short-term liquidity operations,SLO)、常备借款便利(standing lending facility,SLF)、中期借贷便利(medium-term lending facility,MLF)、抵押补充贷款(pledged supplementary lending,PSL)、定向中期借贷便利(targeted medium-term lending facility,TMLF)、定期贷款拍卖(term auction facility,TAF)等。

第四,货币政策的传导主要以银行信贷渠道为基础。随着经济货币化的深入、经济的日益开放和金融体系的完善,货币政策传导渠道日益多元化和复杂化。到目前为止,银行信贷渠道仍然是我国货币政策传导的主要渠道,也是中央银行货币政策运行的重要渠道之一。这是由商业银行在中国金融体系中占主导地位的事实决定的。长期以来,银行贷款在社会融资规模中所占的比例超过 70%,"资产价格渠道"的重要性日益突出,资产价格渠道在货币政策传导中的作用逐渐受到日益关注。

（三）货币政策的转型方向

经过几十年的发展,中国的货币政策逐步完善,货币政策的作用日益明显。货币政策促进总需求和供应总量的平衡,维持物价和经济稳定,提高就业水平以促进社会稳定,保持相对稳定的汇率以促进国际收支平衡,抑制金融泡沫和经济泡沫的形成,从而保持金融稳定和防范金融危机等方面发挥了关键作用。

在国内外经济金融环境发生深刻变化的背景下,货币政策仍面临着一些需要关注的挑战。第一,金融市场的发展和科技进步导致了支付手段、储蓄和财务管理的多样化;而货币内涵的演变和边界的延伸,导致货币政策量化中介目标的可靠性降低。第二,利率传导渠道不够畅通。近年来,虽然出现了中央银行降低政策利率和银行间市场利率下跌的情况,但实体企业的融资成本并没有下降。第三,金融体系内资金转移增加,传导链延长,资金和资本的整体使用效率下降;而且中央银行的货币政策操作释放出的部分流动性已经存入金融系统,并没有有效地转化为对实体经济的投资和融资。其中,向中小型私营企业以及农业和农业部门输送流动资金的情况尤其糟糕。第四,各国央行所依赖和瞄准的传统通胀指标对货币政策的敏感度降低,资产价格和金融稳定变得更加重要。目前尚未找到将资产价格和金融稳定纳入货币政策框架的解决办法。第五,相对透明、可追踪和可检验的量化货币政策规则还没有形成与中国经济和金融现实相符的体系。因此,有必要促进中国货币政策的转变。

(四)国债发行与货币供给

新中国成立后的三年恢复时期和"一五时期",主要运用国债工具调节经济活动。"既无内债,又无外债"的政策是一定历史时期的产物。改革开放后的1981年开始发行纸质的国库券,40多年来,国债发行额逐年增长。1997年,政府提出了"积极财政政策",以启动经济增长。这是国债观念的又一次重大变革:国债的功能开始由"被动型"向"主动型"转变,即按照市场经济的要求,主动调控宏观经济。

积极财政政策的实施无疑在确保我国经济稳定增长和刺激有效需求方面发挥了重要作用。但是,从长远来看,财政政策对总需求的长期拉动效应有限,因为财政政策本身不会改变社会货币供应的规模。这里的长期是一个相对模糊的术语,不是指某一年或三年,而是指政府通过投资或购买债券获得资金后将暂时撤回流通的所有资金返还到流通中所花费的时间。经济学的基本原理告诉我们,在总供给和总需求与货币需求和货币供给之间的关系中,总供给和货币需求直接相关,总需求和货币供给直接相关。假设货币流通速度是恒定的,货币供应量的大小直接决定着社会总需求的规模。因此,在分析发行国债对需求的拉动效应时,需要特别注意发行国债和货币供应的基本要点。

在现行法律制度下,中国中央银行不能直接在一级市场上购买国债。在一级市场上中国国债的主要购买者是居民、商业银行和其他金融机构。居民和商业银行购买国债不会增加货币供应量。因此,从货币供应量决定总需求的角度来看,财政政策对总需求的长期拉动效应是有限的。

这里分析居民和商业银行购买国债对货币供给和有效需求的影响。如果居民个人用现金或者储蓄存款购买一定数额的国债,流通中的货币首先是以相同的数额减少,但是当政府将出售国债所获得的资金全部用于投资和购买支出以后,这些暂时退出流通领域的货币又重新回到流通领域,货币供给的规模没有发生变化。但如果居民用现金购买国债,意味着M2的减少,当政府将出售国债所获得的资金全部用于投资和购买支出时,通常也会形成M2的供给,M2的供给规模不变。另一种情况是居民用储蓄存款购买国债,这意味着M2中准货币的减少。所以,当政府将出售国债所获得的资金全部用于投资和购买形成M2时,虽然M2的供给规模不变,但M2的规模却相对增加了,意味着货币总额中用于交易的部分相对增加,对需求拉动具有正效应。

虽然居民个人购买国债不会产生增加货币供给的效应,但是当政府将出售国债所获得的资金全部用于投资和购买支出以后,货币的供给规模恢复到原有水平的同时,国债却仍然保留在居民手中。就居民整体而言,在货币性资产不变的情况下,国债持有额却增加了,"财富"增加往往会对居民的消费产生积极效应。就全社会来说,现在的国债需要以后的税赋来偿还,居民对今后税赋可能加重的关心会对消费需求产生负效应。但这种负效应一般要小于"财富"增加所产生的正效应。

在我国近几年发行的国债中,很大一部分是面向商业银行的。商业银行购买国债和居民个人购买国债一样,流通中的货币首先会以同等的数额减少。假设商业银行通过开出由自己支付支票的方式购买国债3 000万元。支票清算后,商业银行在资产项目中国债增加3 000万元,同时商业银行在中央银行的存款准备金减少3 000万元,导致社会的基础货币减少,但是当政府将出售国债所获得的资金全部用于投资和购买支出以后,这些暂时退出流通的货币又会重新回到流通领域,货币的供给规模不变。

商业银行购买国债和居民个人购买国债一样,从长期看不会增加货币供给规模;从短期看还会使基础货币供应量相应减少,影响商业银行的贷款规模,即存在"挤出效应"①。但近几年我国加大国债发行规模所产生的积极效应是有目共睹的,对短期需求产生明显的拉动效应。

> ### 📖 案例6-1
> #### 特别国债与财政政策、货币政策之关系
>
> 受新冠肺炎疫情影响,国家财政减收增支,财政压力增大,为筹集财政资金,统筹推进疫情防控和经济社会发展,作为疫情之下的特殊调节手段,2020年6月16日财政部发布通知明确,决定发行2020年抗疫特别国债。
>
> 特别国债是国债的一种,其专门服务于特殊政策目的,支持某特定项目需要,因此被称为特别国债。李克强总理在十三届全国人大三次会议上作政府工作报告时指出抗疫特别国债"是特殊时期的特殊举措"。在本次抗疫特别国债发行以前,从新中国成立至今只在1998年、2007年和2017年发行过三次特别国债。以往的特别国债一般不采取面向社会公开零售的方式,金融组织利用某种特别的途径购买此种债券,例如,1998年推出的债券由四大国有商业银行分别承购。
>
> 特别国债承载着不同时期的特殊使命。1998年发行特别国债所筹资金全部用于补充四家银行的资本金,目的为减少此种银行持有的质量差的业务,并且根据全球通用的契约使得资本充足率有所上升,从而促进银行机制革新,也促进其公开市场业务的进程。在2007年,通过发行此种债券获得的资本变为了中国的外汇基金,其目标是应对巨额外贸顺差带来的影响,优化经济环境。
>
> 相比之前,2020年的抗疫特别国债的发行采用了市场化的方式,且不仅面向机构投资者发售,也面向个人投资者发售,获得的资金都用来支援中国各地的抗疫斗争。

该案例表明:发行国债是国家重要的财政政策,同时也影响货币政策。从本次抗疫特别国债发行方式的改变来看,我国中央银行独立性提高,但货币政策仍保持与财政政策的协调配合。

---

① 挤出效应是政府为了平衡财政预算赤字,采取发行政府债券的方式,向私人借贷资金市场筹措资金,从而导致市场利率上升,私人投资和支出因而相应地下降。这就是公共支出造成的财政赤字对私人投资和支出的挤出效应。

第二节　货币政策最终目标及其实施

一、货币政策的最终目标

完整的货币政策体系,包括最终目标、中间目标和政策工具三个部分。货币政策的最终目标有:物价稳定、经济增长、充分就业、外汇市场稳定、金融市场稳定。中间目标包括:货币供给量和市场利率。典型的货币政策工具包括公开市场操作、贴现率和法定存款准备金率。《中国人民银行法》第3条规定:"货币政策目标是保持货币币值的稳定,并以此促进经济增长。"货币政策工具箱里还有存贷款基准利率、发行定向中央银行票据和道义劝告等。

(一)物价稳定

各国决策层越来越关注通货膨胀的社会和经济成本,并逐渐将物价稳定作为经济政策的目标。

物价稳定越来越被当做货币政策最主要的目标。当物价总体水平不断变动时,商品和劳务的价格所传递的信息使得消费者、企业和政府的决策变得更为复杂。不仅民意调查显示公众非常厌恶通货膨胀,而且越来越多的证据表明通货膨胀会降低经济增长速度。物价不稳定最极端的案例就是恶性通货膨胀,1922—1923年的德国曾经发生了恶性通货膨胀,间接推动了希特勒上台,给德国人民造成了深重灾难。1947—1948年国民党政府为支撑崩溃局面而滥发金圆券带来的通货膨胀,从经济上宣告了其统治的失败。通货膨胀对政府公信力的破坏、造成社会结构的紧张、引发的社会冲突,使得任何负责任的政府都会把抑制通货膨胀、保持物价相对稳定作为执政的重要目标之一。

(二)经济增长

稳定的经济增长目标同高就业的目标密切相关。虽然这两个目标密切相关,政策的制定也可以特别针对促进经济增长,通过直接鼓励企业投资或者鼓励居民储蓄,为企业提供更多的资金。供给学派的政策主张旨在通过提供税收优惠、鼓励企业投资于机器设备、刺激纳税人增加储蓄等政策来促进经济增长。

(三)充分就业

充分就业之所以成为政策目标,首先因为若经济社会出现高失业率,则会带来一系列负面影响,个人失去收入来源,家庭生计困难,导致社会救治缺位,国家社保体系面临严峻考验,同时大量闲散人员迫于生计,犯罪率会明显上升,经济社会出现不稳定因素;其次,若经济社会存在较高失业率,将会出现众多赋闲工人,伴随着经济不景气,工厂关闭、设备闲置,导致产出部分丧失,GDP低于应有的水平,经济增长乏力甚至衰退等严重后果。

(四)外汇市场稳定

随着国际贸易在经济中重要性不断增强,我国人民币相对于其他国家货币的汇率成为中央银行主要关注的问题。人民币的升值会削弱中国企业相对于外国企业的竞争力,反之贬值将加剧国内的通货膨胀。此外,人民币价值过度波动还会引起企业和个人提前筹划境外贸易和买卖商品。因此,稳定人民币在外汇市场的价值成为货币政策的一个重要目标。中国作为外贸依赖性较大的国家,外贸顺差最高时约等于GDP的10%~20%。对于主要依靠投资推进和进出口推进的增长模式,外汇市场稳定显得尤为重要。

(五) 金融市场稳定

从 1879 年金本位制恢复到美联储成立期间,美国金融恐慌一直是非常严重的问题,自 1907 年银行业危机后,美国国会出于对宏观经济和金融稳定性的考虑,决定创建美联储。金融危机会干扰金融市场向具有生产性投资机会的人输送资金的能力,从而导致经济活动的急剧萎缩。因此,促成更为稳定的金融体系、避免金融危机就成为中央银行的一个重要目标。利率的稳定也有助于金融市场的稳定,利率的波动会加大金融机构所面临的不确定性。利率上升导致长期债券和抵押贷款出现大额的资本损失,使得拥有这些资产的金融机构面临破产危险。

从理论上来看,上述部分目标是一致的,如充分就业与经济增长、外汇稳定与金融市场稳定,但事实上却有偏颇。在短期内,物价稳定的目标经常和利率稳定以及高就业的目标相冲突:当经济处于扩张时期,失业率下降,但通货膨胀率和利率可能开始上升。如果中央银行试图阻止利率的上升,可能会引发经济过热和加剧通货膨胀。但是,若中央银行提高利率以应对通货膨胀,则在短期内失业率将会上升。因此,目标之间的冲突可能使得中央银行陷入两难境地。

图 6-1 所示的菲利普斯曲线是表现目标冲突的典型。该曲线是菲利普斯(Phillips,1958)通过英国 1867—1957 年间通货膨胀率和失业率的数据,统计得出的经验结果而非理论推导。要取得零通货膨胀,就必须承受失业(此时为自然失业率);政府要想降低失业率,就必须承受一定程度的通货膨胀。

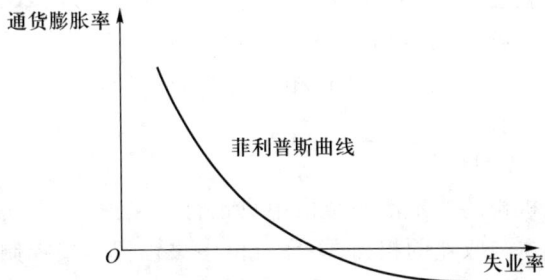

图 6-1　菲利普斯曲线

物价稳定与经济增长存在矛盾。要刺激经济增长,就应促进信贷和货币发行的扩张,结果会带来物价上涨;为了防止通货膨胀,就要采取信用收缩的措施,这又会对经济增长产生不利的影响。

如果使得商品跟服务价格保持在合理范围很有可能会对对外贸易产生影响。如若国际社会出现物价飙升现象,而中国的商品或服务的价格保持在合理范围,那么我国的进口量会变少,但是出口量会变多,反之,则逆差增加。

实际上,经济发展跟进出口一致是存在冲突的。如若一个国家经济形势变好了,它对于产品的需求也会变大,这个时候就会导致逆差现象;如果并非如此,为了减轻逆差的作用,使得进出口保持平衡,应当减少信用贷款数量,使得货币数量变少,抑制经济过热现象。

二、实现货币政策的三个工具

中央银行为实现既定目标,如高就业下的物价稳定,可运用货币政策工具来进行调节,从而影响宏观经济运行,使用的主要工具包括:公开市场操作,变动贴现率,变动法定准备金率。以上三个货币政策工具既可组合使用,也可单独使用。货币政策目标能否实现的关键在于货币政策工具与中介目标的正确选择与运用。

(一) 货币政策工具的选择

存款准备金政策指中央银行可以根据对经济形势的判断,在法律所赋予的权利范围以内,通过调整商业银行缴存中央银行的存款准备金比率来刺激经济扩张或者收缩。存款准备金在发达国家并不常用,不是中央银行日常操作的政策工具,一些国家的中央银行甚至实行了"零准备金"制度。何东和王红林(2011)通过构建局部均衡模型比较了各种货币政策工具在利率双轨制下的效果,认为存款准备金政策工具对市场利率能够起到较好的调控作用。与之相比,公开市场操作的影响并不显著。这就解释了相对于发达国家中央银行而言,为何我国中央银行对存款准备金率的调整作为政策工具的使用仍然较为常见。

再贷款与贴现政策指中央银行对金融机构发放贷款、制定或者调整对合格票据的贴现利率。中央银行可以通过提高再贷款/再贴现率使市场利率上升、通过降低再贷款/再贴现率使市场利率下降,此来对经济进行调节。再贷款和再贴现工具的最本质职能是充当"最后贷款人"角色,通常情况下并不会被经常使用。2008 年全球金融危机之后,各国央行推出各种形式的定向指导的货币政策工具,共同特点是以结构性调整流动性,支持信贷资金投向实体经济。英国央行的融资换贷款计划(FLS)、欧洲央行的定向长期再融资操作(TLL-TRO)、美联储的定期贷款拍卖(TAF)等均为代表(卢岿、邓雄,2015)。中国人民银行于2008 年国际金融危机之后设立的常备借贷便利(SLF)、中期借贷便利(MLF)、抵押补充贷款(PSL)等再贷款政策工具,被赋予了调整相应资产的流动性、调整利率水平与利率结构等职能(彭兴韵、费兆奇,2016)。

(二) 货币政策工具的作用机制

商业银行及其他存款机构的法定准备金由中央银行直接控制,但超额准备金取决于金融机构对持有超额准备金的成本与收益的权衡,不完全由中央银行直接控制。贴现贷款最终是由商业银行自身选择决定,也不完全受中央银行控制,通常情况下使用频率并不频繁。与存款准备金率、再贴现政策相比,公开市场操作可以通过卖出债券引起基础货币迅速收缩、通过买入债券引起基础货币迅速扩张,进而使货币供应量发生变化,货币供应量的增减将引导实体经济的加速或者减速。公开市场操作对经济产生的影响较为直接,即公开市场操作—基础货币—货币供应量—实体经济。在公开市场操作政策工具引导利率的方面,仍然有比较大的完善空间。相比之下,价格型的货币政策工具对宏观经济的影响过程则较为复杂。尤其是当前中国的正规与非正规金融并存于金融市场的现状,货币政策工具的操作和传导变得越发复杂与不可控(马鑫媛、赵天奕,2016)。

中央银行的贴现窗口是对公开市场操作的重要补充,金融危机之后发达国家中央银行将常备借贷便利政策工具与公开市场操作配合使用,以此对流动性进行调节(马理、刘艺,2014)。由于货币政策工具通常具有总量调控的特征,金融危机后中央银行创新的借贷便利工具还具有结构性调节的功能。中国人民银行通过使用 PSL 政策工具增持的主要是风险性资产,可以降低市场对风险的预期,增加商业银行的放贷意愿,从而为市场提供流动性;另一方面,PSL 政策工具是偏向实体部门进行投资,可降低企业的融资成本,促进经济"脱虚向实"发展(余振等,2016)。这种具有结构性调整功能的货币政策工具取得了一定的效果。

三、泰勒规则与奥肯法则

目前美国联邦储备体系通过联邦基金利率指标来实施货币政策。但是如何确定这个指标呢？斯坦福大学的约翰·泰勒(Taylor,1993)给出了答案,即所谓的泰勒规则(Taylor rule):

$$r=p+0.5y+0.5(p-2)+2 \tag{6-3}$$

式中:r 为联邦基金利率;

p 为以前四个季度的通货膨胀水平;

y 为实际 GDP 与目标的偏离。

泰勒规则认为,产出缺口是未来通货膨胀状况的指示器。与生产能力和其他因素相关的经济状态会影响通货膨胀率的变动。这里的生产能力可以用潜在 GDP 衡量,而潜在 GDP 是自然失业率(与充分就业一致的失业率水平)的函数。

奥肯法则是指由美国经济学家阿瑟·奥肯提出用以近似描述失业率和实际 GDP 之间的交替关系。失业意味着生产要素的非充分利用,失业率的上升会伴随着实际 GDP 的下降。失业率每高于自然失业率1%,实际 GDP 便比潜在 GDP 低 2%。例如,假定失业率为 8%,比自然失业率高 2%,那么按照奥肯法则,实际 GDP 就比潜在 GDP 低 4%。

第三节　影子银行对货币政策的影响

随着金融脱媒、银行表外业务的崛起,传统的货币政策受到影子银行的影响越来越大,货币政策必须考虑影子银行。

一、影子银行的定义

戈登(Gorton,2010)将影子银行体系(shadow banking system)定义为商业银行的表外活动和金融衍生品组成的体系,把它看作是一种混合体系。

英格兰银行的塔克(Tucker)定义的影子银行体系包括各种工具(instruments)、结构(structures)或企业(firms)和市场(markets),以单独或者合作的方式在某种程度上复制着商业银行的核心特征流动性服务期限匹配和杠杆。

施瓦茨(Schwarcz)将影子银行定义为由所有不以银行为中介的融资形式组成的"脱媒化"金融体系,它不仅包括影子银行供给的金融产品和服务,还包括用以提供此类产品和服务的金融市场。

中国人民银行统计调查司(2012)认为,中国的影子银行体系具体包括商业银行表外理财、证券公司集合理财、基金公司专户理财、证券投资基金、投连险中的投资账户、产业投资基金、创业投资基金、私募股权基金、企业年金、住房公积金、小额贷款公司、非银行系融资租赁公司、专业保理公司、金融控股公司、典当行、担保公司、票据公司、具有储值和预付机制的第三方支付公司、贫困村资金互助社、有组织的民间借贷等融资性机构。整体来看,我国影子银行体系还处于发展起始阶段,未形成国外的成熟的资产证券化信用链条。

二、影子银行的特征

影子银行体系通过金融稳定的渠道对货币政策产生系统影响；对货币政策调控目标形成挑战；影子银行与资产价格之间的关系加大了货币政策调控的难度；随着商业银行与信托公司合作的加强，积极开展表外理财等金融创新，对货币政策形成挑战。具体表现包括：

一是影响金融稳定。中国影子银行是对正规金融的替代，与美国的影子银行不同，它既包括银行由表内移到表外的理财业务，又包括企业转贷、信托公司等进行的"储蓄转投资"业务及民间借贷和贷款融资创新等。以民间借贷为代表并在传统银行体系外的资金借贷和一些信托理财产品是国内学者在界定中国影子银行时关注的重点。周莉萍（2011）认为，作为一个新的信用创造机制，影子银行体系对商业银行具有有限替代效应，这在较大程度上会弱化和扭曲传统的信贷渠道，干扰货币政策效率的正常发挥，加大宏观调控难度，从而降低金融业的整体稳定性。

二是影子银行对中国宏观调控目的的作用。影子银行的作用表现在中央银行在发行证券之时，其能达到较好的效果。但是在中央银行出售证券之时，因为影子银行是起到弱化作用的，所以往往满足既定目标。就法定存款准备金率而言，如若中央银行提升了该指标，使得存款准备金的数量变多，基础货币的数量也变多。不过影子银行却是减弱了其作用，使得基础货币的增加数量比既定的目标少了许多。

就货币乘数而言，其能够反映金融机构吸收存款的实力。当法定存款准备金率有所提高之时，该指标就会降低，因此金融机构的信用创造能力就会有所减弱；法定存款准备金率降低之时，该指标的数值就会有所提高，这表明金融机构的信用创造能力变强了。但是影子银行会使得金融机构自有的资本流进市场里，这样在市场中的货币数量就会有所增加，法定存款准备金率的降低使得真实货币乘数高于理想状态下的数值。

三是金融组织无需借助第三方来开展业务，资本提供组织无需借助整个体系的力量，但是仍然要受到相关部门的监督管理，跟个体或者企业开展具体业务。

四是影子银行对货币的传导机制会产生影响。总体而言，如若供给跟需求一直都是处于平稳状态，那么不管是狭义层面还是广义层面，M2 跟超额准备金所体现的流动程度是相差无几的，而且它们之间是存在存进关系的。不过银行的表外理财是不包含在 M2 中的，对于整个市场的流动程度会起到抑制作用，正是因为银行的表外理财业务的持续扩大，使得我国金融组织面对的流动性风险程度变大。与此之时，超额准备金率发生变化对货币乘数也会产生作用，最终会对 M2 目标的完成产生影响。

三、影子银行的监管

就监督管理视角出发，中央银行应当根据市场环境的变化改变其监督管理的方式，使得监督管理机制能够不断完善，从而满足当前经济环境改善的需要。如若要对影子银行实现有效的监管，应当从内部出发，从而应对好当前面临的风险。对于此种银行信用不断扩大的现象，应当制定出合理的对策，如果风险程度高于预期之时，应当引起重视。与此之时，应当创建与之相应的机制，从而公开此种交易。不仅仅是资本与业务管控，更应当鉴别参与者。

如若要充分发挥对影子银行的制约作用，不仅仅要发挥内部的监督管理作用，还应当从外部出发。要创建完备的信息公开制度，风险鉴别制度和风险处置制度，从而规避危机。应当颁布相应的法律,实现对此种银行的监督管理,从而使得其能够稳健发展。

首先,应当创建完备的金融监督管理法律法规,明确监督管理的目标,分情形明确监督管理的力度,至于其监管力度应当保持在何种程度应当根据法律法规予以实施。

其次,应当强化内部监管,当发生风险之时,不会出现手足无措的情况,应当施行专人治理机制,优化问责制度,从而规避风险。

最后,应当创建监督管理反馈制度。中央银行应当创建相应的制度使得此种制度能够执行到位,从而规避监督管理的负面作用,充分发挥其对经济形势的优化作用,从而形成科学的机制。

第四节　货币政策与财政政策的协调

货币政策和财政政策作为政府宏观调控经济的主要政策手段,两者既可以相互替代又可以相互补充,灵活使用将有效地对宏观经济进行调节。货币政策的含义是中央银行利用调控人民币供给的手段来实现对经济的影响,财政政策则借助国家政策来对经济环境产生影响。它们之间存在联系但是又有所不同。

货币政策与财政政策之间的联系与区别表现在以下方面:

首先,货币政策与财政政策二者之间存在替代关系。货币政策与财政政策的目的是一致的,那就是使得经济稳健发展,正是因为目标一致,它们的替代作用进一步强化了。总体而言,这两种政策也是存在差别的,财政政策的制定往往要耗费较多时间,其见效快。但是货币政策却与之相反。所以,应依据现实情况,制定与之对应的政策。

其次,货币政策与财政政策彼此能起到互补作用。它们都有各自的缺点,但是又都具有各自的优点,它们之间互相独立,因此政府应当综合这两种手段,使得两者相互配合,从而实现调控经济的目标。而且应当综合紧缩跟扩张的手段,规避经济出现波动。

最后,货币政策与财政政策之间是有矛盾的。货币政策的目的是使得商品和服务价格保持在合理范围,优化金融环境。财政政策的目的是政府能够高效运行,从而使得人人能够享受到较高的福利水平。它们的目标有所差异,所以,为了实现两者目标应当制定与之对应的措施。

总体而言,每一个国家都应当注重两者的配合,不可只使用一种政策工具。理想状态上来说,这两种政策的搭配方式有如好几类,而且是根据宽松情况来划分的。在应用之时,松紧搭配能够应对结构调整风险,至于两者都为松或者两者都为紧则能够应对总量相关风险;如若既遇到了结构风险又遇到了总量风险,大都是先对总量进行调控之后再对结构进行调控,从而实现经济的平稳运行,规避经济危机。

我国对经济进行调节的目的在于使得供给跟需求大体一致。从短期而言,重点是制定相应的政策从而调控需求。因为需求能够根据价格反映,因此若要实施需求管控,应当针对人民币供给量进行调整,结合两种政策用于宏观调控。

搭配使用货币政策与财政政策的原因是在遇到经济问题之时,它们既有各自的优点又有各自的缺点。不管是货币政策亦或者是财政政策,在使用之时,不只是能够解决当前的经济问题,还会带来一定的负面影响。而综合这两类政策,则能减低或规避负面影响。2009年欧债危机之所以出现说明整个经济金融体系是存在问题的,也就是说这两种政策之间是存在冲突的。

本 章 小 结

中国自改革开放以来,借鉴发达国家货币政策和财政政策的经验,一方面运用货币政策抑制通货膨胀,另一方面运用财政政策力求减小财政赤字。40 多年来,财政政策与货币政策对比格局的演变,不仅是由于从膨胀转向紧缩,更为深刻的背景是与我国的宏观资金分配格局有关。未来财政政策和货币政策的协调要更完善,促进市场在资源配置中发挥决定性作用。

即 测 即 评

请扫描右侧二维码检测本章学习效果。

本章思考题

1. 货币政策的最终目标有哪几个? 其实施工具如何起作用?
2. 财政与货币政策应当如何协调?

本章参考文献

1. 何德旭,郑联盛. 影子银行体系与金融体系稳定性[J]. 经济管理,2009(11).
2. 何东,王红林. 利率双轨制与中国货币政策实施[J]. 金融研究,2011(12).
3. 凯恩斯. 就业、利息和货币通论[M]. 北京:商务印书馆,1983.
4. 卢岚,邓雄. 结构性货币政策工具的国际比较和启示[J]. 世界经济研究,2015(6).
5. 马理,刘艺. 借贷便利类货币政策工具的传导机制与文献述评[J]. 世界经济研究,2014(9).
6. 马鑫媛,赵天奕. 非正规金融与正规金融双重结构下货币政策工具比较研究[J]. 金融研究,2016(2).
7. 彭兴韵. 2007 年货币政策操作评述[J]. 中国金融,2008(1).
8. 彭兴韵,费兆奇. 货币政策工具的新特点[J]. 中国金融,2016,(4).
9. 徐滢,周恩源. 影子银行体系金融不稳定性扩大机制与美联储货币政策应对研究[J]. 上海金融,2011(7).
10. 阎坤,鄢晓发,李琳. 转轨和开放经济条件下促进经济结构调整的财政货币政策协调研究[J]. 财政研究,2007(1).
11. 余振,顾浩,吴莹. 结构性货币政策工具的作用机理与实施效果:以中国央行 PSL 操作为例[J]. 世界经济研究,2016(3).
12. 中国人民银行调查统计司与成都分行调查统计处联合课题组. 影子银行体系的内涵及

外延[J]. 金融发展评论,2012(8).

13. 周莉萍. 影子银行体系的信用创造:机制、效应和应对思路[J]. 金融评论,2011(4).

14. GORTON G, ANDREW. Regulating the shadow banking system[J]. Brookings Papers on Economic Activity,2010,42(2).

15. PHILLIPS A W. The relation between unemployment and the rate of change of money wage rates in the United Kingdom[J]. Economica,1958,25(100).

16. TAYLOR J B. Discretion versus policy rules in practice[C]. Carnegie-Rochester Conference Series on Public Policy,1993(39).

本章必读文献:参考文献2、13、15、18、20。

第二篇　金融行业的监管实践

系统性金融风险是相对于单体(如单个金融领域、单个金融机构、单个金融产品等)的金融风险而言的,是一种共振性、体系性、全面性的金融风险,其冲击性、破坏性远比单体金融风险要大。不同金融行业具有不同的风险特点,本篇在分别介绍银行、保险、信托等金融行业风险的基础上,分析了各金融行业之间风险的外溢性、关联性和传染性,并考虑到金融立法相较于金融创新存在滞后期,采用最新的《中华人民共和国中国人民银行法(修订草案征求意见稿)》《中华人民共和国商业银行法(修改建议稿)》及《中华人民共和国期货和衍生品法》探讨审慎有效的监管措施,为防范化解系统性金融风险提供制度保障。

中央银行是国家处于主导地位的金融监管机构,在防范化解系统性金融风险方面具特殊地位,负责制定并执行国家货币信用政策,其核心价值就在于维持币值稳定。商业银行是我国金融体系的主要组成部分,对其进行市场准入监管是防范金融风险的重要环节,按照依法退出、金融稳定、及时处置以及成本最低和风险最小原则,对发生风险的银行业金融机构采取接管、重组、撤销和依法宣告破产等处置措施。

在证券监管领域,2019年修订的《中华人民共和国证券法》在证券发行制度、投资者保护、法律责任等方面进行了重大修订,对于防范化解金融风险具有十分重要的作用。投资者适当性管理制度的建立有助于提示投资者审慎做出投资决策,从而切实保护投资者合法权益;科创板注册制的推出,不仅是我国资本市场一次发行制度的改革试验,更是应对域外资本市场变革、推进我国资本市场证券法治变革的重要契机。

保险是解决风险不确定性的重要机制。我国保险监管的目标包括保证保险人有足够的偿付能力,规范保险市场、维护保险业的公平竞争,防止保险欺诈,弥补自行管理的不足。具体的监管内容包括保险公司的设立和经营,保险费率与保险条款,保险财务以及投保人保险欺诈行为。

现代信托制度发源于英国的传统信托,证券投资基金与养老金是两类非常重要的信托产品。其中,基金经理"老鼠仓"本质是违反受托人忠实义务的行为。资产隔离、多元所有权等独特性,以及受托人的注意义务、信义义务,是信托法有别于其他金融法的重点。

中央银行监管

当今世界形势正在发生着复杂而深刻的变化,中国在过去数十年的快速发展中,金融领域积累了大量的风险,存在监管的真空地带,比如银行的表外业务快速增长、互联网金融业态的野蛮生长以及地方政府债务的高速增长等。中央多次强调,打好防范化解重大风险攻坚战,重点是防控金融风险,体现了国家对于防控金融风险、维护金融安全的高度重视,而防范金融风险最重要的环节就是中央银行监管。

第一节 中央银行的职能与基本理论

一、中央银行的产生

(一) 产生背景

世界现存第一张纸币"交子"产生于我国北宋的益州,即今四川成都。图7-1的这张钞票诞生于公元1023年。当时中国的首都开封,人口超过百万,是全球经济最发达的城市,《清明上河图》就是张择端给开封拍的"快照",图中描绘的经济繁荣程度令人惊叹。经济的繁荣自然需要发达的金融体系。交子流通和清明上河图交映成趣。

西方中央银行产生于商业银行。西方现代商业银行业务起源于金匠的黄金寄存业务。金匠开出的收据成为最早的银行券,其票面价值即金币实际价值,属100%准备金。后来金匠们发现:在市场上流通的并不是真金白银,而是他们签发的纸质收据,人们可以拿着收据从他们手里换回金银,但是纸质收据更具有携带性,此时存在纸币和金银同时流通的情况。金匠们还发现:商人们所寄存的金币中的大部分不会被取走,于是他们可以动用这些金币借给急需用钱的人,信用货币就此产生,其根源是贷款的需求。而且金匠发现甚至不用给贷款人真金白银,只是开出一张新的收据就可以了,货币就此创造出来了!

可以发现,金匠是有真金白银作为支撑的,而贷款的需求产生信用货币。一旦金匠签出了第一张没有真金白银的信用货币时,就迈出了金融史上的重要一步:信用货币的创造。当然为了应付金币的提取,金匠必须在金库准备一部分比例的"准备金",存款准备金率一定是小于100%。

此后金匠逐渐变成了私人银行家,诸多的私人商业银行各自发行货币。后来信誉最卓著的私人商业银行成为中央银行,比如全球第一个中央银行瑞典国家银行诞生于1668年,另外一个著名的中央银行是英格兰银行。英格兰银行最初被国王授予特权(royal charter),即在一定范围内以皇家特许从事金融服务,1694年至今作为英国的中央银行,是当时世界上最大、最繁忙的金融机构之一。这两个著名的中央银行最初的功能和现在不同：瑞典国家银行最初的功能是发钞，英格兰银行建立时的主要功能是帮助筹集资金、购买国债。

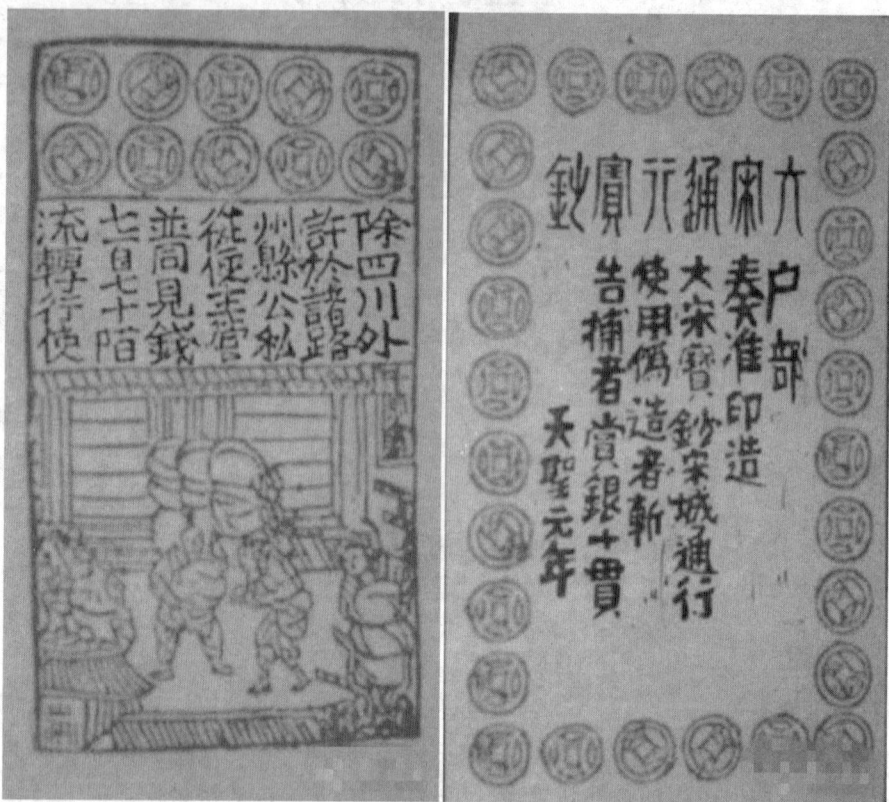

图 7-1 现存的世界第一张纸币——"交子"

英格兰银行位于伦敦的针线街，故被称为"针线街上的老妇人"，对世界其他国家中央银行的建立产生了重大的影响。英国是工业革命的先驱，财富的增长带来金融的发展，所以伦敦成为世界第一个金融中心。基于主权信用，中央银行发行的银行券取代了贵金属货币的地位和职能，各国的货币发行进入中央银行时代。

18 世纪初，伴随着工业革命的开展和商品经济迅速发展，西方国家的社会生产力得到了快速的提高且贸易往来得到了迅速扩大。这促使货币经营业越来越普遍，而且日益有利可图。中央银行产生于 17 世纪后半期，形成于 19 世纪初叶。

资本主义经济危机周期性地频繁出现是其自身固有矛盾决定的。面对危机，资产阶级政府开始从货币制度上寻找原因，企图通过发行银行券来控制、避免和挽救周期性的经济危机。商业银行是伴随着商品经济的快速发展而兴盛起来的产物。货币信用与经济关系普遍化促使生产力空前提高，生产力的提高又促使资本主义银行信用业蓬勃发展。主要表现为：一是银行经营机构不断增加；二是银行业逐步走向联合、集中和垄断。

资本主义商品经济的迅速发展，经济危机的频繁发生，银行信用的普遍化和集中化，既为中央银行的产生奠定了经济基础，又为中央银行的产生提供了客观要求。

（二）中央银行制度建立与发展的过程

中央银行建立有两个途径：一是通过缓慢的演变过程，由商业银行慢慢演变成为中央银行（1913 年以前）；二是通过立法，由法律规定建立一家银行作为一国中央银行。

中央银行制度发展经历了三个阶段。中央银行制度建立与发展的三个阶段的代表国家及其主要背景与原因，如表 7-1 所示。

表 7-1　中央银行制度发展阶段

阶段	时期	部分中央银行 （成立时间、银行名称）	主要背景与原因
第一阶段	1694—1913 年	1694 年，英格兰银行 1800 年，法兰西银行 1814 年，荷兰银行 1875 年，德意志银行 1882 年，日本银行 1913 年，美国联邦储备系统	（1）这些国家是世界上商品货币经济最发达的国家，中央银行也建立最早 （2）客观上主要是本国经济金融发展的必然产物 （3）政府融资便利的需要
第二阶段	第一次世界大战以后近十年	1924 年，澳大利亚中央银行 1935 年，印度、加拿大、阿根廷中央银行	（1）第一次世界大战后，国际性经济、金融恐慌严重 （2）1920 年布鲁塞尔国际性经济、金融会议要求 （3）国际金融势力的推动
第三阶段	第二次世界大战以后	1947 年，多米尼加中央银行 1948 年，巴基斯坦中央银行 1949 年，伊拉克中央银行	（1）民族独立、国家独立要求 （2）经济、金融独立的要求 （3）借鉴发达国家经济发展成功的经验，借鉴发达国家的金融发展模式

二、中央银行的性质

（一）中央银行的定义

中央银行（central bank）是国家中居主导地位的金融中心机构，是国家干预和调控国民经济发展的重要工具。负责制定并执行国家货币信用政策，独具货币发行权，实行金融监管。中国的中央银行为中国人民银行。

有代表性的经济学家对中央银行的不同定义：

（1）中央银行是金融市场中最重要的参与者之一，核心是负责货币政策的政府机构。（米什金）

（2）中央银行是为商业银行等普通金融机构和政府提供金融服务的特殊金融机构，是制定和实施货币政策、监督管理金融业和规范金融秩序、防范金融风险和维护金融稳定（当前我国最重要的任务）、调控金融和经济运行的宏观管理部门。（王广谦）

（3）中央银行是一国金融体制中居于核心地位、依法制定和执行货币政策、实施金融调控与监管的特殊金融机关。（朱大旗）

（二）中央银行的性质

中央银行的性质集中体现在它是一个特殊的金融机构。

1. 地位的特殊性

（1）身份：政府的职能部门，国家货币政策的体现者，国家干预经济生活的重要工具。

（2）宗旨：维持一国的货币和物价稳定，促进经济增长，保障充分就业和维持国际收支平衡。

2. 业务的特殊性

（1）业务经营的目的：不以盈利为目标，而是为国家干预经济生活，实现经济政策目标服务。

（2）业务经营的特征：资金来源主要是发行的货币，同时也接受商业银行和其他金融机构的存款。

3. 管理的特殊性

（1）中央银行是行政管理机构，不仅仅行使行政权力，更多的是采用行政的、经济的和法律的综合手段。

（2）中央银行是银行的银行。

（3）保管和调度一般金融机构的存款准备金。

（4）作为最后清算人的银行。单一的清算中心是最方便的，解决了银行间的清算难题。

（5）中央银行是调节和控制宏观经济的银行，制定和执行货币政策，调节货币供应量，监督和管理金融业。

三、涉及中央银行货币供给的几个基本概念

中央银行在整个金融体系中居于核心位置，与货币政策与货币供给密切相关的几个重要概念包括：

（1）M0 是流通中的货币即通货。根据中国人民银行数据，近几年我国市场中流通的货币约为 6 万亿~8 万亿元，没有太大的起伏，每年 1—2 月由于春节的因素，流通量达到最高值，近年来随着电子支付的普及，数量有进一步下降的趋势。

（2）M1 是狭义货币，指公众持有的活期银行存款和 M0 之和。目前在 50 多万亿元，好处是随时随地可以划拨、流通。

（3）M2——弗里德曼等人主张的较广义货币定义：$M2 = M1 + T$，即包括商业银行的定期存款和储蓄存款。2021 年 9 月底我国广义货币 M2 超过 234 万亿元。

此前，网上有一则帖子称：2018 年美国 GDP 为 20 万亿美元，M2 为 14 万亿美元，M2 与 GDP 的比值大概为 0.7，中国 M2 与 GDP 的比值大概为 2，中美比值差达 3 倍左右，因此 1 美元应该等于约 20 元人民币。

其错误之处在于：一是我国 M2 的基数被高估了，GDP 被低估了，而美国的实际 M2 被低估了；二是发达国家与发展中国家在不同阶段对货币需求不一样。发展中国家正处于基础建设投入增大的过程中，M2 的数量较大；三是中美两国金融市场不同，美国金融市场融资方式通常为直接融资，许多活期存款变为股票，直接完成对实体经济的投资，而我国则为间接融资的银行存款、贷款为主，所以我国 M2 更大。

（4）M3——格利和肖则主张更广义的货币定义：$M3 = M2 + 其他短期流动资产$，即包括大额定期存款、回购协议、欧洲美元、货币市场共同基金份额等。

（5）M4——雷德克利夫委员会提出了更广义的货币定义：M4 = M3+L，即包括金融机构以外的短期性流动资产。

在上述货币的定义之外，还有一个重要概念就是基础货币（MB），又称高能货币、货币基数、强力货币等，是指经过商业银行的存贷款业务能够扩张或收缩货币供应量的货币，中央银行可以直接掌控的货币。中央银行印刷的纸钞要通过发行程序才能成为货币。中央银行还承担旧钞回收工作。从会计科目上看，基础货币包括商业银行及其他存款机构存入中央银行的存款准备金 R（含法定准备金和超额准备金）与社会公众所持有的通货 M0 两者之和，它体现为中央银行的负债。

假设政府用直升机撒下 1 000 元现钞，捡到钞票者立刻存入第一商业银行。由于基础货币的增加（现钞是基础货币 MB），第一商业银行得到新增原始存款 1 000 元，假设法定准备率为 10%，将 100 元存入中央银行，第一商业银行将另外的 900 元用于发放新贷款给借款人 A，A 把得到的 900 元贷款再存入第二商业银行，第二商业银行便得到新增存款 900 元。第二商业银行按 10% 的法定准备率将 90 元存入中央银行，发放 810 元贷款给借款人 B。借款人 B 把得到的 810 元贷款存入第三商业银行，第三商业银行从得到的新增存款 810 元存入中央银行，其余贷出。假设上述过程无限进行下去，所有商业银行新增存款总额 M 可以达到 10 000 元，货币乘数 m = M/MB = 10，接近存款准备金率的倒数，前提是除法定准备金之外全部贷出。当然，现实中商业银行不会如此高效，货币乘数也因而低于存款准备金率的倒数。中央银行货币政策最重要的工具之一就是存款准备金率，我国近 30 年来频繁使用这一货币政策工具，存款准备金率的变化意味着货币乘数的变化。

四、银行体系的资产负债表

商业银行资产负债表是商业银行用以反映本行在会计期末全部资产、负债和所有者权益情况的财务报表。分为基本部分和补充资料两大部分。基本部分又分为左右两方，左方列示资产项目，右方列示负债及所有者权益项目。由于银行的全部资产从所有者看来，不是属于债权人，就是属于投资人，所以资产负债表左右两方的合计数始终相等、相互平衡。

存款、中央银行的借款是商业银行的负债，贷款是商业银行的资产，除了贷款还有从政府购买的国债、中央银行的存款、库存现金。

简化的商业银行、中央银行资产负债表分别见表 7-2 和表 7-3。

表 7-2　商业银行的资产负债表

负债	资产
公众存款（D） 从中央银行借款（CLB）	对公众的贷款（BLP） 对政府的债券（BLG） 在中央银行的存款（BB） 库存现金（CB）

可以看出，对商业银行而言，最重要的资产是贷款，而最重要的负债是存款，和我们传统的企业、居民对资产和负债的观感正好相反，主要是因为商业银行在银行业务上和企业、居民是对手方，一方的负债是另外一方的资产。

表 7-3　中央银行资产负债表

负债	资产
流通和库存中的现金(C_P、C_B) 普通银行在中央银行的存款(BB)	普通银行的贷款(CLP) 对政府的债权(含国债,CLG) 外汇储备(F)

从中央银行的资产负债表可以看出:中央银行发行的货币是其负债,意味着如果某人的 1 万元现钞被火烧毁了,现钞持有人资产减少 1 万元,中央银行的负债也减少了 1 万元。外汇储备是中央银行的重要资产,因为我国所有的工商企业对国外销售收入的外汇都要通过其开户的商业银行兑换成为人民币用于购买原材料、支付工资等,商业银行到中央银行所属的外汇管理局兑换人民币,外汇储备因而成为我国中央银行最大的资产。2020 年年底中国人民银行约 38 万亿元的总资产中,外汇储备就达约 21 万亿元。

包含中央银行和商业银行的整个银行体系的资产负债表见表 7-4。

表 7-4　整个银行体系的资产负债表

负债	资产
现金(C_P) 公众存款(D)	对公众的贷款(BLP) 对政府的债权(BLG+CLG) 外汇储备(F)

在上述整个银行体系的资产负债表中,中央银行和商业银行之间的存贷款互相抵销,整个银行体系的负债包括两大部分:现金(主要是中央银行的负债)、公众存款(主要是商业银行的负债);整个银行体系的资产包括三大部分:商业银行对公众的贷款、政府的财政赤字(国债)、外汇储备的增量(主要是中央银行的资产)。

根据银行体系的资产负债表,有如下公式:

$$D + C_P = BLP + CLG + BLG + F$$

从上述公式的资产方可以看出货币创造的三大源泉:

一是普通银行对公众贷款的净增量,这一般都是最大的部分。可以认为货币创造的最重要源泉就是公众对贷款的需求。回忆金匠的故事,货币创造就来源于第一笔贷款。2020 年中国全年人民币贷款增加 19.63 万亿元,其中住户部门贷款增加 7.87 万亿元。对比 2017 年中国的贷款增量 13.5 万亿元(其中住户部门贷款 7.5 万亿元),可以看出住户部门新增贷款基本稳定。

二是向公众出售政府债券后仍不能满足的政府借贷要求,即政府财政赤字。由于新冠肺炎疫情的影响,美国 2021 年达到了 28 万亿美元财政赤字。地方政府也可以通过财政赤字预算来应对经济下滑。

三是外汇储备的增加量。我国自 2001 年加入世界贸易组织后外汇储备直线上升,最高时超过 4 万亿美元。

由以上货币创造的三大来源可以看出货币政策的控制方向。

五、中央银行的主要职能

作为"管理金融活动的银行"是中央银行的职能体现。

(一) 发行的银行

中央银行的角色便是发行,指的是其垄断了货币的发行权,通常是某一国家或者某一货币联盟中,唯一被授权的货币发行机构。

中央银行集中与垄断货币发行权的必要性有以下几个方面:

(1) 中央银行成为发行的银行角色,是在历史发展中逐步形成的。在金本位的条件下,如果要想保证银行券(银行券的发行权是货币发行权的主要体现)的信誉和货币金融的稳定,要做到金币随时可以由银行券来兑换,即存款货币可以转化为银行券。那么,作为中央银行支撑银行券发行与流通信用基础的黄金储备,就会根据其数量对于银行券的发行进行数量上的限制。自从金本位逐步解体后,各国渐渐选择用纸币作为国家货币进行流通。随着信用货币的流通,中央银行可以通过国家给予的授权,凭借其以国家信用为背书,逐渐成为发行垄断货币的机构。同时,中央银行还要根据经济发展的客观情况,参照货币的流通程度及管理情况,来对于货币的发行进行实时改进。

(2) 中央银行制定货币发行的规定及其保障制度(如票据、外汇、贵金属和政府债券)。币值稳定深刻地影响着社会经济健康的运行,一旦多家银行具有发行货币的权限,那么对于中央银行来说,将在调节货币供求总量问题上出现困难,进而无法及时协调各发行银行去及时调节银根的问题。

(3) 筹集资金的主要来源是由中央银行发行的银行券,并以此为弥补财政赤字的关键。中央银行通过控制货币量的发行来调控流通中的货币量,而这源于统一货币发行的政策。同时,中央银行以此来控制商业银行创造信用的能力。中央银行实行金融宏观调控的关键便是独占货币发行权。

(二) 银行的银行

银行的银行职能是指中央银行充当商业银行和其他金融机构的最后贷款人的角色,这一职能是中央银行作为金融体系核心的基本条件。中央银行通过充当银行的银行对商业银行和其他金融机构的活动施加影响,以达到调控宏观经济的目的。中央银行作为银行的银行需履行的职责如下:

(1) 保证和调度一般金融机构的存款准备金。为保障存款人的资金安全,以法律的形式规定商业银行和其他存款机构必须按存款的一定比例向中央银行交存存款准备金,用来保证商业银行和其他金融机构具备最低限度的支付能力,同时为商业银行之间进行非现金清算创造条件。还有助于中央银行控制商业银行的信用创造能力,控制货币供应量,强化央行的资金实力。

(2) 作为最后贷款人的银行,指商业银行无法进行即期支付而面临倒闭时,中央银行及时向商业银行提供贷款支持以增强商业银行的流动性。

票据再贴现,即商业银行将持有的票据转贴给中央银行以获取资金;票据再抵押,即商业银行将持有的票据抵押给中央银行获取贷款。

(3) 作为最后清算人的银行,指商业银行按规定在中央银行开立存款账户交存存款准备金,各金融机构之间可利用在中央银行的存款账户进行资金清算。

（三）国家的银行

国家的银行职能是指中央银行为政府提供服务,是政府管理国家金融的专门机构。具体有以下几方面:

（1）代理国库,管理政府资金。国家财政收支一般不另设机构经办具体业务,而是交由中央银行代理,主要包括按国家预算要求代收国库库款、拨付财政支出、向财政部门反映预算收支执行情况等。

（2）代理发行政府债券。中央银行代理发行政府债券,办理债券到期还本付息。

（3）为国家信贷支持。在政府财政收支出现失衡、收不抵支时,中央银行具有为政府融通资金以解决政府临时资金需要的义务,主要有两种方式:第一种,为弥补财政收支暂时不平衡或财政长期赤字,直接向政府提供贷款。第二种,中央银行直接在一级市场上购买政府债券。

（4）为国家持有和经营管理国际储备。国际储备包括外汇、黄金、在国际货币基金组织中的储备头寸、国际货币基金组织分配的尚未动用的特别提款权等。

（5）代表政府参加国际金融活动,进行金融事务的协调与磋商,积极促进国际金融领域的合作与发展。参与国际金融重大决策,代表本国政府与外国中央银行进行金融、贸易事项的谈判、协调与磋商,代表政府签订国际金融协定,管理与本国有关的国际资本流动,办理政府间的金融事务往来及清算,办理外汇收支清算和拨付等国际金融事务。同时为政府提供经济金融情报和决策建议,向社会公众发布经济金融信息。

六、几个典型的中央银行

（一）美联储

美国联邦储备系统(The Federal Reserve System),简称美联储(The Fed),负责履行美国的中央银行职责。这个系统是根据《美国联邦储备法》(Federal Reserve Act)于1913年12月23日成立的。美联储的核心管理机构是美国联邦储备委员会。

美国联邦政府在1811年和1836年两次组织设立中央银行的努力均告失败,只被当时的总统赋予了20年特许权。1913年,美联储正式成立,是独立性较强的中央银行的范例。美联储由在华盛顿的联邦储备局和分布美国各地区的12个联邦储备银行组成。美联储主要的货币政策由联邦储备局委员和联邦储备银行的主席共同参与制定,以避免政策决策权过于集中在少数几个地区(如华盛顿和纽约)。但美联储的独立性在历史上和法律上是不彻底的,财政部部长才有最终的权力。1987成立"总统金融市场工作小组"后,美联储的独立性和权威性更不充分。

《美国联邦储备法》规定,该法的目的之一是"建立美国境内更有效的银行监管制度"。具体有4个目标:

（1）维持公众对一个安全、完善和稳定的银行系统的信心。

（2）为建立一个有效的和有竞争力的银行系统服务。

（3）保护消费者:华尔街改革与消费者保护法案,美国成立消费者保护局。

（4）允许银行体系适应经济的变化而变化。

（二）日本银行

日本银行是日本的中央银行,其资本的55%由政府出资,其余部分由民间出资者提供,但民间出资者对决策几乎没有任何影响。

1998 年修改的《日本银行法》明确规定:日本银行在货币政策及金融调节方面的自主性必须得到尊重。2008 年 3 月 19 日,时任日本央行行长福井俊彦任期届满,但日本政府两次提出的行长人选均遭到参议院的否决,日本最大的反对党民主党反对两次行长提名的理由是,被提名的两个行长人选都曾经担任过大藏省次官,违反了"金融独立于政权"的原则。

日本银行的资源优势包括:规模较大、融资成本低、客户关系稳定,以及日本政府保护等。日本抓住时机,全面出击,实现经济超常规增长。长期以来,日本国内市场开放度不高,监管政策严格,政府对银行提供隐性保护,银行破产率低;同时银行与企业相互持股,股权相对稳定,股价波动不大,银行缺乏市场竞争创新的压力和动力,国际竞争力不足。

（三）德意志联邦银行

德意志联邦银行于 1948 年 6 月 20 日起发行德国马克,并一直作为德国的中央银行。同时,该银行还是全球第一个被授予完全独立性权力的中央银行,因此而代表了独立的中央银行模式。基于《德国联邦银行法》,德意志联邦银行可以依法具有完全的自主权,甚至可以不受总理领导,可以不受议会控制,换言之,德意志联邦银行是全球所有中央银行中独立性最强的。

根据《德国联邦银行法》的规定:稳定货币便是货币政策的首要目标,一旦货币政策与政府的其他政策之间发生矛盾,那么首要任务便是要保卫货币。联邦政府负责对行长、副行长及其他执行理事会的成员进行提名,并由联邦共和国的总统对他们进行任命,且其任期与联邦总统的任期有区别。根据法律要求,联邦银行禁止允许向联邦政府透支,纵使政府机构有机会从联邦银行借款,不仅要如期奉还,而且也要在额度上有明确的限制。

（四）中国人民银行

中国人民银行是中华人民共和国的中央银行。中国人民银行在国务院领导下,制定和执行货币政策,防范和化解金融风险,维护金融稳定。货币政策目标是保持货币币值的稳定,并以此促进经济增长。

在中共中央的领导下,1947 年 11 月成立了"中国人民银行筹备处"。1948 年 12 月,在原解放区的华北银行、北海银行、西北农民银行的基础上,在石家庄正式成立了中国人民银行,同时发行了第一版人民币。1949 年 2 月中国人民银行总行迁入北平,各解放区银行先后改为中国人民银行的分行。1979 年上半年,中国人民保险公司、中国农业银行、中国银行及外汇管理局从中国人民银行独立出来。1983 年 1 月,中国建设银行独立。1984 年 1 月 1 日,中国工商银行正式成立,中国人民银行原有的工商企业和居民的存贷款业务全部划归中国工商银行,中国人民银行全力行使我国中央银行的职能。

第二节　中央银行的业务

一、中央银行的业务原则

必须服从于履行职责的需要是中央银行最基本的业务原则。在具体经营活动中,中央银行奉行非盈利性、流动性、主动性和公开性四个原则。

（一）非盈利性

不同于其他金融机构,中央银行的地位决定了它的主要目的在于调节经济、稳定国家金融和稳定币值,故而其余的一切业务都要以此为围绕点。那么,它从不考虑具体的业务是否盈利。

(二)流动性

流动性是资产业务的必要部分,中央银行作为银行的银行,需要同时给银行提供资金清算服务,并根据法律要求,提供存款准备金。当商业银行资金周转发生问题时,中央银行还应提供相关帮助,也就是扮演其"最后贷款人"的角色。

(三)主动性

任何的资产负债业务都应具有主动性,这是因为中央银行的资产负债业务与货币有直接关联的关系。

(四)公开性

中央银行应将其业务状况公开化,定期向社会公布其业务情况和财务状况,同时向社会提供金融行业的数据资料。

二、中央银行业务的分类

按中央银行的业务活动是否与货币资金的运动相关,一般可分为银行性业务和管理性业务两大类。

(一)银行性业务

银行性业务是中央银行作为发行的银行、银行的银行和政府的银行所从事的业务。

具体又分为两种:一是形成中央银行资金来源和资金运用的资产负债业务;二是与货币资金运动相关但不进入中央银行资产负债表的银行性业务。

(二)管理性业务

管理性业务是指中央银行作为一国最高金融管理当局所从事的业务。这类业务主要服务于中央银行履行宏观金融管理的职责,对违规业务进行处罚。如表7-5就是一个行政处罚的案例。

表7-5 行政处罚信息公示案例

企业名称	行政处罚决定书文号	违法行为类型	行政处罚内容	作出行政处罚决定机关名称	作出行政处罚决定日期	备注
海南保亭融兴村镇银行有限责任公司	琼银罚字〔2015〕第1号	欠缴法定存款准备金	对海南保亭融兴村镇银行处以罚款人民币50 791.00元(大写伍万零柒佰玖拾壹元整);对海南保亭融兴村镇银行副行长刘晓燕予以警告,处以罚款人民币10 000.00元(大写壹万元整)。	中国人民银行海口中心支行	2015年6月15日	

资料来源:中国人民银行官方网站。

三、中央银行的资产负债表

中央银行资产负债表是其银行性业务中资产负债业务的综合会计记录。中央银行资产业务的种类、规模和结构,都综合地反映在一定时期的资产负债表上。

(一)研究中央银行资产负债表意义

(1)有利于更好地了解中央银行资产负债表及其结构,了解资产业务和负债业务之间相互制约的关系。

(2)了解一国中央银行在连续的时间段内在资产负债业务量上的增减变化及资产和负债项目中子项目变化对各自项目的影响。

(3)了解该国中央银行的资产负债业务的结构和总量变化。

(二)中国人民银行的资产负债表

中央银行资产负债表简表如表 7-6 所示。

表 7-6　中央银行资产负债表简表

资产	负债
国外资产 对金融机构的债权 对政府的债权 其他资产	流通中的现金 金融机构存款 财政部存款 外国存款 资本及其他负债

资产和负债的基本关系为:

$$资产 = 负债 + 自有资本$$

(1)中央银行的资产持有额的增减,在自有资本一定的情况下,必然会导致其负债的相应增减。

(2)中央银行负债的多少取决于其资产与自由资本之差。

(3)在中央银行负债不变时,自有资本增减,可以使其资产相应增减。

由表 7-7 可以发现,我国中央银行在过去十年间,总资产和总负债都发生了很大变化,但外汇储备作为最重要资产的性质未发生大的变化。

表 7-7　2010—2020 年中国人民银行资产负债表变化表　　　　单位:亿元人民币

项目	2010 年 1 月末	2020 年 7 月末
国外资产(Foreign Assets)	188 021.75	218 374.92
外汇(Foreign Exchange)	177 869.14	211 723.16
货币黄金(Monetary Gold)	669.84	2 855.63
其他国外资产(Other Foreign Assets)	9 482.77	3 796.14
对政府债权(Claims on Government)	15 661.97	15 250.24
其中:中央政府(Of which:Central Government)	15 661.97	15 250.24
对其他存款性公司债权(Claims on Other Depository Corporations)	7 129.5	106 614.95

续表

项目	2010 年 1 月末	2020 年 7 月末
对其他金融性公司债权（Claims on Other Financial Corporations）	11 530.12	4 762.43
对非金融性部门债权（Claims on Non-financial Sector）	43.96	
其他资产（Other Assets）	7 827.41	12 922.35
总资产（Total Assets）	230 214.71	357 924.9
储备货币（Reserve Money）	142 819.58	297 172.87
货币发行（Currency Issue）	44 349.17	85 166.78
金融性公司存款（Deposits of Financial Corporations）	98 470.41	196 061.37
其他存款性公司存款（Deposits of Other Depository Corporations）	98 359.32	196 061.37
非金融机构存款（Deposits of Non-financial Institutions）	111.09	15 944.72
不计入储备货币的金融性公司存款（Deposits of financial corporations excluded from Reserve Money）	641.77	4 876.51
发行债券（Bond Issue）	42 380.8	950
国外负债（Foreign Liabilities）	746.7	1 079.54
政府存款（Deposits of Government）	25 275.2	42 557.88
自有资金（Own Capital）	219.75	219.75
其他负债（Other Liabilities）	18 130.91	11 068.35
总负债（Total Liabilities）	230 214.71	357 924.9

资料来源：中国人民银行网站。

　　有学者认为：可以把外汇储备向公民派发。实际上，中央银行的外汇是由企业的外汇存储的，不是中央银行自己的，是由中央银行代管的资产，通过发行人民币把资产买来，如果要收回，则中央银行将人民币收回，外汇还给企业。上述中央银行的资产负债表可通过人民银行官网查询，每个月都会更新。

第三节　《中国人民银行法》及其修订

　　《中华人民共和国中国人民银行法》（简称《中国人民银行法》）修订工作已列入第十三届全国人民代表大会常务委员会立法规划和 2020 年立法计划。为深入贯彻落实党中央、国务院的金融改革部署，建设现代中央银行制度，中国人民银行组织起草了《中国人民银行法（修订草案征求意见稿）》（简称《征求意见稿》）①。

---

　　① 　该征求意见稿和未来正式通过的《中国人民银行法》会有少许出入，以全国人大正式通过的法律为准。

一、《中国人民银行法》修订的必要性

（一）落实中央金融改革部署，建设现代中央银行制度的需要

十九大报告将坚决打好防范化解重大金融风险攻坚战列为三大攻坚战之首，第五次全国金融工作会议确定设立国务院金融稳定发展委员会、将拟订金融业重大法律法规草案和制定审慎监管基本制度的职责划入人民银行。中共十九届四中全会明确提出要建设现代中央银行制度。在此基础上，中央对中国人民银行履职提出了新的要求，例如强化宏观审慎管理和系统性金融风险防范，统筹监管系统重要性金融机构、金融控股公司和重要金融基础设施，统筹负责金融业综合统计，加大金融违法行为处罚力度等。这些新要求、新职能，必须在《中国人民银行法》中予以明确，为人民银行履职奠定法律依据。

（二）推进金融监管改革，防范化解系统性金融风险的需要

近年来，金融市场规模迅速扩张，金融创新层出不穷，金融业务交叉融合，互联网金融快速发展。同时，金融风险交叉传染、金融服务实体经济能力不足等现象不同程度存在，货币政策传导机制仍需进一步疏通。为贯彻落实新发展理念，强化金融服务功能，平衡好稳增长和防风险的关系，精准有效处置重点领域风险，深化金融改革开放，增强金融服务实体经济的能力，需要通过《中国人民银行法》把上述政策落实、制订为法律。为更好落实金融监管改革的要求，需要完善金融宏观调控体系，健全货币政策和宏观审慎政策双支柱调控框架和逆周期调节机制，建立系统性风险处置机制，维护金融稳定。因此，有必要通过《中国人民银行法》的修订，落实人民银行新职责要求，完善履职措施，在法律框架下推动金融业高质量发展，为社会经济发展营造良好金融环境。

（三）符合国际金融监管改革的趋势

2008年国际金融危机以来，各国开始重新审视中央银行职能定位，普遍从法律层面强化中央银行在加强宏观审慎管理、维护金融稳定中的职能，突出中央银行防范和化解系统性金融风险的作用。许多国家的央行（货币当局）在处理金融危机过程中实行了变革，增加新的职责，创新监管手段。例如，美国《多德-弗兰克法案》将美联储的监管职责范围扩展至系统重要性的银行和非银行金融机构。英国《2012年金融服务法》在英格兰银行内部建立金融政策委员会和审慎监管局，前者负责宏观审慎政策制定、识别并防范化解系统性金融风险，后者负责对金融机构进行审慎监管。人民银行认真跟踪研究国际金融监管改革动态，并结合我国国情总结其中的有益经验，在《中国人民银行法》修订中予以体现。

二、《中国人民银行法》修订的主要工作和总体思路

中国人民银行高度重视《中国人民银行法》修订工作，组织专门人员对修法相关问题进行深入研究，多次开展实地调研，长期跟踪研究相关国际经验，起草了修订草案，先后征求了中央和国家机关有关部门、业内专家学者的意见。在充分吸收各方面意见的基础上，修改形成《中国人民银行法（修订草案征求意见稿）》。

修订《中国人民银行法》的总体思路是：以习近平新时代中国特色社会主义思想为指导，按照习近平总书记关于金融工作重要论述精神和要求，紧紧围绕服务实体经济、防控金融风险、深化金融改革三项任务，建设现代中央银行制度。

一是坚持国内实践与国际经验相结合。立足我国国情,在总结近年来金融宏观调控和风险处置实践经验的基础上,将条件成熟、行之有效的制度在修法中予以体现,同时充分借鉴 2008 年国际金融危机后各国中央银行立法、修法的经验和相关国际准则。

二是始终坚持问题导向,确保改革有的放矢。把保持币值稳定,把好货币总闸门,坚决打好防范化解重大金融风险攻坚战,维护经济社会安全稳定,不断强化民营小微企业和脱贫攻坚金融服务,引导金融更好服务实体经济等重大问题作为改革的核心和主线,贯穿修法工作的全过程。

三是坚持市场化、法治化的政策导向。发挥市场在金融资源配置中的决定性作用,完善市场化调控方式,推动金融业双向开放,减少和消除不必要的行政约束,提升资源配置效率,不断优化营商环境。同时坚持不发生系统性金融风险的底线,健全行政监管制度,完善制度抓手,强化市场主体责任,严格监管要求。

三、《中国人民银行法(修订草案征求意见稿)》的主要内容

《征求意见稿》包括总则、组织机构、人民币、业务、监督管理职责、监督管理措施、财务会计、法律责任和附则,共 9 章 73 条,主要内容包括以下几方面。

(一)强调金融服务实体经济,加强金融宏观调控

《征求意见稿》将“促进金融服务实体经济”明确写入立法目的,引导金融体系回归服务实体经济的根本定位。为更好地进行金融宏观调控,服务我国经济高质量发展,《征求意见稿》从全局出发,明确了中国人民银行制定和执行宏观审慎政策的职责定位,提升货币政策和信贷政策监管的有效性(第一条、第二条、第三十三条)。

(二)落实党中央、国务院对中国人民银行的新职责要求

根据党和国家机构改革方案、国务院机构改革方案以及中国人民银行“三定”方案,《征求意见稿》修改完善了中国人民银行的职责,明确拟订金融业重大法律法规草案、制定审慎监管基本制度、牵头负责系统性金融风险防范和应急处置、三个“统筹”、组织实施国家金融安全审查等职责;落实金融稳定发展委员会办公室的职责,加强监管协调与信息共享(第五条、第十条)。

(三)建立货币政策和宏观审慎政策双支柱调控框架

《征求意见稿》完善了货币政策工具箱,适度增加货币政策工具的灵活性,保证货币政策调控科学合理有效(第二十五条)。为填补宏观审慎政策的制度空白,《征求意见稿》建立宏观审慎政策框架,明确宏观审慎政策目标,以加强逆周期调节和穿透式监管为重点,健全金融机构逆周期资本缓冲、风险准备金、压力测试等宏观审慎政策工具箱(第四条、第三十四条)。

(四)健全系统重要性金融机构、金融控股公司和重要金融基础设施的统筹监管制度

明确系统重要性金融机构的评估、识别、监测分析、并表监管以及恢复和处置计划的制定实施。明确金融控股公司的审批和监管规定。明确重要金融基础设施的建设规划、认定、检查评估和监管(第三十五条、第三十六条、第三十九条、第五十四条)。此外,《征求意见稿》还完善了金融业综合统计管理和信息报送规定(第四十条)。

(五)进一步发挥中国人民银行维护金融稳定和防范、处置系统性金融风险的作用

《征求意见稿》规定了中国人民银行对金融体系整体的稳健性状况进行监测评估,牵头防范和化解系统性金融风险;建立明确的金融风险处置责任体系,完善系统性金融风险处置措施,包括监督问题机构实施自救、对债权人依法实施债务减记、提供流动性支持、设立特殊目的实体等

（第三十七条、第五十五条）。

（六）完善人民币管理规定

《征求意见稿》规定人民币包括实物形式和数字形式，为发行数字人民币提供法律依据；防范虚拟货币风险，明确任何单位和个人禁止制作和发售数字代币（第十九条、第二十二条）。

（七）完善人民银行的治理制度

继续坚持中国人民银行不直接认购、包销国债和其他政府债券，不向地方政府提供贷款的原则（第三十二条）。为保证中央银行资产负债表持续健康稳定，《征求意见稿》规定中国人民银行制定中央银行会计制度和独立的财务预算管理制度，报经国务院批准后组织实施，保持公开透明，依法接受审计监督；完善财务缓冲和利润分配制度，增加对金融风险的应对能力（第五十七条至第五十九条）。

（八）健全人民银行的履职手段，加大对金融违法行为的处罚力度

坚持依法履职是现代中央银行制度的内在要求，《征求意见稿》以依法行政为原则，提升法治能力，完善人民银行履职所需的检查监督和监管措施规定，增加限期整改、整改承诺制度（第四十七条至第五十条、第五十六条、第六十六条）。针对金融市场违法成本低的问题，《征求意见稿》加大对金融违法行为的处罚力度，规定对情节严重的违法行为可以加重处罚，罚款上限提高至 2 000 万元；对取得中国人民银行许可的机构增加责令暂停业务、吊销许可证、市场禁入等处罚措施（第六十一条）。

第四节 货币政策和宏观审慎监管的"双支柱"框架

《中国人民银行法》明确规定了中央银行要建立保持货币币值的稳定，并以此促进经济增长的货币政策目标。其下位法《中国人民银行货币政策委员会条例》进一步明确：货币政策委员会依据国家宏观调控目标，讨论货币政策的制定和调整、一定时期内的货币政策控制目标、货币政策工具的运用、有关货币政策的重要措施、货币政策与其他宏观经济政策的协调等涉及货币政策等重大事项，并提出建议。

一、币值稳定的重要性

一个国家的中央银行最重要的职能之一就是保障其币值的稳定。1922—1923 年由于德国马克出现了巨额通货膨胀，甚至出现面值 1 000 亿马克的纸钞，为此后希特勒法西斯的上台在经济上铺平了道路。中华民国在 1947—1948 年出现的极高的通货膨胀率，也在经济基础上宣布了国民政府的倒台。

从 2014 年起，委内瑞拉国内通货膨胀空前恶化，钞票几乎贬值成废纸。点燃委内瑞拉通货膨胀导火索的是 2014 年国际石油价格暴跌，由于政府过度依赖石油产业，国内产业结构单一，油价下跌使得委内瑞拉没有足够的外汇进口商品，导致国内商品供应短缺，通胀急剧恶化。然而委通货膨胀的真正渊源还需要回到 2008 年。

而政府的荒谬干预与盲目发行货币加剧了恶性通胀。早在 2008 年，委内瑞拉政府试图通过宽松的货币政策刺激经济发展。由于缺少专业财政人才，最终采取的措施是中央银行无节制印钞，毫无疑问最终爆发恶性通货膨胀。为了应对通胀，委内瑞拉又实施激进的货币制度改革——

发行新币"强势玻利瓦尔",与旧币的兑换比率为 1∶1 000,原货币贬值了 999%。而委内瑞拉中央银行的无限制印钞政策使得本国原材料短缺,又雇用外国印钞公司印钞。

至此,委内瑞拉调入恶性循环:委内瑞拉人民不信任本国货币,于是兑换美元,而政府实施严格的外汇监管,要求企业向中央银行上交外汇,失去外汇的支撑,企业无法进口商品,导致国内严重依靠外国进口的商品市场供应短缺,进一步推高物价。根据国际货币基金组织的数据,2016 年委内瑞拉的年通货膨胀率为 481%,2017 年达 1 642%。

从上述案例可以看到,一个有力有序的中央银行对于稳定币值与物价,甚至是国家经济稳定是十分重要的。上述委内瑞拉近年来的通胀逐渐恶化的原因包含中央银行不独立,受到领导集团的影响盲目印刷货币,其导致的结果恰巧证明对中央银行进行立法监管,保证中央银行实施正确合理的货币政策是十分必要的。

二、中国人民银行常用的货币政策工具

数量型工具:调节存款准备金率(决定广义货币的数量)。

价格型工具:调节再贴现率(利率)。利率下降意味着鼓励投资。再贴现是指存款货币银行持客户贴现的商业票据向中央银行请求贴现,以取得中央银行的信用支持。加息,也是防范通胀风险的手段。

公开市场操作:中央银行公开买卖债券等的业务活动。买入国债意味着释放流动性。中央银行在公开市场开展证券交易活动,其目的在于调控基础货币,进而影响货币供应量和市场利率,是比较灵活的货币政策调控工具。加息防范通胀风险。资本市场率先反应。卖出债券意味着收回货币。

传统工具:正逆回购交易、中央银行票据发行、二级市场债券。中央银行发行金融债,也可以买卖自己发行的金融债。二级市场:工商银行发行的债券都可以买。中央银行发行货币。新型工具及其解释如表 7-8 所示。

表 7-8　中国人民银行的新型货币政策工具

名称	含义	期限	资金用途	利率决定方
SLF	常备借贷便利工具	1~3 个月	无特定	央行
MLF	中期借贷便利工具	3 个月、6 个月、1 年	"三农"、小微企业	利率招标
SLO	短期流动性调节工具	7 天内	无特定	利率招标
PSL	抵押补充贷款工具	3~5 年	特定政策或项目建设	央行

三、货币政策的传导

从定义上看,货币政策传导机制是指中央银行运用货币政策工具影响中介指标,进而最终实现既定政策目标的传导途径与作用机理。目前对货币政策传导机制主流观点可以大致归纳为以下四类:

(1)利率传导机制的基本途径是通过增加货币供应量。当市场上货币供大于求时就会导致实际利率的下降,从而提高人们的投资水平,最终达到提高总产出的目标;

（2）信用传导机制认为货币供应量的增加并非通过实际利率的变化，而是以银行借贷方式，通过增加贷款的供给，从而提高投资水平最终传导至总产出；

（3）非货币资产价格传递途径强调资产相对价格与真实经济之间的关系，因为货币供应量的增加会通过降低利率来影响资产价格，上升的资产价格会吸引投资，从而增加总产出；

（4）汇率传递机制以平价定理为基础，货币供应量增加的影响会从利率传导到汇率，引起汇率的下降，进而增加一国的净出口来增加总产出。

四、宏观审慎监管

《征求意见稿》第四条规定："宏观审慎政策目标是防范系统性金融风险的顺周期积累，以及跨机构、跨行业和跨市场传染，以维护金融体系的健康与稳定。"可以看出，宏观审慎监管是防止金融系统对经济体系的负外部溢出而采取的一种自上而下的监管模式。

与微观审慎监管不同，宏观审慎监管以防范金融危机为目的，关注金融系统风险的部分内生性特征而不仅仅只重视外生性风险。宏观审慎监管的具体目标可以分解为二：一是限制金融风险的累积，降低金融危机的可能性或强度；二是强化金融体系对经济下滑和其他负面冲击的恢复能力。限制风险累积可以理解为对系统风险的事前预防，强化恢复能力是对系统风险爆发后的事后补救。

"宏观审慎"（macro-prudential）这一概念 1979 年 6 月发表于巴塞尔银行监管委员会的前身库克委员会（Cooke Committee）。1998 年 1 月 IMF 在《迈向一个健全的金融体系框架》报告中首次将宏观审慎监管理念纳入监管金融体系。

逆周期操作是宏观审慎最重要的手段，旨在平衡币值稳定和经济增长之间的关系。经济增长周期时，为防范通胀，消除泡沫，利用金融经济手段给经济降温；经济下行压力较大时，利用刺激性经济手段促进经济增长。

宏观审慎监管主要着眼于维护金融体系的稳定，通过逆周期操作，成为传统金融监管的权力来源，平衡币值稳定及经济增长的关系，熨平经济增长的波动，这是宏观审慎的核心工作。

Adrian and Brunnermeier（2009）提出，次贷危机的爆发表明金融系统的总体风险（即系统性风险）并不等于单个金融机构风险的简单加总。博利奥（Borio，2003）提出，单个金融机构健康并不意味着整个金融系统势必安全。Borio and Drehmann（2009）表明顺周期性加剧了系统性风险的强度，这里的顺周期性是指金融系统内部以及金融系统与实体经济之间的能够导致金融不稳定的放大（正反馈）机制。

对宏观审慎监管的不同解释中，一是以 IMF 报告为代表，强调关注宏观经济走势对金融体系稳健的影响；二是以巴塞尔银行监管委员会委员博利奥为代表，强调审慎理念本身应从微观向宏观进行转变。IMF 报告对宏观审慎指标进行了详细阐述，并把这些指标分为两大类：一类是微观审慎指标的汇总，另一类是影响金融体系的宏观经济因素指标。

微观审慎指标是指单个金融机构的稳健指标，而影响金融系统的宏观经济因素主要是指经济增长、国际收支、通货膨胀、利率、汇率以及资产和负债状况等。繁荣期主要的失误在于未能发现不断增长的资产价格泡沫的威胁。

全球金融监管框架对系统性风险关注过少。当前的金融管理倾向于鼓励顺周期的风险承担，增加了发生金融危机的可能性以及一旦危机发生造成的危害性；现行管理未能恰当处理"大而复杂的金融机构",其经营范围涉及商业银行、投资银行、资产管理和保险,其失败将产生系统性风险或给整个金融系统带来外部性;固有的"太大而不能倒"带来的危险扩大到"太关联而不能倒";加强宏观审慎监管,并将其与微观审慎监管进行有机结合,成为各国金融监管的主要趋势;引入逆周期政策工具,如逆周期资本要求、杠杆率指标和前瞻性的拨备计提规则等,在金融体系中建立适当的逆周期机制,从而通过降低信贷活动、资产价格以及整个经济的周期性波动来减小金融失衡,缓解系统性风险,最终达到维护金融稳定的目标。

2015年年底中国人民银行宣布从2016年起将现有的差别准备金动态调整和合意贷款管理机制升级为宏观审慎评估体系(macro prudential assessment,MPA)。MPA为进一步完善宏观审慎政策框架,更加有效地防范系统性风险,发挥逆周期调节作用,以中央银行为中心建立综合监管体制的方向更加明确。MPA体系的主要构成:资本和杠杆、资产负债、流动性、定价行为、资产质量、外债风险、信贷政策执行等七大方面。MPA关注广义信贷,引导金融机构减少各类腾挪资产、规避信贷调控的做法。同时利率定价行为是重要考察方面,以约束非理性定价行为。MPA按每季度的数据进行事后评估,同时按月进行事中事后监测和引导。

2012年6月,中国银行业监督管理委员会出台的《商业银行资本管理办法(试行)》第24条规定:特定情况下,商业银行应当在最低资本要求和储备资本要求之上计提逆周期资本。逆周期资本要求为风险加权资产的0～2.5%,由核心一级资本来满足。逆周期资本的计提与运用规则另行规定。

由于资本充足率偏离度与货币供应量偏离度呈负相关,《巴塞尔协议Ⅲ》建议,逆周期资本的计提步骤如下:

第一步是计算信贷与GDP的比值:$R_t = C_t / \text{GDP}_t$,C_t是t时期的信贷余额,GDP_t是t时期国内生产总值。广义信贷口径,包括贷款、公司债、中期票据、短期融资券、资产证券化等,不包括公共部门债券。

第二步是计算信贷余额/GDP与其长期趋势值的偏离度(GAP):$\text{GAP}_t = R_t - \text{Trend}_t$($R_t$值的长期趋势)。方法包括H-P滤波法以及移动平均法;前者赋予较近时期观察值更高的权重。

第三步是利用GAP计算逆周期资本缓冲。当GPA低于下限L时,不计提逆周期资本;当GAP高于上限H时,按照2.5%的上限计提逆周期资本;当GAP位于L与H之间,则按照0～2.5%的比例计提逆周期资本。《巴塞尔协议Ⅲ》提出将L设为2,H设为10。

胡继晔、李依依(2018)按季度社会融资规模(增量)/GDP为计算依据,利用6个季度移动平均值作为长期趋势,得出阶梯状的宏观审慎资本充足率调整规则。

五、中央银行的独立性问题

中央银行法的基本原则包括稳定货币和自身的独立性。《征求意见稿》第八条规定:中国人民银行在国务院领导下依法独立执行货币政策,履行职责,开展业务,不受地方政府、各级政府部门、社会团体和个人的干涉。

中央银行制定与实施货币政策的自主性包括确定货币政策目标的独立性、运用货币政策工具的独立性和金融监管上的独立性。

(一)确保独立性的原因

不受干扰和影响是中央银行稳定货币的必要保障。中央银行作为一种特殊的金融机构,发行的银行和银行的银行,其服务和监管不能忽视其货币规律,不能完全尊重政府,其主要任务是稳定货币价值;中央银行独立于政府,在经济过热的情况下限制政府的经济决策过程,以确保金融稳定和威慑。

中央银行和政府的职责高度集中,二者无法在任何情况下都与宏观经济目标的选择相协调,同时保持经济增长和货币稳定。币值稳定被认为是中央银行的主要目的。现代中央银行已经发挥了许多其他宏观经济管理职能,通过行使中央银行的职能,可以在一定程度上限制货币价值,制约政府过热的经济决策,起到稳定器、制动器的作用。而这一切的实现都需要以中央银行具有较高的相对于政府的独立性为前提。Alesina 和 Summers(1993)利用实证研究发现:中央银行的独立程度与经济良性发展之间正相关,如图 7-2 所示。

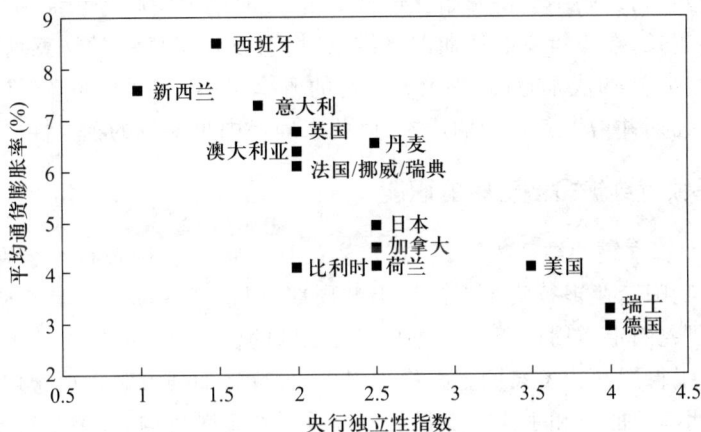

图 7-2　央行独立性与通货膨胀率

(二) 我国中央银行独立性地位的现状

我国中央银行在现行法律管辖下的特点是既有其独立的一面,同时又需要遵循国家的大政方针,是相对独立。

在法律层面和组织上,我国中央银行具有一定的独立性,随着改革开始的进程和市场经济的需要,它的独立性也在不断增强。1983 年,由国务院授予了其所必需的职责与权力,同时给予了其一定的独立性。1995 年,我国中央银行的地位、权限和职责有了法律的支持,明确了中央银行独立于财政和地方政府,同时中央银行不能因地方财政赤字,而直接认购政府债券或向各级政府直接提供贷款。1998 年,中国人民银行的管理体制由国务院进行改革,撤销省级分行,改为根据经济区划分为九大分行,这类措施从法律层面和组织上真正促进了我国中央银行的独立性。2003 年 3 月,成立银监会的决定在第十届全国人民代表大会第一次会议上通过。原来中央银行负责的金融监管的任务改由银监会负责。而中央银行则专注于履行货币政策职能,并根据整个宏观经济来考量货币政策的制定与执行,同时决定利率和货币供应量,而不需要考虑银行的安全与自身监管责任。这一措施大大增强了中国人民银行的独立性。

(三) 独立性不足的表现和加强我国中央银行独立性的必要性

基于历史、现实原因的限制,我国中央银行的独立性仍然不能满足行使货币职能的水平。具体而言就是在政府面前,中央银行的独立性仍然有待提高。从中央银行性质上来说,我国的中央银行首先是国家行政机关,其次才是一个特殊金融机构。它以社会管理者的身份对国家的金融进行行政管理,并对于国民经济进行调控;它管理全国金融业,并完成作为银行的职能。与其他国家相比,我国的中央银行与政府的关系也不尽相同。它不像美国或德国的中央银行一样,作为一个独立个体不受政府管辖;与法国或韩国的中央银行一样,完全属于政府的一部分。中国人民银行是在国务院的统一管理下,进行货币政策的制定与实施,这也就表现出中国人民银行"独立又不独立"的特殊法律地位,但也同时导致其在某些方面独立的不足。

巴罗和戈登提出的"声誉模型"认为,当货币政策制定者更注重政策的长期声誉时,"相机抉择"的货币政策规范所具有的内在通货膨胀倾向就会大大下降甚至完全消除。由"声誉模型"可知:只要任命一位保守的人士来担任中央银行的首脑,就可以克服最优政策的动态不一致问题。如果决策者的任期足够长,则不会一开始就违背承诺,此时的通货膨胀预期为零;任期越长,零通货膨胀的初始预期越长;在决策者的任期即将结束时,引发通货膨胀的诱惑增大,决策者可能违约(有限次重复博弈);违约成本越高,决策者违约的概率越小。因此,要降低通货膨胀就要延长货币政策制定者的任期并增大其违约的成本,以此来确保中央银行的独立性。

六、中国人民银行维护金融稳定的职能

2010 年,逆周期资本缓冲被列入了《巴塞尔协议 III》,成为各国银行等金融机构需要遵守的准则。张宗新发现我国商业银行资本缓冲计提顺周期,但信贷活动并不具有明显的亲周期性特征,表明监管部门研究制定逆周期资本缓冲的相关规则的资本监管政策总体上已经开始实施。

根据中国人民银行近几年发布的金融稳定报告,央行将加强宏观审慎管理,完善宏观审慎政策框架,增强逆周期调控能力和手段。加强对系统重要性金融机构、金融基础设施和外债宏观审慎管理。将不断完善宏观审慎管理的机制和手段,继续发挥差别准备金动态调整机制的逆周期调节和结构引导作用,督促商业银行不断提高流动性管理的主动性和科学性。

2015 年 5 月我国开始实施《存款保险条例》,在维护金融稳定方面迈出实质性步伐。重点对具有转轨经济特征的风险进行分析,密切监测和评估地方政府融资平台、房地产贷款、产能过剩行业、交叉性金融产品、跨市场金融创新快速发展的潜在风险。中国人民银行要求继续开展金融稳定压力测试,结合国际国内经济形势变化和金融改革部署,合理设置压力测试情景,完善压力测试方法,丰富承压指标。不断完善银行业、证券业和保险业日常监测和风险评估体系,深入推进金融机构稳健性现场评估。

本 章 小 结

中央银行是国家占主导地位的金融中心机构,独具货币发行权,负责制定并执行国家货币信用政策,实行金融监管。中央银行的核心价值就在于维持币值稳定。为防止金融系统对经济体系的负外部溢出、维护金融体系稳定,我国中央银行需要不断完善货币政策和宏观审慎的双支柱监管框架。

为顺应国际金融监管思潮的转变,重新审视、重视、回归中央银行应有职能和新增职能,在法律中予以充分体现和加以巩固确认,解决人民银行职权法定的问题要作进一步前瞻性理论研究和探讨,为人民银行未来可能新设的职责和权限预留空间,减少频繁修法的次数,实现稳定性。

即测即评

请扫描右侧二维码检测本章学习效果。

本章思考题

1. 货币创造有哪三大来源？
2. 如何理解货币政策目标之间的重合与冲突？
3. 中央银行的资产负债表特征是什么？
4. 中央银行如何实现金融稳定？
5. 中央银行对金融业的监管包括哪方面内容？
6. 中国人民银行法的"宏观审慎"如何在修法中体现？

本章参考文献

1. 胡继晔,李依依. 中国宏观审慎逆周期监管指标初探[J]. 宏观经济研究,2018(5).
2. 李文泓. 关于宏观审慎监管框架下逆周期政策的探讨[J]. 金融研究,2009(7).
3. 盛松成,吴培新. 中国货币政策的二元传导机制:"两中介目标,两调控对象"模式研究[J]. 经济研究,2008,43(10).
4. 王国刚. 中国货币政策调控工具的操作机理:2001—2010[J]. 中国社会科学,2012(4).
5. 席涛,陈建伟. 法律、货币与价格:《人民银行法》的一个法律经济学分析框架[J]. 中国政法大学学报,2013(4).
6. 姚余栋,李连发,辛晓岱. 货币政策规则、资本流动与汇率稳定[J]. 经济研究,2014,49(1).
7. 姚余栋,谭海鸣. 央票利率可以作为货币政策的综合性指标[J]. 经济研究,2011,46(S2).
8. 周小川. 金融政策对金融危机的响应:宏观审慎政策框架的形成背景、内在逻辑和主要内容[J]. 金融研究,2011(1).
9. 周仲飞. 论中央银行独立性的法律保障机制[J]. 政治与法律,2005(1).
10. 朱小川. 宏观审慎监管的国际趋势及对我国的启示[J]. 南方金融,2010(3).
11. ADRIAN T ,BRUNNERMEIER M K . CoVaR[J]. SSRN Electronic Journal,2009.
12. ALESINA A ,SUMMERS L. Central bank independence and macroeconomic performance:Some comparative evidence[J]. Journal of Money,Credit and Banking,1993,25(2).
13. BARRO R J ,GORDON D B. Rules,discretion and reputation in a model of monetary policy[J]. Journal of Monetary Economics,1983,12(1).

14. BORIO C E V. Towards a macroprudential framework for financial supervision and regulation？[J]. BIS Working Papers,2003,49(2).

15. BORIO C,DREHMANN C M. Towards an operational framework for financial stability:"fuzzy" measurement and its consequences[J]. BIS Working Papers,2009,15(9).

16. BRUNNERMEIER M K. Deciphering the liquidity and credit crunch 2007－08[J]. SSRN Electronic Journal,2009,23(1).

本章必读文献:参考文献 1、2、6、9、13、16。

第八章 商业银行的准入和退出监管

商业银行是各类金融机构中最重要的机构之一。我国的商业银行是依照有关法律设立的企业法人，由于其吸收公众存款的特有职能，在所有企业法人的监管中是最严格的一类。

第一节 商业银行监管理论

一、商业银行与商业银行监管的基本理论

金融业在市场经济中居于核心的地位，其经营活动具有作用力大、影响面广、风险性高等特点，因此，依法对金融业实施有力和有效的监管，既是市场经济运作的内在要求，又是金融业本身的特殊性所决定的。商业银行是我国金融体系中最主要的组成部分，商业银行的数量和比例远远高于政策性银行和非存款性金融机构。因此，商业银行作为金融体系的核心，对其监管就显得特别重要。

（一）商业银行与商业银行监管的界定及特征

商业银行是指依照《中华人民共和国商业银行法》（简称《商业银行法》）和《中华人民共和国公司法》（简称《公司法》）规定的条件和程序设立的，吸收公众存款、发放贷款、办理结算等业务的企业法人。商业银行以安全性、流动性、效益性为经营原则，实行自主经营、自担风险、自负盈亏、自我约束。商业银行以其全部法人财产独立承担民事责任。

根据商业银行的经营特点，政府对银行业的监管要以谨慎监管为原则，它包含以下五个方面：

一是银行业的准入。对银行业准入进行监管是各国政府对银行业进行监管的最初手段，目的是防止银行业的过度集中、限制社会资金过度流入银行业而降低经济运行效率。

二是银行资本的充足性。一般而言，目前绝大多数国家均按巴塞尔协议规定的资本比率对商业银行进行资本监管。

三是银行的清偿能力。银行清偿能力监管包括负债和资产两个方面。在负债方面，要考虑存款负债的异常变动，利率变动对负债的影响，银行筹集和调配资金的能力等；在资产方面，主要检查资产的流动性状况。

四是银行业务活动的范围。主要是指银行业与证券业、保险业混业与分业经营的问题。

五是贷款的集中程度。对贷款的集中程度进行监管是商业银行分散风险的需要。从技术操

作上来说,就是规定个别贷款占银行资本的最高比例。

曾任芬兰、新西兰央行高官的大卫·梅斯(2006)认为,银行的监管可以分三个层级:一是Regulation,制定行为的特定准则,即不可触碰的红线,多条准则对银行进行微观层面监管;二是Monitoring,观察规则的执行情况,属日常监管,是中国人民银行、银保监会行使的职责;三是Supervision,是更全面观察、监督金融机构。

目前,我国对商业银行监管的主要内容有以下三个方面:一是市场准入的监管,即对商业银行设立和组织机构的监管、对银行业务范围的监管;二是市场运作过程的监管,即资本充足性监管、对存款人保护的监管、流动性监管、贷款风险的控制、准备金管理、对商业银行财务会计的监管;三是市场退出的监管。

(二)商业银行监管的重要性

对商业银行进行监管具有重要意义,具体见表8-1。

表8-1　商业银行监管意义

发展市场经济的内在要求	有效竞争市场条件现实中不能完全满足
	实现市场效率最优目标的需要
	避免系统性金融风险发生的需要
金融业的特殊性	金融业健康发展对国民经济运行具有重要意义
	金融业本身具有内在风险
	金融业公共性可缓解信息不对称现象

同时,加强金融监管的国际合作也是金融全球化的必然选择。金融全球化推动世界各国和地区放松金融管制、开放金融业务,使资本在全球各地区、各国家的金融市场能够自由流动。金融全球化主要表现为金融机构全球化、金融业务全球化、金融市场全球化。

国际清算银行作为"各国中央银行的中央银行"也是如此。由国际清算银行发起拟订的《巴塞尔协议》及《有效银行监管核心原则》等文件为越来越多的国家所接受,标志着全球统一的金融监管标准趋于形成。按照《巴塞尔协议Ⅲ》银行安全网包括审慎的银行监管、存款保险制度和最后贷款人制度。

二、对商业银行进行监管的不同观点

(一)加强商业银行监管的理由

1. 逆向选择和道德风险在银行领域广泛存在

斯蒂格利茨和韦斯(Stiglitz & Weiss,1981)在《不完全信息市场中的信贷配给》论文中,提出了如何解决银行在信息不对称时的配给问题。企业知道其投资行为所蕴含的风险,但是银行则不了解借款企业的风险状况。风险较大的企业愿意以更高的利率借款,而利率的提高将使得低风险的企业退出该市场,从而产生逆向选择,使得银行放款的平均风险上升,并减少银行的预期利润;与此同时,利率和合同条款的变化,可能诱使高风险的企业从事风险更大的投资项目,进一步降低银行的预期利润(道德风险)。因此,银行将宁愿选择在较低利率水平上满足所有企业的借款申请。于是,就产生了信贷配给现象,这是市场信息甄别、逆向选择和道德风险相结合的必然结果。

2. 银行挤提

戴蒙德和迪布维格(Diamond & Dybvig,1983)的"银行挤兑模型"是一个典型的动态博弈模型。由于某种谣传引起的恐慌,最终出现的是客户之间(提前支取,提前支取)的纳什均衡,也就是客户挤提存款的情况。这正是现实中引起银行倒闭的许多"银行挤兑"(bank run)风潮的制度性根源,因而也是银行监管理论的经典。解决"银行挤兑"的最佳方案是建立存款保险制度,利用存款保险基金,防止银行挤提。"链索原理"和"木桶理论"表明,金融业的稳定与安全也必然取决于它最薄弱的环节,以及金融"短板",监管的过程就是发现薄弱环节和短板的过程。

(二)放松商业银行监管的观点

20 世纪七八十年代,英美均提出放松管制的思路。

20 世纪 70 年代央行体系的主要问题是对利率进行人为压低。金融自由化理论以麦金农的金融压制和金融深化理论为代表,主张放松对金融机构过严的管制,恢复金融竞争,以提高金融效率。

波斯纳在《法律的经济分析》中认为,许多银行管制远超私人债权人对利息安全的要求。为使银行的破产风险最小,应当避免重复管制,从而降低社会成本。

这些理论上的准备为英美两国 20 世纪 80 年代的金融体系自由化改革奠定了基础。

三、对银行业混业经营的不同观点

(一)反对银行业混业经营

(1)对银行分业经营的监管源于银行从事多元化业务会引起利益冲突(conflicts of interests),即通过向信息不充分的投资者转嫁风险来帮助那些在银行有贷款的企业。因为银行的混业经营,银行家可以用低成本拿到的存款进行炒股,存在存款套利现象。例如,20 世纪初的摩根财团既经营商业银行又进行投资银行业务,其利用自身优势将存款投入股市,获取暴利。美国政府认为超级银行是造成 20 世纪 30 年代大萧条的原因,于是出台了《银行法案》和《1933 年证券法》。这些法案禁止商业银行同时从事投资银行业务,即禁止金融混业。在此背景下,摩根财团一分为三,JP 摩根成为纯商业银行,摩根士丹利成为投资银行,还有一个摩根负责海外业务(于 1990 年被德国银行收购)。1933 年美国出台的这些法案,奠定了美国长达 60 多年的分业经营的监管历史。

(2)允许银行从事更宽泛的金融业务和商业活动,可能使银行成为一个极为庞大且复杂的机构,这样的机构更难监管。

(二)赞同银行业混业经营

陈雨露、马勇(2008)通过对 61 个国家的实证研究发现,混业经营的国家银行体系更为稳定。巴斯、卡普里奥、列文(Barth,Caprio,Levine,2000)认为,资本管制更强、实行混业经营的国家会降低发生银行系统性危机的概率,但与此同时也应采用政策去推动私人对银行的监管。

20 世纪 80 年代中国改革开放初期,商业银行可以设立信托投资公司、证券公司,并不是分业经营模式。随着后来金融业混乱情况越发严重,分业经营逐渐形成。当时一种主流的看法认为这些混乱来自混业经营,因此就逐渐把金融业务切分开来;同时,在立法上加以保证,形成了相对严格的分业经营体制。1995 年通过并于 2015 年修改的《中华人民共和国商业银行法》第 43

条规定,商业银行在中华人民共和国境内不得从事信托投资和证券经营业务,不得向非自用不动产投资或者向非银行金融机构和企业投资,但国家另有规定的除外。

四、国际主流商业银行监管模式

(一)一元多头模式

全国所有的商业银行监管全都集中于中央一级,地方政府无监管权力。但是拥有和行使监管权的不是同一个机构,而是由两家或两家以上的机构对商业银行进行监管,即多头管理。这种监管模式的优点是可以保证监管的效率,缺点在于监管效果较大程度地依赖于中央各部门相互协调。一般而言,采用这种监管模式的国家都是出于中央集权与各权力部门分权制衡的两方面需要,如日本、德国与法国等。

(二)二元多头模式

中央和地方都拥有监管商业银行的权力(二元管理),同时每一级监管权力又分散在不同的部门之中。这种模式的优点是可以有效地防止职权滥用,提高对银行监管的质量,缺点是容易造成职权重复,监管效率较为低下,如美国和加拿大。

(三)集中单一式

全国商业银行的监管由一家官方的监管机构集中掌握(中行或者其他的机构)。这种监管模式的优点是监管权集中,法规统一,监管效率得以大幅提高,缺点也比较明显,即缺少对于监管方的有效监管,以及监管任务过重。

五、反思 2007 年以来我国对商业银行的监管

(一)利率政策

我国的利率改革措施是清晰的,故而可以渐进有序进行,原则上遵循先外币后本币、先贷款后存款、先农村后城市、先大额后小额的步骤。但与此同时,我国仍未形成全面利率市场化的时间表。我国利率市场起步较晚,整体发展较慢,至今也未在中国货币市场和资本市场之间形成基准利率体系,也就不存在相关的金融衍生工具,比如利率期权或者期货。这导致我国金融衍生品市场不仅与发达国家相比较为落后,与一些发展中国家相比也存在不足。

(二)商业银行的跨区域经营问题

我国的中小商业银行长期以来不能跨区域经营。根据有关规定,城市商业银行必须在地级以市为单位设立,且一市只能存在一家城市商业银行。

我国城市商业银行的主要作用在于清理整顿城市信用社、化解地方风险以及负责地方经济的发展,比如为地方中小企业提供金融支持。随着银行业改革开放的发展,城市商业银行的风险管理能力逐步提升的同时,还满足了拓展发展空间、实现跨区域发展的需要。基于这种情况,原银监会和相关部门允许城市商业银行走出城市。2009 年 4 月,中小商业银行的准入政策在原银监会的管理下进行了修订,允许中小商业银行不受数量限制,同时对于股份制商业银行、城市商业银行分行和支行的设立,不再有统一的运营资金要求,全方位地达到了统一监管标准,实施同质同类管理。

我国和欧美的救市措施相似:保"大而不能倒"金融机构以稳住市场信心,降息并推出一系列量化宽松政策,同时进行财政刺激。但十多年来强化监管的结果,导致金融行业资源集中化,

进入"大而不能倒—需要强化监管—更加大而不能倒—更需要强化监管"的恶性循环,为下一场金融危机积累能量。例如,中国工商银行作为我国金融系统重要的金融机构和全球最大的银行,其重要性导致其不能倒闭,否则将会引起系统性金融风险。

> **案例 8-1**
>
> ### 英国诺森罗克银行挤兑事件
>
> 　　2007 年受美国次级债危机导致的全球信贷紧缩影响,英国第五大抵押贷款机构——诺森罗克银行(Northern Rock,又译北岩银行)发生储户挤兑事件。自 9 月 14 日全国范围的挤兑发生后,截止到 18 日,仅仅几天时间就有 30 多亿英镑从该银行流出,占该行 240 多亿英镑存款总量的 12% 左右,其电话银行和网上银行业务一度出现崩溃。受此影响,几天后,诺森罗克银行股价下跌了将近 70%,创下 7 年新低,成为英国遭遇该次信贷危机的最大受害者。为防止系统性银行危机,英国财政部、英格兰银行(英国央行)与金融管理局先后采取了注资以及存款账户担保等救助措施。至 18 日,诺森罗克银行的储户挤兑情况才有所缓解,各大银行的股价也出现不同程度的上涨,银行体系的恐慌局面得以控制。
>
> 　　英国诺森罗克银行事件是一起典型的商业银行监管不当案例,造成了大范围、大规模的金融恐慌。这对于商业银行的监管带来了一些启示。首先要密切关注金融创新过程中的金融风险。在 9 月份之前,英国央行实施"无为而治",一直拒绝向金融体系注入资金,即便在全球的大部分央行都向银行注资的情况下也无动于衷。结果,当英国银行体系的流动性危机造成恐慌时,英国当局才不得不采取措施甚至极端的措施来干预,英国中央银行也不得不改变初衷,多次向银行体系注资。这不仅因错过最佳的干预时期而付出了更大的成本,而且央行的出尔反尔的出资举动也给其自身带来了"信心危机"。因此,金融监管当局要加强金融体系内风险的监测和分析,提高对金融体系风险的预测能力,尽量把危机化解于初始阶段。次贷危机中,美联储和欧央行的及时干预做法就值得我国借鉴。

第二节　商业银行准入监管制度

　　《中华人民共和国商业银行法》(简称《商业银行法》)修改工作已列入十三届全国人大常委会立法规划和 2020 年立法工作计划。《商业银行法》于 1995 年施行,2003 年、2015 年两次修正,大量条款已不适应实际需求,亟待全面修订。针对近期中小银行风险事件中暴露出的公司治理机制和风险处置机制不健全等问题,亟需在立法中完善商业银行公司治理要求,强化内部控制与资本约束,健全处置与退出安排。2020 年,中国人民银行起草了《商业银行法(修改建议稿)》,向社会公开征求意见。修改建议稿中建立分类准入和差异化监管机制、强化资本与风险管理、加大违法处罚力度;扩充违规处罚情形,增设对商业银行股东、实际控制人以及风险事件直接责任人员的罚则;引入限制股东权利、薪酬追索扣回等措施,强化问责追责;提高罚款上限,增强立法执行力和监管有效性。目前的修改建议稿和将来全国人大正式通过的法律文本会略有不同,以正式法律文本为准。

一、加强商业银行市场准入监管

商业银行市场准入监管是防范金融风险的重要环节。银行风险防范的成本低于治理和救助的成本,在新商业银行的市场准入上把好关,能更好地保证商业银行未来稳健经营。理论上不管是加强监管还是放松监管、混业经营还是分业经营,既定前提是,商业银行存续期间,皆需为其设置一个更高门槛,否则将来发生问题,救助成本会非常高。大量实证研究表明,金融不稳定带来的成本是巨大的。Hoggarth、Reis 和 Saporta(2002)发现用于救助风险中银行体系的平均财政成本为 GDP 的 16%,新兴国家达 7.5%,发达国家为 12%,其中日本 20 世纪 90 年代达 20%。

发展中国家 20 世纪 80—90 年代因金融危机带来的财政成本高达 1 万亿美元,相当于 1950—2001 年所接受的外国援助总和,这意味着很多救助成本是不可承受之重。我国曾救助海南发展银行,直接成本 31.4 亿元,间接成本更高。Canoy 等(2001)提出,银行业不同于其他行业,无准入的激烈竞争对行业效率有益,但有可能导致不稳定。1697 年,英格兰银行以向政府贷款为条件,换取了英国议会批准其特许权的延期,同时议会通过一项法案规定"英格兰银行是英格兰地区唯一的股份制银行,禁止其他类似银行成立;允许英格兰银行发行不需要背书即可流通的银行券,给予其独享的特权",英格兰银行因此获得了更大发展的契机。

Hellmann、Murdock 和 Stieglitz(2000)认为,进入市场的银行数目太多会导致银行在贷款利率上过度竞争,最终使得贷款利率低于经过风险调整过的、合适的利率水平,而这又将导致市场不稳定。Keeley(1990)认为,银行业适度的垄断是有益的,拥有更高特许权价值的银行会更加审慎地经营,能够降低银行从事高风险业务的可能性。

可以发现,和普通工商企业不同,银行业的保守和审慎管理是与生俱来的,上述这些学者的研究从不同层面深刻揭示了这一点。

二、商业银行市场准入的实践法律条款

商业银行市场准入的实践法律条款主要有《巴塞尔协议》和《商业银行法(修改建议稿)》中的相关规定。

(一)充足的资本

商业银行独特的负债经营方式及其在宏观经济中的特殊地位,决定了它自身必须具有巨额的资本作为对债权人的财产担保。《商业银行法(修改建议稿)》第 13 条规定:"设立全国性商业银行的注册资本最低限额为一百亿元人民币。设立城市商业银行的注册资本最低限额为十亿元人民币,设立农村商业银行的注册资本最低限额为一亿元人民币。注册资本应当是实缴资本。"该修改建议稿关于商业银行注册资本最低限额的规定是现行的《商业银行法》要求的 10 倍,充分说明资本充足的重要性。

(二)资本充足率

资本充足率是 1988 年《巴塞尔协议》的核心原则,其表明银行监管当局必须制定反映银行多种风险的审慎且合适的最低资本充足率规定,并根据吸收损失的能力界定资本的构成。对于国际活跃银行而言,资本充足率的规定不应低于巴塞尔协议的相关要求。商业银行最基本的要求——实缴资本,必须是真金白银,不能用知识产权、固定资产等进行注册。

《商业银行法(修改建议稿)》第 44 条规定:"商业银行应当遵守国务院银行业监督管理机

构、中国人民银行规定的资本充足率最低要求,并按规定计提储备资本、逆周期资本、系统重要性附加资本、第二支柱资本等。全球系统重要性商业银行还应当符合中国人民银行规定的总损失吸收能力要求。本法所称资本充足率,是指商业银行持有的符合规定的资本与风险加权资产之间的比率。"

(三) 合格的从业人员

一个值得信赖的、健全的、有声望的、富于实践经验和竞争能力的职业管理层对金融机构的经营成败至关重要。2008 年 4 月,银监会办公厅下发《关于进一步规范商业银行个人理财业务有关问题的通知》,规定商业银行应建立理财从业人员持证上岗管理制度,完善理财业务人员的处罚和退出机制。加强对理财业务人员的持续专业培训和职业操守教育,要建立问责制,对发生多次或较严重误导销售的业务人员,及时取消其相关从业资格,并追究管理负责人的责任。

(四) 公司治理与硬件要求

商业银行独特的负债结构,决定了其高风险特征,而要有效保护存款人的利益、维护金融市场的稳定,就需要商业银行有完善的公司治理结构和内部控制机制。

巴茨等提出:回归结果显示,对外资银行进入国内市场或购买国内银行进行限制,以及高比例地拒绝银行准入申请,会降低银行业的整体发展水平;银行准入指数与银行的发展并不存在显著的相关性。

《银监会关于鼓励和引导民间资本进入银行业的实施意见》(银监发〔2012〕27 号)提出:支持民间资本与其他资本按同等条件进入银行业;为民间资本进入银行业创造良好环境;促进民间资本投资的银行业金融机构稳健经营;加大对民间投资的融资支持力度。此文件发布之后,目前支持微信支付和微信红包的微众银行、支持支付宝的网商银行相继成立,对我国移动支付的发展起到了重要作用。

三、《商业银行资本管理办法(试行)》与《巴塞尔协议Ⅲ》

《商业银行资本管理办法(试行)》基于《巴塞尔协议Ⅲ》的原则,但又有区别,主要体现在以下四个方面:一是一级资本充足率。我国对商业银行一级资本充足率的最低要求为 5%,比《巴塞尔协议Ⅲ》的规定高出 0.5%。二是在充分考虑国内资本充足率水平和信贷供给对经济的影响情况下,我国对国内银行已发行的不合格资本给予 10 年过渡期,允许其在此期间内将这部分资本计入资本总额。三是为进一步支持实体经济,解决小微企业融资难、融资贵问题,我国下调了小微企业贷款、个人贷款和公共部门实体债券的风险比重,同时上调了商业银行同业债权的风险比重。四是杠杆率。我国的杠杆率监管标准为 4%,较《巴塞尔协议Ⅲ》高出 1%。超额贷款损失过渡期制度的安排、小微企业贷款风险权重的降低以及杠杆率的提高等规定都以我国的实际经济情况和发展实体经济、鼓励小微企业创新发展原则为出发点,充分反映了我国监管框架的合理性、灵活性。

第三节　商业银行退出、接管、重组、撤销的监管

商业银行经营的是货币商品,涉及公共利益。金融监管意在维护公众信心和减少金融体系

运行的不确定性,但即便在最有效的金融监管体制下,也无法完全消除银行危机发生的可能。为保护存款人、投保人利益,恢复金融市场秩序进而维护金融稳定,银行监管机构有必要采取措施对问题银行进行处理,直至终止其存续状态。

一、商业银行的接管、重组、撤销、宣布破产的有关法律规定

按照《中华人民共和国银行业监督管理法》的规定,对发生风险的银行业金融机构进行处置的方式主要有接管、重组、撤销和依法宣告破产。[①]

(一)接管

《商业银行法(修改建议稿)》第 92 条规定:"商业银行出现下列情形之一,已经或者可能导致商业银行无法持续经营,严重影响存款人利益的,国务院银行业监督管理机构可以决定对该银行实行接管,并成立或者指定接管组织,具体实施接管工作:(一)资产质量持续恶化;(二)流动性严重不足;(三)存在严重违法违规行为;(四)经营管理存在重大缺陷;(五)资本严重不足,经采取纠正措施或者重组仍无法恢复的;(六)其他可能影响商业银行持续经营的情形。"接管期限最长不得超过 2 年。

接管是国务院银行业监督管理机构依法保护银行业金融机构经营安全与合法性的一项预防性拯救措施。接管的目的是对被接管的银行业金融机构采取必要措施,以保护存款人的利益,恢复银行业金融机构的正常经营能力。

案例 8-2

对包商银行实施接管

鉴于包商银行股份有限公司出现严重信用风险,为保护存款人和其他客户合法权益,依照《中华人民共和国中国人民银行法》《中华人民共和国银行业监督管理法》和《中华人民共和国商业银行法》有关规定,银保监会决定自 2019 年 5 月 24 日起对包商银行实行接管,接管期限一年。同时由人行、银保监会会同有关方面组建接管组,对包商银行实施接管。自接管开始之日起,接管组全面行使包商银行的经营管理权,并委托建设银行托管包商银行业务。建设银行组建托管工作组,在接管组指导下,按照托管协议开展工作。接管后,包商银行正常经营,客户业务照常办理,依法保障银行存款人和其他客户合法权益。

(二)重组

《中华人民共和国银行业监督管理法》第 40 条规定:"银行业金融机构被接管、重组或者被撤销的,国务院银行业监督管理机构有权要求该银行业金融机构的董事、高级管理人员和其他工作人员,按照国务院银行业监督管理机构的要求履行职责。"

《商业银行法(修改建议稿)》第 91 条规定:"商业银行出现严重风险的,可以向国务院银行业监督管理机构申请重组,或者由国务院银行业监督管理机构责令重组。重组由商业银行负责

[①] 《中华人民共和国银行业监督管理法》第 38 条规定:"银行业金融机构已经或者可能发生信用危机,严重影响存款人和其他客户合法权益的,国务院银行业监督管理机构可以依法对该银行业金融机构实行接管或者促成机构重组,接管和机构重组依照有关法律和国务院的规定执行。"第 39 条规定:"银行业金融机构有违法经营、经营管理不善等情形,不予撤销将严重危害金融秩序、损害公众利益的,国务院行业监督管理机构有权予以撤销。"

执行,重组方案应当有利于金融稳定和存款人保护。"

重组的目的是对被重组的银行业金融机构采取市场退出方式,以此维护市场信心与秩序,保护存款人等债权人的利益。

（三）撤销

《商业银行法(修改建议稿)》第99条规定:"商业银行因吊销经营许可证被撤销的,国务院银行业监督管理机构应当依法及时组织成立清算组,进行清算,按照清偿计划及时偿还存款本金和利息等债务。"

撤销是指监管部门对经其批准设立的具有法人资格的金融机构依法采取的终止其法人资格的行政强制措施。

在接管、机构重组或者撤销清算期间,经国务院银行业监督管理机构负责人批准,对直接负责的董事、高级管理人员和其他直接责任人员,可以采取下列措施:"直接负责的董事、高级管理人员和其他直接责任人员出境将对国家利益造成重大损失的,通知出境管理机关依法阻止其出境;申请司法机关禁止其转移、转让财产或者对其财产设定其他权利。"

（四）依法宣告破产

《中华人民共和国企业破产法》(简称《企业破产法》)第2条第1款规定:"企业法人不能清偿到期债务,并且资产不足以清偿全部债务或者明显缺乏清偿能力的,依照本法规定清理债务。"银行业金融机构的破产,是指银行业金融机构符合《企业破产法》第2条规定的情形,经国务院金融监督管理机构向人民法院提出对该金融机构进行破产清算的申请后,被人民法院依法宣告破产的法律行为。

二、商业银行接管、重组、撤销的原则

（一）依法退出原则

具有充分的透明度,让公众了解商业银行退出的原因、方式及相应的制度安排,防止产生金融恐慌。

（二）金融稳定原则

退出本身就是为了稳定金融市场,但在实施时需要涉及多方利益,如果处理不当,很有可能会引起金融体系动荡,引发风险的传染。

（三）及时处置原则

在商业银行出现问题的早期就及时处理,将降低问题银行处置的难度。

（四）成本最低、风险最小原则

直接成本是商业银行处理中的直接开支,间接成本事关金融体系的稳定性等。由于间接成本往往关系到系统性金融风险,退出引起的震动应控制在最小范围。

三、商业银行退出的形式、程序

（一）商业银行退出的形式

商业银行退出是指商业银行被吊销金融营业许可证、注销法人资格、停止办理金融业务,从而失去作为银行金融机构的资格。

商业银行退出的形式有:

（1）破产模式。应防止商业银行破产给整个行业带来恐慌。

（2）收购与兼并模式。如海南发展银行被工商银行兼并。

（3）分立模式。此模式属于商业银行主动性退出。

（4）监管机构注资模式。如美国联邦存款保险公司在 1991 年为新英格兰银行倒闭花费了 23 亿美元成本，以及在次贷危机中接管印迪马克银行、华盛顿互助银行。

（二）商业银行退出的程序

《商业银行法（修改建议稿）》第 98 条规定："商业银行因分立、合并或者出现公司章程规定的解散事由需要解散的，应当向国务院银行业监督管理机构提出申请，并附解散的理由和支付存款的本金和利息等债务清偿计划。经国务院银行业监督管理机构批准后解散。商业银行解散的，应当依法成立清算组，进行清算，按照清偿计划及时偿还存款本金和利息等债务。国务院银行业监督管理机构监督清算过程。"清算后进行工商注销，银保监会宣布其解散，收回金融许可证，并向社会公告。

四、商业银行接管、重组、撤销的成本分析

很多国家的商业银行退出都是通过存款保险制度。风险较高的银行通常支持建立存款保险制度，该制度使这些银行可以不必为吸收存款而支付风险溢价，而这些银行都是潜在的市场退出者。因此，商业银行的市场退出成本很高，存款保险制度虽保护了小银行和小额存款人，却是以纳税人的利益为代价。这反过来说明了对市场准入进行限制的必要性。

第五次全国金融工作会议提出，要明确对问题金融机构接管、重组、撤销、破产处置程序和机制，推动问题金融机构有序退出。对金融机构而言，接管、重组、撤销、破产处置是不同的处置程序，监管正在推进相关进展，但目前尚无法规出台。2018 年九部委共同编制的《"十三五"现代金融体系规划》提出，制定完善突发性金融风险应急处置预案，建立健全恢复与处置计划制度，督促系统重要性银行业、证券业、保险业金融机构按照要求制定和完善恢复与处置计划，开展可处置性评估，强化危机预防。明确对问题金融机构接管、重组、撤销、破产处置程序和机制，推动问题金融机构有序退出。

案例 8-3

英国巴林银行倒闭

1992 年 7 月，一名交易员将客户的 20 手日经指数期货合约的买入委托误为卖出。尼克·里森在当晚清算的时候发现了这一笔差错，本应当报告巴林银行总部，但出于种种考虑，决定正好利用错误账户"88888"承接了 40 手卖出合约，以使得账面平衡。数天以后，这笔空头头寸的损失由原来 2 万英镑增加到了 6 万英镑。然而里森当时的年薪不足以支付损失，因此未向总部报告。此后，里森便频频利用"88888"这一原本的"错误账户"来吸收下属的交易差错。不到半年的时间里，该账户就吸收了大大小小 30 次差错。而为了应付每个月月底巴林总部的账户审查，里森就将自己的佣金收入转入账户，以弥补最初的亏损。1992 年，伦敦总部的清算负责人乔丹·鲍塞要求里森另外再开设一个"错误账户"，以记录小额的差错并自行处理，这样就可以省却伦敦总部的麻烦。"88888"这一差错账户一直留存在系统当中，这个错误账户后来就成为里森造假的工具。到了 1994 年时，亏损额已经由 2 000 万英镑变为 5 000 万英镑。

1994 年下半年起,里森大量购买日经指数期货合约。到了 1995 年 2 月 10 日,里森已经在新加坡国家金融交易所持有 55 000 手日经股价指数期货合约,创出了该所的历史纪录。

所有这些交易都进入"88888"账户,为了维持数额如此巨大的交易,每天需要 3 000 万~4 000 万英镑。1995 年 2 月中旬,巴林银行总部转至新加坡 5 亿多英镑,已经超过了其 4.7 亿英镑的股本金。2 月 23 日,日经股价指数急剧下降,而里森持有的多头合约已达 6 万余手;然而面对日本政府债券价格的一路上涨,他持有的空头合约也多达 26 000 手。由此造成的损失已经高达至令人震惊的 8.6 亿英镑,这也就决定了巴林银行的最终垮台。

1995 年 2 月 26 日,英国中央银行即英格兰银行在没拿出其他拯救方案的情况下只好宣布对巴林银行进行倒闭清算,并寻找买主承担债务。同时,伦敦清算所表示经过与有关方面协商,将巴林银行作为无力偿还欠款处理。最终,巴林银行由于金融衍生工具投资失败引致的亏损高达 9.16 亿英镑,约合 14 亿多美元。

1995 年 3 月 6 日,荷兰荷兴集团与巴林银行达成协议,愿出资 7.65 亿英镑现金,接管其全部资产与负债,使其恢复动作,并将其更名为"巴林银行有限公司"。

这一案例可以说明,一家银行松散的内部控制、管理层的失职、缺乏信息的协调与沟通等,这些都有可能引起巨大的风险从而导致其倒闭。因此,我们必须加强对商业银行等机构的内部控制力度、对金融机构特别是跨国金融机构的监管、对于金融机构的外部监管以及对金融机构高级管理人员和重要岗位业务人员的监督审查。其中,最重要的就是要建立关于商业银行的严密的内部监管制度。从这个案例中我们便可以看出巴林银行的内部控制是非常松散的。无论是各国金融监管机构还是国际金融组织都普遍认为,金融机构内部管理是风险控制的核心问题,而风险控制又是金融机构发展运营的关键所在。就是因为巴林银行的内部控制制度失灵、预警系统失效,才最终导致了悲剧的发生。巴林银行的倒闭不是一人所为,而是一个组织结构漏洞百出、内部管理失控的机构所致。因此,我们加强对于商业银行等金融机构的内部控制,才能使得其保持着健康的运营状态,以避免引起银行恐慌等事故,促进社会经济良好发展。

第四节 《商业银行法》涉及的监管

一、商业银行的立法目的、立法宗旨、监管原则

(一) 商业银行的立法目的

一是基于银行业的公共性和风险的传染性,加强对商业银行和其他金融机构的监督管理。二是基于银行职能及其在经济发展中的重要地位,以立法的形式保障银行业稳健运行。三是基于维系银行信用、确保存款资金来源的安全,进行存款保险制度立法。

英国 1979 年《银行法》在经营接收存款业务、限制使用"银行"这一名称、对存款人予以保护等方面均进行了规范;日本《银行法》明确提出从银行业务的公共性出发,在维护信用、切实保护存款人的同时,使银行业务健全、妥当地开展。金融危机之后,美国制定了《2008 年紧急经济稳定法》;俄罗斯制定了《支持俄罗斯金融体系额外措施法案》,修改了《俄罗斯联邦中心银行法》和

《俄罗斯联邦自然人存款保险法》。

（二）我国商业银行法的立法宗旨、监管原则

1. 立法宗旨

《商业银行法（修改建议稿）》第1条规定："为了保护商业银行、存款人和其他客户的合法权益，规范商业银行的行为，提高金融服务质量，加强监督管理，保障商业银行的稳健运行，服务实体经济，防范金融风险，维护金融秩序，促进社会主义市场经济的发展，制定本法。"相对于现行《商业银行法》，增加了"服务实体经济，防范金融风险"的内容，进一步明确了商业银行法的立法宗旨。

2. 经营的监管原则

《商业银行法（修改建议稿）》第4条规定："商业银行以安全性、流动性、效益性为经营原则，实行自主经营、自担风险、自负盈亏、自我约束。商业银行依法开展业务，不受任何单位和个人的干涉。"不同的监管顺序表明了不同的价值取向，相对于1995年首部《商业银行法》效益性第一的排序，安全性位列第一充分说明了商业银行必须坚持安全至上的审慎经营原则。

二、商业银行的法律地位

商业银行是依照《商业银行法》和《公司法》设立的吸收公众存款、发放贷款、办理结算业务的企业法人，实行自主经营、自担风险、自负盈亏、自我约束，遵循平等、自愿、公平和诚实信用原则，具有独立的民事主体地位。

根据《商业银行法（修改建议稿）》第7条，商业银行开展信贷业务，应当严格审查借款人的资信，实行担保制度，以保障按期收回贷款。商业银行依法向借款人收回到期贷款的本金和利息，受法律保护。

三、商业银行监管的特殊性

《商业银行法（修改建议稿）》第11条规定："设立商业银行，应当经国务院银行业监督管理机构审查批准。未经国务院银行业监督管理机构批准，任何单位和个人不得从事吸收公众存款等商业银行业务，任何单位不得在名称中使用'银行'字样。"这从根本上区别了银行和其他金融机构或普通商业企业，对商业银行进行更严格的监管。

（一）准入的特殊性

《商业银行法（修改建议稿）》第13条规定："设立全国性商业银行的注册资本最低限额为一百亿元人民币。设立城市商业银行的注册资本最低限额为十亿元人民币，设立农村商业银行的注册资本最低限额为一亿元人民币。注册资本应当是实缴资本。国务院银行业监督管理机构根据审慎监管的要求可以调整注册资本最低限额，但不得少于前款规定的限额。根据经济社会发展需要设立的村镇银行等其他类型商业银行，注册资本最低限额由国务院银行业监督管理机构确定，报国务院批准。"这比现行《商业银行法》的注册资本大幅提高。

（二）经营的特殊性

银行业是经营负债的企业，自有资本少，绝大部分来源于吸收存款，因此对负债业务的监管强调对债权人利益的维护，对资产业务的监管主要是根据"分业经营"原则进行限制性规定。

（三）退出的特殊性

为保障银行业经营的安全性，保护存款人利益，规定了接管、终止等条款，在合并和破产中优先支付个人储蓄存款的本金和利息。

四、商业银行的内部控制和外部监管

（一）内部监督管理

内部监督管理也称为内控制度，即商业银行应制定本行的业务规则，建立健全本行的风险管理和内控制度，建立健全本行对存款、贷款、结算、呆账等各项情况的稽核、检查制度，并对分支机构应当进行经常性的稽核和检查监督。

📖 **案例 8-4**

华夏银行"飞单"案

2013 年 9 月至 2014 年，申某在担任华夏银行公主坟支行个人客户经理期间，私自向投资人邵某、丁某等 43 人销售非华夏银行组织销售的"理财产品"，帮助陈某、张某等人通过"北京蒲黄榆一里、四里房改带危改"等项目募集资金，非法吸收公众存款共计 5 000 余万元。投资人称，理财产品到期后，所有投资款本金及利息均未兑付。在向华夏银行公主坟支行维权过程中，华夏银行公主坟支行告知投资人购买的不是其发行的理财产品。2015 年 12 月 19 日，申某被抓获归案，部分赃款已退赔。投资人表示，作为华夏银行公主坟支行的客户，通过其理财业务部经理申某介绍多次在华夏银行公主坟支行购买理财产品。投资人购买上述理财产品时，相信该产品为华夏银行公主坟支行推出的理财产品，由申某代理华夏银行公主坟支行进行销售。现投资人因申某的犯罪行为造成经济损失，投资人认为华夏银行公主坟支行在管理上存在重大过错，应当对投资人的损失承担赔偿责任。而华夏银行公主坟支行方面称，本案涉案基金合同合法有效，并不因为刑事案件而导致合同效力丧失。并且，申某为华夏银行个人客户经理，于 2014 年 9 月辞职，其在职期间，私自销售非本行产品，该行为为个人行为，非职务行为，其出售的与本案相关的资金产品无论是资金监管人、资金保证人、资金托管人均与华夏银行无关。此外，投资人自行签署的资金合同为投资理财经营行为，经营后果应当自负。本案中投资人签署的基金合同年化回报率 11%，远远高于华夏银行正常理财产品。投资人购买理财之前均有购置华夏银行正规理财产品的经验，正常情况下回报率在 4.6% ~5.8% 之间，本案购买的产品高于正常一倍。一审法院认为，投资人要求华夏银行公主坟支行赔偿其本金及利息损失的诉讼请求缺乏事实和法律依据，不予支持。驳回诉讼请求。随后，部分投资人不服一审判决，向北京市第一中级人民法院提起上诉。投资人认为，华夏银行公主坟支行的客户经理在华夏银行的营业场所公然销售违法的理财产品，而且时间长达一年之久。华夏银行不但不禁止"飞单"行为，反而故意误导客户购买其违规销售的理财产品，给 43 人造成经济损失 5 000 余万元。对此，华夏银行存在严重过错，依法应当承担全部赔偿责任，至少也应当承担主要责任。二审法院判定华夏银行公主坟支行存在 20% 的过错程度范围先行承担赔偿责任。此后，华夏银行公主坟支行可根据相关法律关系另行向申某追偿。

（二）外部监督管理

1. 银保监会的监督

《商业银行法（修改建议稿）》第 84 条规定："商业银行应当按照规定向国务院银行业监督管理机构、中国人民银行和存款保险基金管理机构报送资产负债表、利润表、财务会计报告以及其他资料、数据、信息。系统重要性商业银行应当按照规定，向中国人民银行报送附加监管相关的财务会计报告以及其他资料、数据、信息。"

银保监会对商业银行进行检查监督，商业银行应当按照其要求提供财务会计资料、业务合同和有关经营管理方面的其他信息。

2. 中国人民银行的监督

《商业银行法（修改建议稿）》第 86 条规定："国务院银行业监督管理机构有权依照本法规定，对商业银行进行检查监督。中国人民银行有权依照《中华人民共和国中国人民银行法》和本法的规定，对商业银行进行检查监督。"

3. 审计机关

商业银行还应接受审计监督。《商业银行法（修改建议稿）》第 88 条规定："商业银行应当依法接受审计机关的审计监督。"

📖 案例 8-5

跨境洗钱——西太银行事件

2019 年 11 月 20 日，澳大利亚第二大银行西太银行（Westpac）遭到澳大利亚交易报告分析中心（AUSTRAC）爆出大规模涉嫌参与跨国洗钱案。据澳大利亚交易报告分析中心调查，西太银行由于自身监管不力，未能对将合作银行的转账记录及时交给澳大利亚交易报告分析中心，致使后者无法准确得知前者的交易对象及存在的风险，无法对前者进行及时风险评估与发出警告，未能对境外收款以及汇款者的背景进行彻查，此举导致大量的地下交易通过西太银行进行转账支付。从 2013 年 11 月至 2018 年 9 月之间，类似的违规汇款达到 110 亿澳元，共出现 2 300 万次违规国际汇款，极大地危害了国际交易安全，为不法分子提供了转移资金渠道，其失职行为会导致大量欠发达地区的剥削行为。由于本案涉案金额巨大，性质恶劣，西太银行首席执行官和董事会主席以及一部分负有责任的高管先后离职，同时，西太银行的股价也遭遇巨大跌幅。

同时出现问题的还有澳大利亚国民银行（NAB），由于其银行系统中存在与西太银行类似的漏洞，可能导致严重的洗钱后果，甚至违反相关的反洗钱及反恐怖主义融资法案（AML/CTF），因此其启动自查程序。经调查，该银行的违规转账金额同样数量庞大，受到了澳大利亚交易报告分析中心处罚。

五、商业银行风险监管核心指标

商业银行风险是指商业银行预期收入不确定的程度，是影响资产安全的重要不利因素。它分为三个层次：风险水平类指标（流动性风险、信用风险、市场风险、操作风险）；风险迁徙类指标（正常贷款迁徙率和不良贷款迁徙率）；风险抵补类指标（衡量抵补风险损失的能力，包括盈利能力、准备金充足率和资本充足率）。商业银行监管的核心指标见表8-2。

《商业银行法（修改建议稿）》第46条规定："商业银行开展业务活动和实施经营管理行为，应当按照中国人民银行、国务院银行业监督管理机构的规定，遵守宏观审慎管理和风险管理要求，包括资本监管指标、资产管理指标、流动性监管指标、集中度监管指标、跨境资金逆周期监管指标以及其他宏观审慎管理和风险监管指标。商业银行应当按照规定，分别计算并表和未并表的各项指标，确保计算结果真实、准确。"

表8-2　商业银行监管的核心指标

指标类别	指标级次		监管值
	一级	二级	
流动性风险	核心负债依存度		≥60%
	流动性比例		≥25%
	流动性缺口率		≥-10%
信用风险	不良贷款率	不良贷款率	≤4%
	客户授信集中度		集团客户≤15%；客户≤10%
市场风险	累计外汇敞口头寸比		≤20%
资本充足	资本充足率	核心资本充足率	核心≥4%；资本充足率≥8%
准备金	资产损失准备充足率	贷款准备充足率	资产损失准备充足率≥100%
			贷款准备充足率≥100%
盈利能力	成本收入比		≤45%
	资产利润率		≥0.6%
	资本利润率		≥11%

本 章 小 结

由于银行经营的特殊性，对商业银行进行监管是必要的，屡次金融危机也证实了监管的必要性。没有监管理论的支撑，则金融体系就是空中楼阁。加强监管与放松管制出发点不同，但都以促进金融稳定为目标。混业经营还是分业经营是过去数十年理论和实践争论的焦点问题之一，需要辩证思维。既不能只强调加强监管，也不能只强调放松监管，应适度监管。

中国当前债务水平大幅上升，产能过剩，房地产泡沫、基础设施泡沫严重，只有改革才能纠正这些结构性失衡问题，才能避免发生经济危机。在监管过程中，应该设置最优监管区域，使之处于边际成本等于边际收益的附近。未来既不能监管过度，也不能放松监管，要达到适度监管。

即 测 即 评

请扫描右侧二维码检测本章学习效果。

本章思考题

1. 我国《商业银行法(修改建议稿)》中为什么将全国性商业银行的注册资本最低限额增加到 100 亿元?

2.《存款保险条例》对我国银行业健康发展有何意义? 试结合相关案例进行说明。

本章参考文献

1. 陈雨露,马勇. 混业经营与金融体系稳定性:基于银行危机的全球实证分析[J]. 经济理论与经济管理,2008(3).

2. 波斯纳. 法律的经济分析[M]. 7 版. 北京:法律出版社,2012.

3. 梅斯. 改进银行监管[M]. 北京:中国人民大学出版社,2006.

4. 席涛. 复杂的市场细致的变法漫长的改革:美国 66 年金融体制演变的启迪[J]. 国际经济评论,2005(5).

5. BARTH J R,CAPRIO G J,LEVINE R. Banking systems around the globe:do regulation and ownership affect performance and stability? [C]. The World Bank,2000.

6. CANOY M F M,VAN DIJK M F,LEMMEN J J G,et al. Competition and stability in banking [J]. Social Science Electronic Publishing,2001,13(2).

7. DEMIRGÜÇ-KUNT A,LEAVEN L,LEVINE R. Regulations,market structure,institutions,and the cost of financial intermediation[J]. Journal of Money,Credit & Banking,2004.

8. DIAMOND D W,DYBVIG P H. Bank runs,deposit insurance,and liquidity[J]. Journal of Political Economy,1983,91(3).

9. HELLMANN T F,MURDOCK K C,STIGLITZ J E. Liberalization,moral hazard in banking,and prudential regulation:Are capital requirements enough? [J]. American Economic Review,2000,90(1).

10. HOGGARTH G,REIS R,SAPORTA V. Costs of banking system instability:Some empirical evidence[J]. Journal of Banking & Finance,2002,26.

11. KLAPPER L F,LAEVEN L A,RAJAN R G. Business environment and firm entry:Evidence from international data[J]. SSRN Electronic Journal,2004.

12. KEELEY M C. Deposit insurance,risk,and market power in banking[J]. American Economic Review,1990,80(5).

13. MCKINNON R I. The mechanics of international money:A study of the Bretton Woods system. [J]. Journal of International Economics,1973,3(1).

14. STIGLITZ J E,WEISS A. Credit rationing in markets with imperfect information[J]. American Economic Review,1981,71(3).

本章必读文献:参考文献 2、3、8、13、14。

商业银行运营监管

我国商业银行的市场准入监管是防范和化解系统性金融风险的重要环节,其实践法律条款主要有《巴塞尔协议》和《商业银行法(修改建议稿)》。为强化资本与风险管理,更好地对商业银行运营进行有效监管,《商业银行法(修改建议稿)》新设第四章"资本与风险管理",落实《巴塞尔协议Ⅲ》资本监管要求,确立资本约束原则,明确宏观审慎管理与风险监管要求。信用风险是金融业最基础的风险,金融机构要采取更审慎的财务会计制度,做实资产分类,充分暴露不良资产,加大不良资产处置力度,为提高金融体系稳健性创造更有利条件。

第一节 《巴塞尔协议》核心原则

一、《巴塞尔协议》核心原则概述

商业银行经营监管的核心原则主要体现在《巴塞尔协议》中。不论是发展中国家还是发达国家,银行体系存在的问题都会给一国和全球的金融稳定造成威胁。巴塞尔委员会认为,在世界各国实施核心原则将有助于大大提高国内外金融稳定,并为强化有效的监管体系奠定良好基础。

《巴塞尔协议》规定了有效监管体系应遵循的 25 条原则,包含了目标、独立性、权力、透明度和合作(原则 1),许可的业务范围(原则 2 至原则 5),审慎监管规章制度(原则 6 至原则 18),持续监管的各种方法(原则 19 至原则 21),会计处理与信息披露(原则 22),监管当局的纠正及整改权力(原则 23),并表及跨境监管(原则 24、原则 25)。

二、《巴塞尔协议》核心原则分论

(一) 信用风险

信用风险是第一大风险(原则 8),指债务人或交易对手未能履行合同所规定的义务或信用质量发生变化,从而给银行带来损失的可能性。它几乎存在于银行的所有业务当中,因而是银行最复杂、最主要的风险。所有失败的银行都是从信用风险开始的,所以信用风险是银行监管的第一风险。商业银行应披露信用风险管理、信用风险暴露、信贷质量和收益的情况。

　　银行应当具备一整套管理信用风险的程序,该程序要考虑到银行的风险状况,涵盖识别、计量、监测和控制信用风险(包括交易对手风险)的审慎政策与程序。这应包括发放贷款,开展投资、贷款和投资质量的评估,以及对贷款和投资的持续管理。例如,招商银行有一套严格的监管体系。第一步先通过风控模型把明显的风险因素进行排除;第二步,审贷员将不符合条件或存在风险的贷款申请进一步排除;第三步,审贷委员会进行投票,做最后一步风险排除。如此之后,贷款的信用风险被大大降低。

(二)市场风险

　　市场风险(原则13),指因市场价格的不利变动而使银行表内和表外业务发生损失的风险。包括利率风险、汇率风险、股票价格风险、商品价格风险四大类。具体包括所承担市场风险的类别、水平及不同类别市场风险的风险头寸和风险水平;有关市场价格的敏感性分析;风险管理的政策和程序;风险资本状况。银行应当具备准确识别、计量、监测和控制市场风险的各项政策和程序。

(三)流动性风险

　　流动性风险(原则14),指无法在不增加成本或资产价值不发生损失的条件下及时满足客户的流动性需求,从而使银行遭受损失的可能性。流动性对于银行来说至关重要,如果出现流动性风险,银行将濒临破产。

　　流动性风险包括资产流动性风险(资产到期不能如期足额收回,不能满足到期负债的偿还和新的合理贷款及其他融资需要)和负债流动性风险(过去筹集的资金特别是存款资金由于内外因素的变化而发生不规则变动,受到冲击并引发相关损失的可能性)。

　　商业银行应披露能反映其流动性状况的有关指标,分析影响流动性的因素,说明本行流动性管理策略。具备反映银行自身的风险状况的管理流动性战略,建立处理流动性问题的应急预案。

　　1998年我国四大行资本充足率降至负值,时任总理朱镕基做出重要决定,将1.39万亿元不良资产剥离,通过发行特种国债注入2 700亿元资本金,通过改善资本状况,我国四大商业银行得以度过危机,发展壮大。

> **专栏9-1**
> #### 流动性覆盖率和净稳定资金比例计算公式
> 　　流动性覆盖率的计算公式为:
> $$流动性覆盖率 = \frac{合格优质流动性资产}{未来30天现金净流出量} \times 100\%$$
> 　　流动性覆盖率的最低监管标准为不低于100%。
> 　　净稳定资金比例监管指标旨在确保商业银行具有充足的稳定资金来源,以满足各类资产和表外风险敞口对稳定资金的需求。
> 　　净稳定资金比例的计算公式为:
> $$净稳定资金比例 = \frac{可用的稳定资金}{所需的稳定资金} \times 100\%$$
> 　　净稳定资金比例的最低监管标准为不低于100%。

（四）操作风险

操作风险（原则 15），指由不完善或有问题的内部程序、人员及系统或外部事件所造成损失的风险。例如，信息科技系统事件，2018 年 1 月日本区块链公司 5 亿美元资产被盗；农业银行邯郸支行金库，被保安监守自盗 5 600 万元现金。

操作风险可分为 7 种表现形式：内部欺诈；外部欺诈；聘用员工和工作场所安全性；客户、产品及业务问题；实物资产损坏；信息科技系统事件（业务中断和系统失灵）；执行、交割及流程管理不完善。

案例 9-1

防止银行操作风险发生

2020 年 5 月，90 后脱口秀演员池子在社交媒体上声讨前东家笑果文化拖欠其演艺报酬且在其提出仲裁后索赔 3 000 万元的同时，怒斥中信银行"侵犯个人隐私"，将其个人账户交易明细交给笑果文化，且称"中信银行说这是配合大客户的要求"。

中信银行道歉并表示，在客户信息保护方面，该行建立了一整套制度及流程，但个别员工未严格按照制度操作，反映出其个别机构在制度执行上不到位。中信银行已按制度规定对相关员工予以处分，对支行行长予以撤职，声称"将举一反三，全面检查，加大培训，强抓制度执行，坚决避免此类问题再次发生，切实保护金融消费者合法权益"。

结合近年公布的法律判决书的内容看，银行员工私自对外提供个人客户信息的情况时有发生，尤其是在银行支行一级，由于信息安全把关不严，"内鬼"钻漏洞泄露客户个人信息的乱象较多，因此亟需严治。

此外，2020 年 4 月，有社交媒体账号发布消息称，数百万国内银行客户的数据正在被出售，涉及兴业银行、上海银行、浦发银行等，相关信息超过百万条。尽管随后涉事银行和金融机构回应表明，数据与真实客户信息要素不匹配，不排除是经过黑客拼凑、伪造，但仍引起对于个人信息安全的广泛关注。

综上，商业银行和金融机构为保障数据信息安全，一需防止黑客入侵，二需监察内部泄露，由此可见商业银行对于防范操作风险的合理性与必要性。

第二节　《银行业监督管理法》中的主要监管制度

一、《银行业监督管理法》立法宗旨与目标

银行业是高风险行业，银行风险具有强烈的传染性，一家机构的倒闭可能产生多米诺骨牌效应，引发整个金融体系的危机。

《银行业监督管理法》第 1 条规定："为了加强对银行业的监督管理，规范监督管理行为，防范和化解银行业风险，保护存款人和其他客户的合法权益，促进银行业健康发展，制定本法。"该条文反映了银监法的立法宗旨。

《银行业监督管理法》第 3 条指出银行业监督管理的目标："银行业监督管理的目标是

促进银行业的合法、稳健运行,维护公众对银行业的信心。银行业监督管理应当保护银行业公平竞争,提高银行业竞争能力。"由此可见,社会公众对银行的信心是商业银行正常经营的必要条件。

二、监管机构——银保监会

(一)法律地位

中国银行保险监督管理委员会(简称银保监会)是中国银行业和保险业的监管机构,其法律地位如下:

(1)银保监会受国务院直接领导,向国务院负责并报告工作。

(2)独立履行监督管理职责,不受地方政府、各级政府部门、社会团体干涉。

(3)统一监管全国银行业、保险业金融机构及其业务。

(4)监管对象既包括商业银行、城乡信用合作社、政策性银行、保险公司,也包括金融资产管理公司、信托投资公司、财务公司、金融租赁公司等,即除了证券期货以外的所有金融机构,都归银保监会负责。

(二)监管目标

促进银行业的合法、稳健运行,维护公众对银行业的信心。

(三)监管职责

审查批准银行业、保险业金融机构的设立、变更、终止以及业务范围。实际上,即市场准入、市场运行和市场退出。

(四)监管规则

《银行业监督管理法》第21条规定:"银行业金融机构的审慎经营规则,由法律、行政法规规定,也可以由国务院银行业监督管理机构依照法律、行政法规制定。前款规定的审慎经营规则,包括风险管理、内部控制、资本充足率、资产质量、损失准备金、风险集中、关联交易、资产流动性等内容。银行业金融机构应当严格遵守审慎经营规则。"

我国制定银行业监督管理法时参考了英美法系,审慎经营规则是整个英美金融法的铁律,其要求银行业金融机构要严格遵守审慎经营规则,意味着银行家在经营银行时需要像经营自己的业务那样谨慎。可以说,审慎经营规则是《银行业监督管理法》中最为重要的原则之一。

(五)监管措施

(1)非现场监管(常态)、现场检查、并表监管。非现场监管主要是为了减少监管成本。

(2)建立评级体系和风险预警机制。银保监会应当建立银行业、保险业金融机构监督管理评级体系和风险预警机制,根据银行业、保险业金融机构的评级情况和风险状况,确定对其现场检查的频率、范围和需要采取的其他措施。监管者的成本与违法者概率成反比。

(3)建立银行业及保险业突发事件的发现、报告处置制度。银保监会对可能引发系统性银行业风险、严重影响社会稳定的突发事件,应当立即向负责人报告;负责人认为需要向国务院报告的,应当立即向国务院报告。

(六)罚则

这里的罚则对惩处违反本法的机构和人员更多是原则性的,"二十万元以上五十万元以下罚款"对于一些带来巨额利益的行为更像是一种鼓励而非惩罚①,相对于美国罚则中营业额10%的处罚,我国《银行业监督管理法》的处罚不疼不痒,犯罪成本过低容易使社会产生鼓励犯罪的倾向。

📖 **案例9-2**

广发银行被罚7.22亿元

2016年12月20日,广东惠州侨兴集团下属的2家公司在"招财宝"平台发行的10亿元私募债到期无法兑付,该私募债由浙商财险公司提供保证保险,该公司称广发银行惠州分行为其出具了兜底保函。之后多家金融机构拿着保函等文件,先后向广发银行询问并主张债权。由此暴露出广发银行惠州分行员工与侨兴集团人员内外勾结、私刻公章、违规担保案件,涉案金额约120亿元,其中银行业金融机构约100亿元,主要用于掩盖该行的巨额不良资产和经营损失。

银监会于2017年11月21日向广发银行发出行政处罚决定书,依法查处了广发银行惠州分行违规担保案件。共没收违法所得17 553.79万元,并处以3倍罚款52 661.37万元,其他违规罚款2 000万元,罚没总计7.22亿元。这是银监会成立以来对金融机构违规行为处罚金额之最。

同时,在人员方面,对广发银行惠州分行原行长、2名副行长和2名原纪委书记分别给予取消5年高管任职资格、警告和经济处罚,对6名涉案员工禁止终身从事银行业工作,对广发银行总行负有管理责任的高级管理人员也依法处罚。

当违规成本较低时,威慑作用不强,银行业的违规行为便会屡禁不止。只有加大惩罚力度,才能够有效减少此类事件。银监会这次罚单不仅亮明了加强监管、加大打击力的态度,也起到了杀一儆百的作用。

三、其他监管规则

除《银行业监督管理法》之外,还有大量的法规、规章和规范性文件对银行业进行监管,监管的原则、方法、措施均贯穿其中。具体来看,银行类法律规章有1 000多部,具有4 000多条可执行条款来对银行业进行监督管理。如关于监管原则问题,监管机构发布规范性文件,规范事前监管、事中监管、事后处置,提高监管效率。

商业银行的五级分类监管始于2002年起草的《股份制商业银行风险评级体系(暂行)》,2004年初正式颁布实施。该评级体系参照了国际CAMELS评级法,即资本充足性(capital adequacy)、资产质量(asset quality)、管理水平(management)、盈利状况(earnings)、流动性(liquidi-

---

① 《银行业监督管理法》第46条规定:"银行业金融机构有下列情形之一,由国务院银行业监督管理机构责令改正,并处二十万元以上五十万元以下罚款;情节特别严重或者逾期不改正的,可以责令停业整顿或者吊销其经营许可证;构成犯罪的,依法追究刑事责任:(一)未经任职资格审查任命董事、高级管理人员的;(二)拒绝或者阻碍非现场监管或者现场检查的;(三)提供虚假的或者隐瞒重要事实的报表、报告等文件、资料的;(四)未按照规定进行信息披露的;(五)严重违反审慎经营规则的;(六)拒绝执行本法第三十七条规定的措施的。"

ty）、市场风险敏感度（sensitivity of market risk），参考美国、新加坡、中国香港、英国等银行业监管评级办法，根据综合分值将评级对象确定为"良好""一般""关注""欠佳""差"五个档次。

第三节　商业银行资本管理与信用风险、市场风险

《商业银行资本管理办法（试行）》是 2012 年推出的部门规章，共 10 章 180 条，操作性强。该办法规定在 2018 年年底前要达到资本充足率监管要求。该办法第 3 条指出，商业银行资本应抵御其所面临的风险，包括个体风险和系统性风险。

一、商业银行资本管理：信用风险

（一）资本充足率

资本充足率（capital adequacy ratio）是指商业银行持有的资本与其风险加权资产之间的比率：

$$CAR = (T1 + T2) \div a$$

一级资本 T1 包括的所有资本工具都能够有助于银行避免违约和技术破产，在持续经营条件下吸收损失，包括：核心一级资本 T1a，如实收资本或普通股、资本公积、盈余公积、未分配利润、少数股东资本可计入部分，即商业银行可用于弥补损失的真金白银；其他一级资本工具 T1b，如优先股、永续债等介于股权和债权之间的资本工具及其溢价。二级资本工具 T2 仅能够在银行清算条件下吸收损失，如可转债、次级债等。a 为风险加权资产

对于商业银行资本管理和信用风险方面有关依据参见表 9-1、表 9-2 和表 9-3。

表 9-1　《巴塞尔协议Ⅲ》对资本要求的框架

资本要求	核心一级资本充足率	一级资本充足率	总资本充足率
最低要求	4.5%	6.00%	8.00%
资本留存缓冲	2.5%		
最低要求+缓冲资本	7%	8.5%	10.5%
逆周期资本	0～2.5%		
系统重要性银行资本要求	X%		

表 9-2　新资本监管标准关于资本工具的具体规定

监管资本	主要资本工具
核心一级资本	实收资本或普通股、资本公积、盈余公积、未分配利润、一般风险准备等
其他一级资本	无
二级资本	贷款损失一级准备、次级债、混合债、可转债等

表 9-3　资本监管新旧标准对比

监管要求	核心一级资本充足率	一级资本充足率	总资本充足率	达标时间
现行监管要求	7%	7%	10%	现已执行
新监管要求	7.5%	8.5%	10.5%	2016 年年底
监管要求提高	0.5 个百分点	1.5 个百分点	0.5 个百分点	—

我国《公司法》中并未涉及优先股,《证券法》也没有对优先股做出明确规定。《国务院关于开展优先股试点的指导意见》(国发〔2013〕46 号)出台,规定优先股是指依照公司法,在一般规定的普通种类股份之外另行规定的其他种类股份,其股份持有人优先于普通股股东分配公司利润和剩余财产,但参与公司决策管理等权利受到限制。

2014 年 3 月 21 日,证监会发布了《优先股试点管理办法》,明确规定上市公司可以公开发行优先股,试点发行启动。这样,中国的其他一级资本工具 T1b 包括优先股、可减记永续债、可转换一级资本债券。

根据中国工商银行 2018 年 8 月 31 日公告:拟发行不超过 10 亿股境内优先股,募集资金不超过 1 000 亿元人民币,扣除发行费用后将全部用于补充其他一级资本。

(二)《商业银行资本管理办法(试行)》规定了不同资产风险权重

(1)风险权重为 0:现金及其等价物;WB、IMF、多边国际银行、AA-以上主权国家债权券;我国央行、财政部、政策性银行、中央政府投资的金融资产管理公司为收购国有银行不良贷款而定向发行的债券等几乎不存在违约风险的资产(第 54—61 条)。

(2)风险权重为 20%:AA-以下、A-以上的主权国家债权;商业银行对我国公共部门的实体债权(第 58 条)。

(3)风险权重为 25%:AA-以上境外商业银行债权;对我国其他商业银行的债权(第 55、61 条)。

(4)风险权重为 50%:BBB-以上的主权国家债权;AA-以下、A-以上境外商业银行债权;个人住房抵押贷款(第 55、65 条)。

(5)风险权重为 75%:符合国家相关部门规定的微型和小型企业认定标准的企业债权;对单家企业的风险暴露不超过 500 万元或比例不高于 0.5%;对个人其他债权。

(6)风险权重为 100%:BBB-以下 B-以上或未评级的主权国家债权;A-以下 B-以上或未评级的境外商业银行债权;对境外其他金融机构债权;对政策性银行、其他商业银行的次级债权;对其他金融机构、一般企业债权;租赁资产余值。

(7)风险权重为 150%:已抵押房产追加部分。

(8)风险权重为 250%:金融机构的股权投资;依赖于银行未来盈利的净递延税资产。

(9)风险权重为 400%:工商企业股权投资。

(10)风险权重为 1250%:工商企业其他股权投资;非自用不动产。

(11)加权风险资产是根据风险权数(权重)计算出来的资产。

根据上述资本和风险加权资产的计算办法,假设一个地方性商业银行的相关数据如表 9-4 所示,据此可以计算出其资本充足率。

表 9-4　某地方性商业银行相关数据　　　　　　　　　　　单位:亿元

资产	加权风险资产
现金及政府债券:20	×0% = 0
同业存款:5	×20% = 1
住宅抵押贷款:20	×50% = 10
消费及企业贷款:55	×100% = 55
合计:100	合计:66

假设该商业银行股本 5 亿元(T1),发行次级债 2 亿元(T2),则:

资本充足率 CAR=(5+2)÷66=10.61%

其中核心资本充足率:5÷66=7.58%。

资本充足率对商业银行的监管为什么如此重要呢?从以下两个不同资本充足率的银行产生坏账之后的情况来进行比较。

高资本银行 A 的初始资产负债表如表 9-5 所示。

表 9-5　A 银行资产负债表　　　　　　单位:万美元

资产	负债
贷款:9 000	公众存款:9 000
准备金:1000	银行资本:1 000

假设存款准备金率为 10%,银行的自有资本为 1 000 万美元,贷款风险权重为 100%,则资本充足率为:1 000/9 000=11.11%。

低资本银行 B 的初始资产负债表如表 9-6 所示。

表 9-6　B 银行资产负债表　　　　　　单位:万美元

资产	负债
贷款:9 000	公众存款:9 600
准备金:1 000	银行资本:400

假设存款准备金率同样为 10%,银行的自有资本仅为 400 万美元,贷款风险权重为 100%,资本充足率仅为:400/9 000=4.44%。

高资本银行 A 假设发生贷款无法收回的情况,产生了 500 万美元的坏账。坏账被冲销后的资产负债表如表 9-7 所示。

表 9-7　A 银行资产负债表(冲销坏账后)　　　　　　单位:万美元

资产	负债
贷款:8 500	公众存款:9 000
准备金:1 000	银行资本:500

此时,资产中的贷款核销减少了 500 万美元,负债中的公众存款是无法动用的,只能动用自身资本去弥补坏账,银行的自有资本减少 500 万美元,资本充足率降为 500/8 500=5.88%。

同样的情况如果发生在低资本银行 B,坏账被冲销后的资产负债表如表 9-8 所示。

表 9-8　B 银行资产负债表(冲销坏账后)　　　　　　单位:万美元

资产	负债
贷款:8 500	公众存款:9 600
准备金:1 000	银行资本:-100

当低资本银行 B 面临和高资本银行 A 同样的发生 500 万美元坏账的情况时,低资本银行 B 坏账被冲销后银行资本已经为-100 万美元,资本充足率降为-1.18%,因资不抵债而陷入破产。

从上述两个银行的例子可以看出,商业银行的资本充足率在应对信用风险方面起到了极其重要的作用。由于信用风险发生的可能性很高,因此商业银行必须满足最低资本充足率的要求,主要就是为了防范信用风险。

二、商业银行资本管理:市场风险

(一) 一般规定

《商业银行资本管理办法(试行)》(简称《办法》)第 81 条:"本办法所称市场风险是指因市场价格(利率、汇率、股票价格和商品价格)的不利变动而使商业银行表内和表外业务发生损失的风险。"

《办法》第 82 条:"市场风险资本计量应覆盖商业银行交易账户中的利率风险和股票风险,以及全部汇率风险和商品风险。"

《办法》第 85 条:"商业银行可以采用标准法或内部模型法计量市场风险资本要求。未经银监会核准,商业银行不得变更市场风险资本计量方法。"

《办法》第 89 条:"商业银行采用标准法,应当按照本办法附件 10 的规定分别计量利率风险、汇率风险、商品风险和股票风险的资本要求,并单独计量以各类风险为基础的期权风险的资本要求。"

《办法》第 90 条:"市场风险资本要求为利率风险、汇率风险、商品风险、股票风险和期权风险的资本要求之和。"

《办法》第 88 条:"商业银行市场风险加权资产为市场风险资本要求的 12.5 倍,即:市场风险加权资产=市场风险资本要求×12.5。"特定市场风险计提比率对应表见表 9-9。

表 9-9　特定市场风险计提比率对应表

类别	发行主体外部评级	特定市场风险资本计提比率
政府证券	AA-以上(含 AA-)	0
	A+至 BBB- (含 BBB-)	0.25%(剩余期限不超过 6 个月)
		1.00%(剩余期限为 6 至 24 个月)
		1.60%(剩余期限为 24 个月以上)
	BB+至 B-(含 B-)	8.00%
	B-以下	12.00%
	未评级	8.00%
合格证券	BB+以上(不含 BB+)	0.25%(剩余期限不超过 6 个月)
		1.00%(剩余期限为 6 至 24 个月)
		1.60%(剩余期限为 24 个月以上)
其他	外部评级为 BB+以下(含)的证券以及未评级证券的资本计提比率为证券主体所适用的信用风险权重除以 12.5,风险权重见本办法附件 2。	

(二)市场风险的衡量:在险价值(value at risk,VaR)

1. VaR 定义

在一定观察期间(observation period)内,在正常的市场条件和给定的置信水平(confidence interval,95% 或 99%)上,在给定的持有期间(如1年或1周)内,某一投资组合预期可能发生的最大损失。

VaR 适用于衡量包括利率风险、汇率风险、股票价格风险以及商品价格风险和衍生金融工具风险在内的各种市场风险,但很难衡量操作风险、流动性风险。

2. 肥尾

即市场变化的可能性并非正态分布描述的那样小,这使得有可能在较高的置信水平上低估 VaR 值。陈忠阳(2001)提出,压力测试是对 VaR 衡量法的有力补充。

(三)市场风险与压力测试

巴塞尔银行监管委员会(以下简称巴塞尔委员会)于1996年强调了压力测试的重要性。《巴塞尔协议Ⅲ》强调银行要建立合理的压力测试过程。巴塞尔委员会 2009 年 5 月发布的《稳健的压力测试实践和监管原则》中,强调了压力测试应独立于其他风险管理工具,成为验证计量风险模型准确性的重要工具和内部资本充足评估程序(ICAAP)的组成部分。2014 年,银监会发布《商业银行压力测试指引》(〔2014〕49 号),提出敏感性分析和情景分析两种方法。

本 章 小 结

协议名称	时间	关键触发事件	主要内容	不足和局限
《巴塞尔协议》	1988 年	联邦德国赫斯塔特银行和美国富兰克林国民银行倒闭	将银行资本与风险挂钩,对资本进行分类,并提出风险加权资产的计算标准。为银行业的监管提供了全球统一的风险管理标准	着重于信用风险防范,忽视了市场风险及操作风险。风险加权资产的计算方法较为粗线条
《巴塞尔协议Ⅱ》	2004 年	1997 年东南亚金融风暴,英国巴林银行、日本大和银行倒闭	全面风险管理,确立了资本充足率、监督检查和市场纪律三大支柱原则,提出了更为科学的风险计量方法	监管标准存在顺周期性,监管要求的风险覆盖能力不足。强调资本数量而忽视了资本的质量
《巴塞尔协议Ⅲ》	2010 年	美国次贷危机爆发并引发国际金融危机,欧洲发生主权债务危机	提高资本充足率最低要求,引入杠杆比例监管指标;强化对银行交易性资产和交易账户的监管;要求银行实施逆周期资本缓冲;提出全球流动性风险管理标准	仍然允许复杂的全球性银行使用内部风险模型对风险资本进行计量,而风险模型存在的缺陷受到质疑

即测即评

请扫描右侧二维码检测本章学习效果。

本章思考题

1. 什么是商业银行资本充足率？如何计算资本充足率？
2. 什么是商业银行的核心资本、其他一级资本、二级资本？
3. 商业银行监管中为什么要以资本充足率为核心指标？
4. 资本充足率对防范商业银行信用风险、市场风险有何意义？
5. 如何理解商业银行的五级分级制度？
6. 商业银行面临的主要风险有哪些？如何防范？

本章参考文献

1. 刘国平. 银行资本工具创新的国际经验及其启示[J]. 金融论坛,2014,19(7).
2. 陈忠阳. VaR 体系与现代金融机构的风险管理[J]. 金融论坛,2001(5).

第十章

证券监管的理论与实践

在证券市场中,由于突发事件和羊群效应,系统性金融风险具有很强的突发性,目前不论从理论上还是实践中,仍很难实现精准预测。因此,要加快完善金融管理体制和应急机制,实行宏观审慎管理,落实相关的法律法规,积极防范系统性金融风险。

第一节　证券监管理论

一、"无形之手"监管理论

"市场"监管学派认为:监管的最佳模式,是依靠市场自律。这一理论源自英国,由劳埃德船级社率先运用于保险市场的自律监管。本质上,劳埃德船级社相当于一家保险协会,使船舶保险领域形成了自我监管体系。最初,美国的金融领域也是无人监管的。梧桐树下的华尔街交易商之间的交易主要依靠行业自律,而非政府的监管。直至大萧条后 1933 年《证券法》、1934 年《证券交易法》相继颁布,才有了由政府主导的证券监管。

在我国历史上的商品交易市场中,交易双方往往依靠中间商来完成交易。例如,耕牛交易,由于涉及的金额较大,买卖双方往往请经纪人出面撮合交易,经纪人会从中收取佣金。同时,为了防止信息不对称带来的问题,卖家会有一定的动机进行自愿信息披露。例如,在水果批发市场中,苹果成箱包装、按箱销售,一些商家为了区别自己与其他缺斤少两的商家,纷纷进行自我信息披露,张贴诸如"每箱足额 100 个,缺一罚十"等标语,以吸引顾客。

证券市场也与水果批发市场类似,证券发行人为了促进私人证券发行的效率、吸引更多客户,具有主动披露自身信息的动机,从而获取较高的发行价格(Grossman,1980)。当难以举证自身是"好"证券的时候,发行人可以诉诸其他机制来表明其证券价值,最佳模式就是自愿进行更充分的信息披露。在我国,证券法将"软信息"披露划分为发展规划和盈利预测。

即便是私营证券交易所,为了促进交易,也会要求并监督上市公司进行信息披露。例如,在水果批发市场中,管理人员为了促进公平交易,在市场的中心位置设置公平秤,以最大限度地避免各销售商发生缺斤少两的事件。上市公司所在的证券交易市场也会要求上市公司进行信息披露,以保证信息相对对称。证券发行人主动进行信息披露,这是市场自律的一种表现。对于"无形之手"监管理论的研究,其他学者也做出了如下表述:

科斯(Coase,1960)认为,大多数证券交易发生在成熟、精明的当事人之间,证券发行者和购买者都可广泛地利用私下协议来实现效率,如公司章程、中介人担保书及各种形式的合同等,这些合同使大多数法律和规则成为不必要的存在。

斯蒂格勒（Stigler，1971）认为，管制是产业所需并主要为其利益所设计和操作的，是国家"强制权力"的运用，其目的是增强产业的获利能力。管制的必要性来自克服导致市场均衡配置对帕累托最优偏离的市场失灵的需要。但是，这样则会存在"监管俘获"（Peltzman，1976）：在证券监管部门，可能存在"灰色地带"，使得被监管者俘获监管者。为防止监管者滥用自身被赋予的公共权力，故倾向于放松监管（deregulation）。这是 20 世纪监管领域非常具有创新的思想。为防止这种现象，我国证监会规定，发审委委员任期为 2 年，且在股票发审过程中发审委仅对材料进行核查，不得与关联企业私下沟通。近两年来，上市公司的审批过程有了很大进步，出现了更多制度性的措施，以防止监管俘获。

本斯顿（Benston，1973）对证券市场的监管进行了激烈的批评，倡导"universal bank"，也就是所谓的全能银行，即不受金融业务分工限制，可以经营所有种类货币信用业务的银行。全能银行的优点在于，可以解决单一投资银行监管过程中的问题。这种观点被德国、中国香港地区采纳，因此现在的德意志银行既可以存款也可以进行股票交易。曼勒（Manne，2005）在时隔 40 年后继续坚持他的观点：由于证监会的监管，内幕交易变成了地下交易，因而证监会采取的公共处罚措施往往无法解决现实中的问题。

针对内幕交易，美国证监会建立了举报制度。2010 年的《多德-弗兰克法案》（Dodd-Frank Act）规定，政府对包括内幕交易在内的证券欺诈行为进行爆料的举报者提供安全保障和隐私保护，并且规定了如果涉案金额超过 100 万美元，举报者可获得追回资金的 10% 到 30% 作为奖励。

鲍默尔（Baumol，1982）等提出了可竞争市场理论，认为潜在的竞争压力可以产生社会合意的市场绩效。作为完全竞争市场的一般化，可竞争市场可以替代完全竞争以衡量市场绩效，因而政府规制没有必要存在。

二、政府监管理论

和上述"市场监管"学派相对应，"政府监管"学派认为，证券市场存在市场失灵现象，必须对其进行监管。

依照史普博（1999）对于市场失灵类型的划分，市场失灵的表现形式有：进入壁垒、外部性和内部性。进入壁垒是指上市公司从开始股改到上市成功，需要经过一系列的程序，包括较高的前期费用，如证券公司的推荐费等。以中国为例，上市公司从股改到上市需要花费 1 000 万 ~ 2 000 万元人民币，高额的费用门槛将一批想上市的中小企业拒之门外。外部性的典型表现为金融风险的外溢性，如乐视股票不到一年时间从几十元跌至几元并最终退市，其控股人及其关系人却套现数十亿元，给早期买入的股民带来致命打击。内部性则通常表现为如大股东侵占中小股东利益。显然仅靠市场的自我监管是不能解决问题的，因此，必须依靠外部的证监会来监管。

在证券市场中，信息不对称是常态，为了减少信息不对称，要进行强制性信息披露，打破上市公司管理层与普通股民之间强大的信息壁垒，确保信息完整、准确。强制披露制度也是一种理想的减少成本战略：政府通过制定强制性的信息生成、披露规则，可以降低信息收集成本，提高信息质量和透明度，降低信息不充分或错误信息对决策的影响，降低整个社会的交易成本。Fox（1999）将强制性信息披露定义为"证券发行人倾向于不愿意披露而法律强制性要求披露的信息",这对于公司治理具有重要意义。通常情况下,信息披露主要是披露业绩和经营状况。同时,Fox 等(2003)还指出,信息披露可以作为监管工具的成本—收益分析。其中,收益是指获得精确定价的好处,投资者可自主决策;成本则是指海量的信息需要中介机构梳理。

信息披露作为证券监管法律制度的核心内容,最早载于英国 1844 年公司法,该法首次确立了上市公司通过招股说明书等实行强制披露的原则。在政府监管实践层面上,英国奉行"轻触"(light-touch)政策,以鼓励金融产品更迅速地推向市场,使得金融创新更易于进行。为此,英国甚至通过特别法案:如果任何伦敦证交所的收购者企图对该所施加严苛的监管,英国政府可以推翻此前的并购交易。

美国 1933 年的《证券法》围绕证券发行的信息披露而展开。1934 年的《证券交易法》强化了信息披露制度,其核心理念是:基于公众利益应对上市公司进行监管,因而《证券交易法》又被称为"蓝天法"。"路灯是最好的警察,阳光是最好的防腐剂",阐述的就是信息披露的重要性。Burk(1985)总结了 20 世纪 20 年代至 60 年代证券市场投机、欺诈、价格操纵等和证券监管的联系。美国哥伦比亚大学法学院证券法教授科菲(Coffee,1984)称政府监管为"正义与邪恶的较量":美国证监会应对证券发行交易过程、内幕交易、欺诈交易等进行监管。

当证券发行人缺乏披露信息的激励时,干预是最为有效的(Easterbrook and Fischel,1984)。政府监管的典型手段有:引入成文的证券法,强制证券发行人披露投资者想知道的信息,以解决证券发行中的信息不对称问题。强制披露的信息包括:是否涉及内幕交易、排名前五的股东名单、客户等。证券法可以部分地解决前述信息不对称问题(Hay,Shleifer and Vishny,1996)。一旦上市公司被发现虚构利润,股民就可以根据证券法的相关规定,通过诉讼来获得赔偿。因此在通常情况下,上市公司的信息披露是比较完备的,其财会信息质量也要高于非上市公司。

证券法之所以能够起作用,不仅是因为它提供了公共执法,还因为它能够便利私人缔约(LLS,2006)。公共执法是对证券公司和执法相对人的行政处罚,私人执法是指私人通过诉讼获得赔偿。而仅仅靠声誉、合同和侵权法(这些成本都很高且不可预知)以及私人执法不足以威慑证券发行的欺骗行为——这些行为的成本很低,而所得甚高。而事先监管的救济与事后的诉讼救济相比成本更低。

为降低执行成本并避免机会主义,美国证监会(SEC)这样的公共执法者可以对市场参与者进行监管,通过传唤、揭示,采用比私人起诉更有效的制裁措施,来确保股票发行人进行信息披露。SEC 认为,信息披露监管主要是为了阻止市场操纵,为投资者提供足够的信息进行投资决策,同时也是为了公平,因为任何投资者获得信息应当是平等的。SEC 成立之后,在一定程度上确实起到了恢复市场信心的作用。

斯蒂格勒(Stigler,1971)认为,监管机构提供的监管行为并不是毫无成本、毫不犹豫地按照公共利益来提供产品的。是否采取某种监管政策、监管范围的大小和程度,完全取决于监管的需求与供给。被监管者远离监管者,即监管需求大于供给,这就要求政府去监管。而政府往往是站在需要被监管的企业提供服务或者社会利益的角度去考虑,会倾向于提供供给。两者就形成了供求的力量。

科菲(Coffee,2007)进一步认为,在证券监管中,执法比法律起源扮演了更为重要的角色。2005 年,美英处罚数量之比为 39∶1,是因为两国对于上市公司的监管力度不同。既然美国证监会监管如此严格,那为何企业都选择赴美国上市?因为如果一家企业能在美国上市,就表示该企业经得起检验,这更有利于企业声誉。2001 年,美国发生了安然破产事件和安达信协助作假账事件。2002 年,美国仅用 87 天就通过了《萨班斯–奥克斯利法案》(Sarbanes–Oxley Act),该法案是美国历史上通过时间最短的一部法律,对上市公司的处罚达到了空前程度。我国《证券法》2015 年开始修订,2019 年年底完成,借鉴了该法案中的一些理念。

> **案例 10–1**
>
> ### 杨剑波诉证监会案
>
> 　　2017 年,"光大乌龙指"引发的杨剑波诉中国证监会案经一审、二审、再审后正式败诉。这是一起跨市场、跨品种的内幕交易,涉及 ETF 和股指期货,之前没有先例。
>
> 　　2013 年 8 月 16 日 11 时 05 分,光大证券在进行 ETF 套利交易时,因交易系统出现问题,导致以 234 亿元的巨资认购 180 只 ETF 成分股,并成交 72.7 亿元。当天一直低位徘徊的上证指数瞬间上涨 5.96%,多只权重股瞬间出现巨额买单,多达 59 只权重股瞬间封涨停,沪指最高摸到 2 198 点,11 时 30 分收于 2 149 点。这一事件引发市场剧烈波动,造成恶劣的社会影响。光大证券自营账户巨额买入造成股市异动,成为中国 A 股市场上迄今为止最大的乌龙事件。
>
> 　　2013 年 11 月 1 日,证监会做出处罚决定,认定光大随后的对冲措施为内幕交易,违法所得数额巨大,情节严重。因此决定没收其违法所得,并处违法所得 5 倍以下的罚款,罚款总额 5.23 亿元,对杨剑波等 4 名责任人分别给予警告、罚款 60 万元并终身证券期货市场禁入处罚。
>
> 　　杨剑波不服这一处罚,于 2014 年 2 月向北京一中院提起行政诉讼,请求法院判决证监会撤销处罚决定。此案历经一审、二审、再审听证后,又被最高法驳回再审。
>
> 　　根据当时《证券法》规定,处罚幅度为 1~5 倍。由于"光大乌龙指"事件情节严重,对证券市场产生严重影响,因而证监会予以最严厉的 5 倍处罚。在新《证券法》出台之后,处罚力度变为 1~10 倍,这可以显著提高证券法违法成本,保护投资者权益。这场事件对于市场和投资者来说都是一次巨大的冲击,由此可见加大处罚力度是非常必要的。增大违规成本,促使发行人合法合规操作,有利于市场健康发展。

三、行为金融学与监管——证券监管的行为金融理论视角

2002 年,诺贝尔经济学奖授予美国普林斯顿大学的心理学家丹尼尔·卡尼曼,行为金融学开始为世人所知。

行为金融理论提出了对有效市场理论(EMH)、投资组合理论(CAPM)的质疑,这些理论均基于投资者理性的假设,而行为金融理论放弃了该假设,允许非理性存在。行为金融理论认为,有效市场理论将一般大众投资者假定为一个完全理性人是无法令人信服的,大部分投资者可以看成是"噪声交易者",他们对风险的评价也不一定遵从理性人假设。

勒罗伊和波特(Leroy & Porter,1981)认为,市盈率预测与真实股价平均收益基本上存在着负相关的关系。Shiller(1980)用市场回馈模型解释市场泡沫,认为是由两个方面的因素造成的:一方面是加速市场泡沫产生的因素,另一方面是它的放大机制,其中包括心理因素和文化因素。席

勒(Shiller,1995)研究了股票价格的异常波动、股市中的"羊群效应"(Herd Behavior)、投机价格和流行心态的关系。

崔和普里查德(Choi & Pritchard,2003)认为,价格并不只由证券自身包含的内在因素决定,在很大程度上,也受包括监管者在内的各参与主体的影响,仅靠当前监管目标、规则的制定能否纠正错误定价是很值得怀疑的,因为其制定过程中并未考虑投资者的心理因素。

卡尼曼和特韦尔斯基(Kahneman & Tversky,1979)共同提出的"期望理论"提醒经济学家们:他们研究的对象终究是具体的、有喜怒哀乐的人,而非抽象的理性人、经济人。大量心理学研究也表明,投资者心态、偏好和理念更符合心理学规律而非经济学规律,所以,史莱佛的《并非有效的市场》(2003)提出:与有效市场假说相悖,行为金融理论认为市场并非完全有效。

从实证分析看,投资于小市值公司股票所获收益要高于大市值公司股票。在1926—1996年期间,纽约证券交易所中最大10%的股票的年平均复合收益率为9.84%,而最小10%的股票为13.83%(Siegel,1998),这是美国股市近几十年的状况。琼斯和拉蒙特(Jones & Lamont,2002)认为,卖空限制阻止理性投资者修正过高价格。

通过上述学者的研究可以发现,行为金融学作为交叉学科,在证券领域的研究方兴未艾,具有广阔前景,也更符合市场参与者"羊群效应"的现实。

第二节　证券监管国际经验

国际证监会组织(IOSCO)创建于1983年,会员遍及115个管辖区,监管95%的全球证券市场。国际证监会组织的一个明显特点是,允许自律性组织和其他国际组织作为联系成员或附属成员加入。目前,几乎所有的有股票交易所的国家都是该组织的成员。国际证监会组织的提议是建议性的,对成员不具有法律约束力。

国际证监会组织的宗旨是:通过合作,确保在国内和国际层次上实现更好的监管,以维持公平和有效的市场;就各自的经验交换信息,以促进国内市场的发展;共同努力建立国际证券交易的标准,实现有效监管;提供相互援助,通过严格采用和执行相关标准,确保市场的一体化。

一、IOSCO 监管目标及原则

(一)对资本市场3大监管目标

(1)保护投资者。

(2)确保市场公平、有效、透明。

(3)降低系统性金融风险。

(二)2017 年修订后的 38 条监管原则

(1)与监管者相关的原则(8条)

(2)自我监管的原则(1条)

(3)证券监管执法的原则(3条)

(4)合作监管的原则(3条)

(5)发行人的原则(3条)

(6)对审计人、评级人和其他信息服务机构监管的原则(5条)

（7）对集合投资计划的监管原则（5条）

（8）对市场中介机构的监管原则（4条）

（9）对二级市场与其他市场的监管原则（5条）

（10）与清算和交割相关的监管原则（1条）

二、美国《证券投资者保护法》

1970年12月，美国国会通过了《证券投资者保护法》，标志着证券投资者赔偿机制正式确立。该法基于证券监管第一原则，为保护投资者而设立，也为美国资本市场的发展奠定了基础，被视为继美国1934年《证券交易法》之后，对投资者实施保护的延伸。

《证券交易法》主要是针对证券公司的内幕交易、操纵市场等欺诈行为进行规范、惩罚，而没有对证券公司无力支付行为做出相应的规定。1974年，美国出台《雇员退休收入保障法》，允许养老金投资资本市场。1978年的税法修正案，设立了401K条款，规定由雇员和雇主共同缴纳的养老金及其收益部分可以递延纳税，这为美国资本市场20世纪80年代大发展奠定了基础。《证券投资者保护法》则着眼于证券公司破产对投资者的伤害，建立了相关的赔偿机制，从而在一定程度上弥补了《证券交易法》的不足。从后来的实际执行情况看，这种补充是必要而有效的，并得到了其他国家的肯定和仿效，从而使证券投资者赔偿机制在各主要资本市场逐步确立。

《萨班斯-奥克斯利法案》在美国立法的历史上拥有空前绝后的地位，它是在安然倒闭和安达信事件之后快速通过的法律。该法案主要强调了以下六个方面的内容：

第一，成立独立审计委员会，对会计师事务所和注册会计师进行监督。

第二，加强注册会计师审计独立性，每五年更换一次审计合伙人。规定了注册会计师应当向公司审计委员会报告的事项。公司的首席执行官、首席财务官、首席会计官和其他高级管理人员在上一年度内曾在会计师事务所任职的，会计师事务所不得为该公司提供法定审计服务。

第三，规定了每家公司必须对自己出具的财务报告负有责任。对违反证券法律法规的会计报表重编后发放的报酬和股利予以退还，并采取措施禁止违反证券法律法规的公司董事、经理进入。

第四，强化财务披露义务。公司应当实时披露导致公司经营和财务状况发生重大变化的信息，将强制披露时间由10个工作日缩短至2个工作日，并要求会计师事务所出具评估认证报告。

第五，加大对违法行为的处罚力度。故意进行证券欺诈将面临最高25年的监禁。故意销毁或伪造影响联邦调查的文件将被罚款或判处20年监禁。犯有欺诈罪的个人和公司将被处以最高500万美元、2 500万美元的罚款。

第六，加大资金投入，加强证监会在反欺诈、风险管理、市场监管和资产管理等方面的工作，加强对注册会计师和审计服务的监管。

> ◆◆ **案例 10-2**
> ### 美国联邦证券法立法
> 1929年10月29日，美国股票市场出现大崩溃，道琼斯工业股票平均指数狂跌了12.8%；这一天成为震惊世界的"黑色星期二"。美国证券市场的股票大跌，引发了整个资本

主义世界的经济危机。1929 年 9 月 1 日,纽约股票交易所全部股票的总市值是 890 亿美元,1932 年总市值下跌至 150 亿美元,损失了 740 亿美元。1920 年至 1933 年期间出售的 500 亿美元的证券,到 1933 年已有一半变得一文不值。当时,美国国会的一份报告将股市暴跌的主要责任归咎于证券业:"由于证券经纪商们完全放弃了公平、诚实和严谨的职业行为标准,致使大量无价值的证券充斥市场,他们只顾一味许下大盈利的诺言,却忽略提醒公众投资者应当注意其他与证券价值息息相关的信息。"

在 1932 年的美国总统竞选中,作为民主党候选人的罗斯福提出的施政纲要之一是"我们主张,发行人在发行股票和债券时,应该将红利、佣金、本金和利息的真实信息呈交政府备案并刊登于发行广告之上,以此保护大众投资。"罗斯福上台后为了挽救陷于大萧条中的美国经济,实施了政府干预经济活动的"新政",国会在"光辉百日"内出台了包括《1933 年证券法》《1933 年银行法》(即《格拉斯-斯蒂格尔法》)等多部联邦金融监管的法律。

第三节 我国《证券法》的修法

《中华人民共和国证券法》(简称《证券法》)于 1998 年 12 月 29 日第九届全国人大常委会第六次会议通过,1999 年 7 月 1 日实施。2005 年 10 月 27 日,第十届全国人大第十八次会议对《证券法》进行首次修订。2015 年 4 月,第十二届全国人大常委会第十四会议对《证券法》修订草案进行"一读",但涉及注册制的核心问题并未形成共识。2019 年 12 月 28 日,第十三届全国人大常委会第十五次会议通过了修订的《证券法》。新法的修订,主要涉及近二十年来我国在证券发行制度、投资者保护和法律责任等方面的最重要的变化,对于推动我国资本市场稳定健康发展具有十分重要的作用。

一、2005 年《证券法》的框架结构与核心内容

2005 年修订的《证券法》增加的部分包括从《公司法》中并入涉及证券发行、上市的 8 条,沿着三大脉络,阐释了修法的核心内容,规范证券的发行与交易、参与交易的机构以及监管机构。具体包括:

一是加强保护中小投资者。设立投资保护基金,由投资企业缴纳的资金和依法设立的其他基金作为该保护基金的来源,曾归 IPO 公司的冻结资金利息现在也归于该基金。

二是提高上市公司质量。建立证券发行上市保荐制度,明确了相关人员的职责。

三是强调发行审核透明度,拓宽社会监督渠道。要求首次公开发行的申请人预先披露申请发行上市的有关信息。

四是加强证券市场监管。禁止任何组织和个人滥用客户交易资金,证券公司需要将客户的交易资金留在商业银行,通过市场自治、行业自律、行政监管、法律监管来提高市场效率。

五是完善证券发行、交易和登记结算制度。增加了发行失败的规定。当发行失败,发行人应按发行价外加银行同期存款利息返还给认购人。

六是为建立多层次资本市场体系留下空间,如股指期货。

七是明确证券违法行为的法律责任,如证券发行申请经核准后,发现不符合法律、行政法规

规定的情况需承担的责任,使其更具操作性。对严重违规行为的人员,应当限期或者终身禁止其从事证券交易或者担任上市公司董事、监事、高级管理人员。

八是细化监管机构法律责任,实现对监管者的监管。原证券法对监管机构授权较多,但对其权力的制约及法律责任规定较少。对证券监管机构人员违规行为的原则性规定具体细化为四类情形(第227条),对于证券交易所人员的不合法行为也有警告、罚款的规则(第229条)。

2005年《证券法》,最大的亮点是加入了与"发行失败"相关的规定,此前并没有相关条例。从立立电子案例①到胜景山河案例②,可以看出我国在修法过程中,提出了注册制和投资者保护制度以及简政放权,涉及监管制度的重大改变,力求把行政许可降至最低,将原来47项行政许可事项降到20多项。

二、《证券法》修订(2019年)

2015年,我国开始了《证券法》的修订工作,其主要内容是开始对股票发行实施注册制,加强事后监管和对投资者的保护,完善多元资本市场等。

注册制的实质是以公开为核心,市场参与者会综合多方面来评估发行人的投资价值,不过取消了针对其财务状况的硬性要求。但注册制的范围仅限于股票,债券等证券的发行仍保持审批制。

2019年《证券法》还特别规定了加强投资者保护的相关制度,如全面规范发行、持续披露信息等。同时,对投资者的合法权益受到损害的也补充了相关制度:投资者保护机构可以依法作为诉讼代理人起诉投资者。

> **案例10-3**
> ### 长臂管辖:瑞幸咖啡财务造假
> 2020年1月31日,知名做空机构浑水调研公司(简称浑水)声称,收到一份长达89页的匿名做空报告,直指瑞幸咖啡(简称瑞幸)数据造假。2月3日,瑞幸否认浑水所有指控。4月2日,瑞幸在其公告中承认,公司在对2019财年的财务报表的内部审计中发现,从2019年第二季度到第四季度,时任瑞幸首席运营官(COO)刘剑和他手下的几名员工一直存在虚构成交数据等"不当行为",虚报额达人民币22亿元。同期机构预估的营收数据为37亿元,虚构金额占比高达59%。受到4月2日晚间消息影响,瑞幸盘前暴跌超80%触发熔断暂停交易,随后在40分钟内触发了6次熔断,截至当日收盘,跌幅高达75.57%。
> 瑞幸咖啡自4月2日自曝22亿元财务造假以后,引起中美两国证券监管机构的高度关注。由于中美司法管辖权的问题,在美上市的中国公司(即"中概股")长期以来成为一定程度上的"法外之地"。中概股从2010年开始频发财务造假事件,也多次遭到美国监管部门的调查,但由于公司主体和管理层都在中国,美国方面的调查往往无法落实。美国证监会(SEC)

---

① 2008年,立立电子在上市前被曝光涉嫌掏空上市公司浙大海纳资产,随即被暂停了上市进程。同年4月3日,被撤销了公开发行的核准决定,并被要求将募集资金按发行价和同期银行存款利息逐一退还。

② 2010年,胜景山河由于被曝光其招股书涉嫌虚增销售收入等,被紧急暂停上市。次年4月6日,二次上会被否,被迫返还5.82亿元募资及利息。

在 2020 年 4 月 21 日发布的声明指出,美国公众公司会计监督委员会(PCAOB)在获取对在美上市中国公司进行审计所需的基础工作文件能力有限,无法获取中国公司的审计底稿。而这正是由于 2013 年中国证监会、财政部与 PCAOB 所签署的执法合作备忘录,该备忘录表明对于在 PCAOB 注册的中国会计师事务所,如果其在美业务涉及有关案件需要调取会计底稿时,中方可有条件提供,但这类底稿只限于执法涉及案件的文件。在美方现场检查参与问题上,中方没有松口。

针对上面出现的问题,2020 年 3 月 1 日开始施行的修订后的《中华人民共和国证券法》(简称新《证券法》)中扩大了该法的适用范围,其中第 2 条第 4 款明确规定:在境外进行的证券发行和交易活动,对境内投资者合法权益造成损坏的,追究其法律责任。这就是"长臂管辖权"。瑞幸咖啡财务造假一案或许可以成为新《证券法》实施以来的"长臂管辖"第一案。

若触发"长臂管辖权",根据新《证券法》规定,瑞幸可能迎来"非法所募资金金额 10% 至 1 倍的罚款",需要承担连带赔偿责任的可能包括控股股东、实控人、董事、监事、保荐人、承销的证券公司等。

依据美国法律,瑞幸也将遭到严重处罚。根据美国《1933 年证券法》第 8 条规定,鉴于瑞幸存在重大欺诈且给投资者造成损失,美国证监会有权直接对瑞幸按不超过 50 万美元或违法所得者作为处罚金额进行民事处罚。民事处罚金额并不高,但是财务造假还需面临民事诉讼以及刑事责任。根据美国《1934 年证券交易法》第 10 条、《1933 年证券法》第 17 条以及之后大量的私人诉讼司法实践案例,瑞幸及主要高管将作为被告,追究其民事赔偿责任。

在跨境资本和资金频繁流动的全球化背景下,新《证券法》中"长臂管辖权"的适用一方面有利于我国资本市场的良性发展,有利于建立更加优秀的中国品牌形象,从而促进更多中国品牌走向世界;另一方面有利于加强中外监管合作,减少监管死角,从而进一步保护投资者利益。

本 章 小 结

在证券监管理论中,市场监管学派提倡依靠市场自律来实行监管,证券发行者和购买者可以通过私下协议、合同等来完成交易,而无须法律和规则。与市场监管学派相对应,政府监管学派认为证券市场存在市场失灵现象,必须引入证券法对其进行监管,以解决信息不对称的问题。而行为金融学派则认为:投资者非完全理性,因此市场并非完全有效。

国际证监会组织建立了监管机制,以保护投资者,确保市场公平、有效、透明,降低系统性金融风险为目标,确保在国内和国际层次上实现更好的监管。美国出台的《证券投资者保护法》,使证券投资者赔偿机制在各主要资本市场逐步确立。我国修订后的《证券法》加大了对投资者的保护力度和对证券违法行为的处罚力度。

即　测　即　评

请扫描右侧二维码检测本章学习效果。

本章思考题

1. 从"看不见的手"调控证券市场到严刑峻法来监管证券市场,自诩"自由主义"的美国为什么会在证券监管领域发生如此大的变化?

2. 如何从信息经济学、法学和金融学理论来认识《证券法》中的强制性信息披露制度?

3. 行为金融理论能否决定证券监管的未来?

本章参考文献

1. 史莱佛. 并非有效的市场:行为金融学导论[M]. 北京:中国人民大学出版社,2003.

2. 史普博,余晖. 管制与市场[M]. 上海:上海人民出版社,1999.

3. BAILEY E E,BAUMOL W J. Deregulation and the theory of contestable markets[J]. Yale Journal on Regulation,1984,1(2).

4. BAUMOL W J. American economic association contestable markets:An uprising in the theory of industry structure[J]. The American Economic Review,1982,1(72).

5. BENSTON G J. Required disclosure and the stock market:An evaluation of the Securities Exchange Act of 1934[J]. The American Economic Review,1973,63(1).

6. BURK J. The origins of federal securities regulation:A case study in the social control of finance[J]. Social Forces,1985,63(4).

7. CHOI S J,PRITCHARD A C. Behavioral economics and the SEC[J]. Stanford Law Review,2003.

8. COASE R H. The problem of social cost[M]//GOPALAKRISHNAN C. Classic papers in natural resource economics. London:Palgrave Macmillan,1960.

9. COFFEE Jr J C. Law and the market:The impact of enforcement[J]. University of Pennsylvania Law Review,2007,156.

10. COFFEE Jr J C. Market failure and the economic case for a mandatory disclosure system[J]. Virginia Law Review,1984,70.

11. EASTERBROOK F H,FISCHEL D R. Mandatory disclosure and the protection of investors[J]. Virginia Law Review,1984,70.

12. FOX M B,MORCK R,YEUNG B,et al. Law,share price accuracy,and economic performance:The new evidence[J]. Michigan Law Review,2003,102(3).

13. FOX M B. Retaining mandatory securities disclosure:Why issuer choice is not investor empow-erment[J]. Virginia Law Review,1999,85.

14. GROSSMAN S J,STIGLITZ J E. On the impossibility of informationally efficient markets [J]. The American Economic Review,1980,70(3).

15. HAY J R,SHLEIFER A,VISHNY R W. Toward a theory of legal reform[J]. European Economic Review,1996,40(3-5).

16. JONES C M,LAMONT O A. Short-sale constraints and stock returns[J]. Journal of Financial Economics,2002,66(2-3).

17. KAHNEMAN D,TVERSKY A. Prospect theory:an analysis of decision under risk [J]. Econometrica,1979,47(2).

18. LA PORTA R,LOPEZ-DE-SILANES F,SHLEIFER A. What works in securities laws? [J]. The Journal of Finance,2006,61(1).

19. LEROY S F,PORTER R D. The present-value relation:tests based on implied variance bounds [J]. Econometrica,1981,49(3).

20. MANNE H G. Insider trading and the stock market[M]. New York:Free Press,1966.

21. MANNE H G. Insider trading:Hayek,virtual markets,and the dog that did not bark [J]. Journal of Corporation Law,2005,31.

22. PELTZMAN S. Toward a more general theory of regulation[J]. The Journal of Law and Economics,1976,19(2).

23. SIEGEL J. Stocks for the long run[M]. New York:McGraw-Hill,1998.

24. STIGLER G J. The theory of economic regulation[J]. The Bell Journal of Economics and Management Science,1971.

25. SHILLER R J. Conversation,information,and herd behavior[J]. The American Economic Review,1995,85(2).

26. SHILLER R J. Do stock prices move too much to be justified by subsequent changes in dividends? [R]. National Bureau of Economic Research,1980.

本章必读文献:参考文献 10、14、18、19、22、24、25。

证券监管前沿问题与案例

自我国经济发展进入新常态以来,矛盾和风险在金融领域不断暴露,构成了一个整体的金融风险因素。尤其在证券交易市场,资本市场造假、内幕交易、操纵市场等严重违法违规行为时有发生。2019 年,国家先后出台了惩治操纵证券期货市场、内幕交易犯罪司法解释,2021 年 4 月 29 日,《中华人民共和国期货法(草案)》公布,从法律层面对我国证券市场的改革开放做好顶层设计。

第一节　投资者适当性管理制度

投资者适当性管理制度是对投资者保护的重要制度,即金融服务机构向投资者(消费者)提供的产品或服务,应当与投资者的财务状况、风险承受能力、投资目标与需求、投资知识与经验等相匹配。

类似的适当性管理在日常生活中并不鲜见,例如:禁止向儿童销售烟、酒;娱乐场所禁止未成年人入内;电影电视分级管理;民法上民事行为能力的分类;廉租房、经济适用房的申请条件;房产税的纳税主体等。

美国投资者适当性制度经历了从自律规则到监管规则的演进。最初是美国全国证券交易商协会 NASD 的"道德规则""公平交易条款",随后纽约证券交易所(NYSE)、美国证券交易所(AMEX)提出的"了解客户""公平交易"规则,最后演进到美国证监会(SEC)的投资者适当性监管规则(张付标,2014)。

2014 年 6 月 12 日,欧盟官方公报公布《金融工具市场指令》,废除原 2004/39/EC 法规(MiFID Ⅱ),新指令明确了金融工具(MiFIR)市场的相关规则,其目标是:促进全面且强大的欧盟金融服务投资者信息体系建立、推动投资者分类技术发展、鼓励成员国建立投资者投诉处理机制和法律救济途径。该指令从 2017 年 1 月起生效,成员国在两年时间内完成对新指令的转换。该指令旨在通过对交易机构和交易行为提出要求或加强管理机构的作用,着力解决商品衍生品市场价格过度波动的问题,使金融市场更加高效、灵活和透明。新规的核心是投资者分类保护,在原来规则的基础上更好地保护了投资者。

在我国香港判例法中,"雷曼迷你债"索赔案就属于投资者适当性的判例。

📖 **案例 11-1**

"雷曼迷你债"索赔案①

"雷曼迷你债"名为"债券",实为以定息和债券包装的一种高风险结构产品——信贷挂钩票据。2008 年 9 月 15 日,雷曼兄弟申请破产保护。此后,香港爆发"雷曼迷你债"投资者索赔潮,涉及投资者 3 万余人,票面投资额达 130 亿港元。2011 年 3 月,在法院主持下,"雷曼迷你债"香港 16 家分销银行提出最终解决方案:符合条件的投资者将可取回其投资本金的 85% 至 96.5%;但参与投资的一些影视明星被认定为专业投资者,无法获得分销银行的补偿。

投资者适当性管理制度通过实施与投资者自我保护能力相应的分类监管,减轻了金融中介的不必要负担,达到协调保护投资者和提高市场效率关系的目标。香港采用定量、定性检测相结合的方法,由金融中介负责实施,建立了专业投资者的界定、评估和分类监管制度,提高了证券市场效率。但在"雷曼迷你债"索赔案中,这一制度被指责不能有效甄别投资者的"自我保护能力"并给予必要保护,专业投资者的界定标准和评估机制有失合理性。立法者为此启动了制度评估并酝酿改革。

"雷曼迷你债"事件反映出投资者适当性管理的重要性。一方面,金融机构必须承担因缺乏风险管理及忽视投资者利益而导致的经济损失和名誉损害;另一方面,投资者要学会从事其熟悉的投资,不要超越自己的能力进行投资。

我国的《证券期货投资者适当性管理办法》于 2017 年 7 月 1 日开始实施。在该办法中,投资者适当性原则通过该办法的具体条款得以落实②。

在 2019 年《证券法》中,也有关于投资者保护的内容。根据相关规定③,在普通投资者与证券公司的纠纷中,证券公司负有倒置的举证责任,其作用就是更好地保护普通投资者。

第二节　科创板监管

一、科创板投资者适当性

2019 年,上海证券交易所发布规定,要求对投资者的适当性进行管理。

（一）主要内容

1. 投资者准入制度

个人投资者资金及证券账户的资产规模只有达到规定标准④,且充分知悉交易规则、交易风

---

① 香港银行公会宣布雷曼"迷你债券"赔偿方案. 新华网,2011-03-27.
② 例如:在销售产品或者提供服务的过程中……基于投资者的不同风险承受能力以及产品或者服务的不同风险等级等因素……将适当的产品或者服务销售或者提供给适合的投资者。
③ 《证券法》第 88 条规定:"证券公司向投资者销售证券、提供服务时……如实说明证券、服务的重要内容,充分揭示投资风险……违反第一款规定导致投资者损失的,应当承担相应的赔偿责任。"第 89 条规定:"……普通投资者与证券公司发生纠纷的,证券公司应当证明其行为符合法律、行政法规以及国务院证券监督管理机构的规定……不能证明的,应当承担相应的赔偿责任。"
④ 在申请权限开通前 20 个交易日内,证券账户及资金账户内的资产日均不低于人民币 50 万元;参与证券交易 24 个月以上。

险及自身承受能力,才能有资格参与科创板股票交易。

2. 综合评估制度

我国各证券公司应当核查投资者是否符合科创板股票投资者适当性条件,重点评估投资者是否知晓交易业务规则、投资风险,综合评估个人投资者的资产状况、知识水平、风险承受能力和诚信状况。

3. 风险揭示制度

我国各证券公司应当全面了解参与科创板股票交易投资者的情况,向投资者充分揭示交易风险后并签署风险揭示书,提醒投资者关注投资风险。

(二)现存问题

为投资者开通科创板权限,是把控市场交易风险的重要关卡,任何疏忽大意都可能带来隐患。为此,上交所强调,适当性管理要坚持"事前控制、事中严审、事后核查"。在事前,完善相关检测指标并进行前置,即在客户申请提交开通权限时进行前段控制;在事中,审慎核查客户资金来源、资金性质及资产状况等情况,重点客户要提供资金来源等相关证明材料;在事后,对客户资产变动情况进行持续监控,如发现客户存在账户资产变动异常情形,经核查后确属构成垫资开户的,券商应协商关闭客户科创板股票交易权限,并向交易所及时报告。①

二、我国证券发行的注册制

根据注册制,股票发行人只需向证券监督管理机构提供股票发行信息,由机构对发行人履行信息披露义务的结果和所传递信息的真实性进行核查,逾期未拒绝发行人申请的,可以发行证券。

然而,通过统一的注册和审核的规则,很难有效地监督商业信息公开的质量,从而抑制发行过程中的欺诈行为,因此必须结合事前保护与事后救济目标制定有效的监管措施。

按照全国人民代表大会的授权,国务院在实施股票发行注册制改革中可以调整适用《证券法》的有关规定,该授权期限经过一次延长后,于2020年2月29日届满,新的《中华人民共和国证券法》自2020年3月1日起实施。

2019年《证券法》修订新增的关于注册制的主要内容如下:

第一,规定了发行人需要满足的相应条件。发行人需要具有完整的业务体系和直接面向市场独立经营的能力,不存在对持续经营有重大不利影响的情形;会计基础工作规范,内部控制制度健全且有效执行;近三年内,其发行人及控股股东没有犯下破坏社会主义市场经济秩序的违法行为,如贪污、贿赂等。

第二,证券交易所应当核查发行人是否符合发行条件,是否遵守了信息披露义务。具体审核标准和程序等由证券交易所制定,由国务院证券监督管理机构定期或者不定期对执行情况进行监督检查。

第三,证券交易所审核通过后,将资料和意见报送给国务院证券监督管理机构,进行注册。机构依照规定的注册程序、发行条件和信息披露要求,在20个工作日内做出是否同意注册的决

---

① 参见"千万资金一日游"难成行,科创板投资者适当性管理"严上加严". 第一财经,2019-05-14。

定。证券发行注册审核过程中,发现存在重大违法违规嫌疑的,国务院证券监督管理机构可以要求证券交易所处理。尚未注册的,可以暂缓注册。

案例 11-2

证监会首次行使科创板注册否决权

2019 年 8 月 26 日,证监会做出《关于不予同意恒安嘉新(北京)科技股份公司首次公开发行股票注册的决定》(证监许可〔2019〕1552 号,简称《决定》),并于 30 日晚公告。

证监会在其出具的《决定》中指出,恒安嘉新发行申请文件存在两个重要的瑕疵。

其一,发行人签署的 4 个重大合同未回款、未开具发票,在下一年认定其为特殊会计处理事项并对其进行会计调整的理由不充分,不符合会计准则要求。由此认为发行人的会计基础薄弱。

其二,发行人曾进行的股权代持行为被认定为股份支付行为,但发行人未能对该会计差错更正按要求进行披露。

因此,证监会认为,以上情形与《科创板首次公开发行股票注册管理办法》第二章的相关规定不符,故依法对恒安嘉新首次公开发行股票的注册申请作出不予注册的决定。

第三节 股权众筹的监管与立法

一、股权众筹立法的必要性

按照英国金融行为监管局的界定,众筹(crowdfunding)是一个涵盖性术语,指个人、组织和商业机构(包含创业的商业机构)通过在线门户网站(众筹平台)为其活动筹集或再筹集资本的一种方式。世界银行在 2013 年发布的《发展中国家众筹发展潜力报告》中,将众筹表述为:依托于科技,借助网络社区等大众媒体出售创意,筹集资金,为大众提供创业融资平台(Mundial,2013)。IOSCO 认为众筹具有四种不同的模式:回报众筹、债权众筹、股权众筹以及捐赠众筹(Bradford,2012)。本章主要讨论股权众筹。

股权众筹(equity crowdfunding),即大众筹资或群众集资,集资者成为股东,具有低门槛、多样性、依靠大众力量、注重创意的特征。

美国证券发行一般由《1933 年证券法》和各州的"蓝天法"所规制,未经注册而私自发行证券可能面临刑事指控。美国股权众筹发展最快的主要原因是常规 IPO 的相对成本太高。在一般的 IPO 项目中,仅承销商就会提取发行总额的 7% 作为费用(Chen and Ritter,2000)。如果再加上向美国证监会缴纳的注册费、向金融监管局缴纳的申请费、律师费、会计师费,以及为符合持续信息披露和其他监管要求所需支付的费用,整个项目的初期费用平均在 250 万美元左右,后期费用包括持续报告义务的履行等在内每年平均还需要 150 万美元左右。如果考虑承销商收取的费用和其他费用,IPO 项目的整体成本可能更高,这对于初创企业来讲是一个不可能完成的任务。

企业众筹融资方式涉及的法律问题一直存在争议。2012 年,美国推出《初创期企业推动法案》(简称《JOBS 法案》),其中第三章的内容"线上招募资金与防止诈欺及不当隐匿资讯法"

（Title Ⅲ），成为美国众筹行业运行的基本法律依据。并由此诞生了一种新的融资方式：通过互联网技术，面向普通群众，额度为 100 万美元的融资。这种方式有利于中小企业融资。作为早期融资的新市场，众筹在交易成本、融资者声誉、市场设计等方面与传统的融资模式迥异。

鉴于中小企业自身存在的短板，如流动资金紧张、失败率高和财务不透明等，众筹立法需要对投资者保护与中小企业融资的关系进行平衡，因为投资者保护规则的重要性越大，企业的融资效率反而越低，有效的融资渠道难以拓宽。

2015 年 8 月 7 日，我国证监会发布《关于对通过互联网开展股权融资活动的机构进行专项检查的通知》。为配合证监会检查，中国证券业协会向场外证券业务经营机构下发《关于调整〈场外证券业务备案管理办法〉个别条款的通知》，将该办法中的"私募股权众筹"修改为"互联网非公开股权融资"。按照这一说法，现有的大多数所谓的股权众筹平台，其实质是"股权融资平台"，所有平台在最初进行股权众筹业务的时候，为了避免违反《公司法》和《证券法》的规定，都尽量避免进行公开发行，而上述这两个文件的出台，等于否定了市场中已经存在股权众筹平台的合法性，但是又没有说明合法的股权众筹应该是什么样的、开展股权众筹业务需要遵守哪些规则、不同业务的边界如何等。从另一层面讲，在身为上位法的《证券法》尚未修改的情况下，证监会审批具有"公开、小额、大众"特点的股权众筹平台于法无据。

从现有的政府文件来看，股权众筹作为互联网金融的重要表现形式之一，必将为创业创新的发展发挥更重要的作用。但遗憾的是，这些都只是规范性文件，而股权众筹存在一系列的问题及风险，如投资者保护方面的问题、法律风险、经营风险、知识产权风险以及其他风险，规范这些风险单靠规范性文件还远远不够，对比已经对股权众筹进行立法的美国、日本、英国、意大利、韩国等国，我国应当加快众筹立法的步伐。

二、我国股权众筹运营模式的特点

近年来随着股权众筹不断发展，股权众筹平台越来越多，而且有着不同的经营模式。例如，人人投作为国内首家专注于实体店铺股权众筹网络服务平台，主要业务是为中小实体企业融资开分店，为天使投资人寻找优质实体企业项目。

在中国，融资难、融资贵的问题一直严重影响着小微企业的发展，而民间资金同时也面临着资金多但很难找到适合投资项目的困境。股权众筹融资模式为那些具有创新思路但达不到融资要求的小微企业搭建了直接融资渠道的桥梁，也使民间资本有了一个可以便于投资的平台（杨东、苏伦嘎，2014）。我国的股权众筹平台具有以下特点。

（一）创新型融资模式

股权众筹作为一种不同于股票、债券等的融资方式，有利于融资方获得足够的资金。对于投资人来说，股权众筹为他们的投资活动提供了一个新渠道，打破了传统的直接融资的体系和流程。普通民众投资者利用众筹平台便可参与初创企业的股权投资，和初创企业共同成长、共担风险、共享收益。

（二）降低初创企业融资难度

在中国中小企业融资难的维度下，股权众筹作为一种企业融资的新型方式，能够促进中小企业健康发展，对经济社会发展意义巨大。

初创企业如果通过股权众筹平台发布项目，可以吸引众多感兴趣的投资者投资，避开了银行贷款的审核条件和抵押担保要求；不需要通过 IPO 方式提供烦琐的审批材料及财务报告，更避免了民间借贷的高额利息。股权众筹解决了资金的问题：只要项目好、产品优秀，就不用担心融资问题，大大降低了初创企业募集资金难度。

股权众筹帮助新企业围绕其产品创造了上市前的共同体。众筹促进创业者从多方筹集资本，而不是让创业者受制于传统意义的"天使投资人"和风险投资（Mashburn，2013）。提供资金的人，特别是投资者，极有可能推广和支持企业产品，因其可以从企业的成果中获益。同时，在企业产品商品化初期，通过众筹能够检测该商品是否适应市场的需求。

（三）减少股权融资市场中的信息不对称

股权众筹的出现，不仅仅降低了融资难度，还能够减少股权融资市场中信息不对称现象，进而提升了融资效率，实现资本有效配置。1970 年，阿克罗夫就提出市场上存在着信息不对称的现象，消费者为了维护自身利益，会以市场平均价格对产品定价，造成了高质量的产品退出市场，只保留低质量产品，出现"劣币驱逐良币"的现象。在资本市场上，也存在信息不对称，所以个人需要耗费巨大成本才能准确了解一个企业，这一信息成本会阻碍资本的有效配置。而金融企业在收集企业有关信息时具有规模经济性，可以减少信息成本，从而导致资本的有效配置与经济增长（林毅夫、潘士远，2006）。股权众筹平台就相当于一个金融信息中介平台，利用其规模效应和大数据优势，收集大量的可投资项目，有效地减少了信息不对称现象。

众筹平台帮助投资人和融资人进行信息交换。缺少资金的初创企业主在股权众筹平台上公布自己的计划，发布融资的数额；投资者可以及时获得项目信息，然后选择项目进行投资。它解决了传统的线下股权投资存在的信息不对称问题，提升了融资的效率，降低了交易成本。

（四）塑造中国的企业家精神

一个国家的经济发展离不开企业家的创业创新精神。实证研究表明：企业家精神和经济增长呈显著正相关关系（李杏，2011）。经济学家熊彼特提出企业家是推动经济发展的主体。他提出了一个著名的概念"创造性破坏"，而能够承担"创造性破坏"功能的正是企业家。所以，熊彼特认为企业家的本质就是创新。奈特在《风险、不确定性与利润》一书中指出，企业家们具有风险偏好的特质。

股权众筹的投资项目具有高收益的特点。一旦投资的企业成功上市，那么对于这些投资的原始股东来说，能获得投资额数倍乃至数十倍的收益。但是，项目的失败率相当高，获得投资的创业企业在 5 年内投资失败的概率高达 60% ~ 80%。对于投资人来说，即使企业投资成功，发展顺利，也需要投资企业被收购、下一轮融资或者成功上市才可以获取相应的收益，投资一个项目往往需要 5 年多的时间才可以退出。因此，股权众筹投资是具有高收益、高风险的投资，参与股权众筹投资的人具有冒险精神。股权众筹又是金融创新的产物，所以参与者又有追求创新的精神。通过股权众筹，兼具风险偏好和创新精神的潜在企业家可以进行创业活动，促进企业家精神的发扬光大。

三、中国股权众筹的法律风险

我国的公司形式包括有限责任公司和股份有限公司。

有限责任公司是初创企业最适合的公司形式，但股权众筹方式筹集资本的初创企业与有限责任公司股东不能超过 50 人、不能公开发行股票的规定相矛盾（《公司法》第 24 条）。因此，进行股权众筹的发行人必须是股份有限公司,或筹资成功后必须变更为股份公司。

根据现行《证券法》的规定,任何人不得在未经依法注册的前提下公开发行证券。其中,向不特定对象发行的,或向数量超过 200 人的特定对象发行的,均属于公开发行。但由于股权众筹的特性,难免会涉嫌公开发行。即使企业平台将非特定团体转换为特定投资者,从这些投资者那里获取资金的行为是否就不算公开发行,对此学术界和管理界的观点是不一致的。

向特定对象发行证券累计超过 200 人即为公开发行证券的规定,也会束缚股权众筹的发展,造成投资者群体的范围狭窄,反而会损害投资者利益。试想一下,如果一个项目的融资额度为 1 000万元,由于投资人数上限为 200 人,平均投资额为 5 万元。假如放开人数限制,允许 500 人乃至更多的人投资一个项目,则可大大降低每位投资者的个体投资风险。

四、我国股权众筹的立法建议

当前的政策大环境是鼓励众筹发展的,但我国目前还没有专门针对众筹的立法,这势必是下一步推进众筹发展的方向。根据我国众筹发展的现状和市场主体的需求,制定适合我国的众筹监管法规成为当务之急。

第一,我国的众筹立法可以借鉴美国《JOBS 法案》的精神,即对众筹实施基于证券法的豁免制度。众筹计划通常利用微信、微博或专业的众筹平台来发布,由于其具有面向群体广泛、每份筹集金额较小的特征,容易被认为属于我国现行《证券法》中的公开发行行为。但是,考虑到公开发行所需的门槛较高,很大程度上会阻碍股权众筹的发展。因此,应该考虑免除对于股权众筹的详细材料的审查要求和审批程序,对众筹豁免的具体条件、对众筹发行人和众筹中介规制的具体要求,应授权中国证监会通过部门规章的形式予以确定。

第二,平衡投资者保护与促进企业融资之间的关系。一般来说,处于初创期的中小型企业多数会选择众筹,但为保护投资者而要求的强制信息披露会带来更高成本,必然会使其资金链更加紧张。因此,在设计众筹豁免时,我国的众筹立法应将众筹发行引导到小金额发行的类别中,同时减少投资者的投资份额和对中小型企业的披露义务,以此降低众筹成本,并适当区分众筹和其他筹资渠道面对的人群。

第三,主动创新治理工具和监管机制。股权众筹依附互联网平台而生,股权众筹平台可以充分发挥技术沟通有无的优势。目前我国的众筹平台大多充当了信息中介和资金融通中介,自然应当获得相应的报酬。正是因为众筹平台掌握者大量的数据和信息并以此获利,众筹平台理应承担相应的责任。我国正在鼓励中介机构创新商业模式,使众筹立法能够综合多种治理机制,总结吸收众筹中介机构在投资者保护、集聚资金、降低风险等方面的最优路径,从而推动我国的众筹事业顺利发展。

第四,在未来众筹立法中要明确领投人的义务。从众筹诸多成功和失败的案例中可以看到领投人对于一个众筹项目的成功是至关重要的,因此,未来的众筹立法必须明确领投人的义务。类似于信托关系中的受托人,领投人对于跟投人需要具有忠实、诚信的义务,以此解决利益冲突。因此,当融资人试图以不正当的手段收买领投人时,领投人应该做到不违背广大跟投人的利益,不得将自身置于和跟投人利益相抵触的地位。注意义务则通过设定一个"合理"或者"谨慎"的标准,来确定受托人应当如何行为的标准。所以,领投人应该像一个审慎的商人一样做好尽职调查,探索融资项目的真实情况,避免疏忽大意造成不必要的损失。

　　第五,完善信息披露程序。为了保护众筹健康发展,可以免除其中发行证券的审查程序。但是,为了最大限度地保护投资者,信息公开是必不可少的。从项目开始到团体融资,发起人应通过平台进行详细的信息公开披露。融资成功后,发起人也需要继续公开信息,并向投资者通报项目进展情况,投资者有权在发起人欺诈的情况下收回投资和利息。

第四节　期　货　监　管

一、期货监管理论

　　市场有效假说(Fama,1970)的三个前提是:第一,理性决策:投资者是完美理性。第二,交易的随机性:存在非理性投资者,但他们的交易是随机的、不相关的,因此交易对价格的影响相互抵消。第三,套利:通过期货和期权进行套期保值。

　　期货(futures),核心是以未来的价格进行交易。例如,在 2015 年下半年的股市中,90% 以上的人是赔钱的,但极少数买股指期货看跌的人是赚钱的。由此可见,期货是确保市场有效的重要手段。

　　1848 年芝加哥期货交易所建立,标志着现代期货市场的诞生。最初只有农产品期货,后来出现了金属和能源等工业品期货。布雷顿森林体系的解体、浮动汇率制度的建立、利率市场化的推行,对全球金融领域乃至商品市场均产生了极大的冲击。企业面临着更多的金融风险,产生了规避金融风险的强烈需求,推动了金融期货的产生。1972 年 5 月,芝加哥商业交易所推出了历史上第一个外汇期货合约,标志着金融期货的诞生。

　　此后,利率类期货、股票类期货陆续出现,金融期货产品逐步多样化,市场规模不断扩大,金融期货市场得到蓬勃发展。1982 年 5 月,美国商品期货交易委员会批准了堪萨斯市期货交易所推出的第一份股指期货合约。两个月后,芝加哥商业交易所推出 S&P500 指数期货。随后,英国(1984)、中国香港和新加坡(1986)、荷兰(1988)、日本(1988)、法国(1988)、韩国(1996)、中国台湾(1998)、印度(2000)相继推出了指数期货。股指期货是指以股票价格指数为标的物的期货。它之所以能够得到迅速发展的原因有:第一,股指期货能够规避价格风险。通过套期保值,平抑股价波动。第二,股指期货可以促进价格发现。通过在公开、高效的期货市场中众多交易者进行竞价,有利于更有效地反映经济和市场信息。第三,股指期货可以提高资金配置效率。股指期货采用保证金交易制度,被广泛用来作为一种提高资金配置效率的手段。

二、期货监管现状

　　《中华人民共和国期货法(草案)》(简称《期货法(草案)》)在经过第十三届全国人大常委会第二十八次会议第一次审议后,于 2021 年 4 月在中国人大网公开向社会征求意见。在后续的审议中,该法的名称变更为《中华人民共和国期货和衍生品法》(简称《期货和衍生品法》),于 2022 年 4 月 20 日经第十三届全国人大常委会第三十四次会议表决通过,于 2022 年 8 月 1 日起施行。《期货和衍生品法》共 13 章 155 条,重点围绕期货和衍生品交易、期货结算与交割、期货交易者保护制度、期货经营机构和期货服务机构的监管、期货交易场所和期货结算机构的运行、期货市场监督管理、跨境交易与监管协作、法律责任等做了规定。

推动期货市场发展上升为国家战略。《期货和衍生品法》第 4 条规定："国家支持期货市场健康发展,发挥发现价格、管理风险、配置资源的功能。国家鼓励利用期货市场和衍生品市场从事套期保值等风险管理活动。国家采取措施推动农产品期货市场和衍生品市场发展,引导国内农产品生产经营。"

厘清法律边界,并设专章规定"期货交易和衍生品交易",有利于构建我国统一期货和衍生品市场。《期货和衍生品法》第 3 条规定:"本法所称期货交易,是指以期货合约或者标准化期权合约为交易标的的交易活动。本法所称衍生品交易,是指期货交易以外的,以互换合约、远期合约和非标准化期权合约及其组合为交易标的的交易活动。"

确立期货交易者权益保护制度,规定交易者适当性原则,并将交易者分为专业交易者与普通交易者。《期货和衍生品法》第 51 条规定:"根据财产状况、金融资产状况、交易知识和经验、专业能力等因素,交易者可以分为普通交易者和专业交易者。专业交易者的标准由国务院期货监督管理机构规定。普通交易者与期货经营机构发生纠纷的,期货经营机构应当证明其行为符合法律、行政法规以及国务院期货监督管理机构的规定,不存在误导、欺诈等情形。期货经营机构不能证明的,应当承担相应的赔偿责任。"

随着我国期货和衍生品市场的发展和对外开放步伐的加快,截至 2021 年年底,全国共有 150 家期货公司,2021 年全年期货市场共实现交易额 579.39 万亿元。《期货和衍生品法》的颁布必将进一步实现投资者保护,从法律层面切实保障我国期货和衍生品市场的开放与发展。

本 章 小 结

投资者适当性管理制度,即金融服务机构向投资者(消费者)提供产品或服务,应当与投资者的财务状况、风险承受能力、投资目标与需求、投资知识与经验等相匹配。美国、欧盟和中国都出台了相应的政策,以更好地保护投资者。在科创板中,也规定要对投资者进行适当性管理,如明确投资者准入制度,设立综合评估制度和风险揭示制度。同时,科创板采用的注册发行制度,不仅是我国资本市场发行制度的改革试验,更是应对域外资本市场变革、推进我国证券法治变革的重要契机。

《期货与衍生品法》将进一步实现投资者保护,从法律层面切实保障我国期货市场的开放与发展。

即 测 即 评

请扫描右侧二维码检测本章学习效果。

本章思考题

1. 证券监管理论对我国证券法修法有何参考意义?

2. 简述证券法立法理念与市场有效性假说的关系。

本章参考文献

1. 陈洁. 证券市场先期赔付制度的引入及适用[J]. 法律适用,2015(8).

2. 洪艳蓉. 从雷曼迷你债券案看香港证券业专业投资者制度[J]. 金融法律制度变革与金融法学科建设研讨会,2009.

3. 李杏. 企业家精神对中国经济增长的作用研究:基于 SYS-GMM 的实证研究[J]. 科研管理,2011(1).

4. 林毅夫,潘士远. 信息不对称、逆向选择与经济发展[J]. 世界经济,2006(1).

5. 倪受彬,张艳蓉. 证券投资咨询机构的信义义务研究[J]. 社会科学,2014(10).

6. 杨东,苏伦嘎. 股权众筹平台的运营模式及风险防范[J]. 国家检察官学院学报,2014,22(4).

7. 张付标. 证券投资者适当性制度研究[D]. 北京:对外经济贸易大学,2014.

8. 张付标,刘鹏. 投资者适当性的法律定位及其比较法分析[J]. 证券市场导报,2014(5).

9. AKERLOF G A. The market for "Lemons":quality uncertainty and the market mechanism[J]. Quarterly Journal of Economics,1970,84(3).

10. BRADFORD C S. Crowdfunding and the federal securities laws[J]. Columbia Business Law Review,2012(1).

11. CHEN H C,RITTER J R. The seven percent solution[J]. The Journal of Finance,2000,55(3).

12. FAMA E F. Efficient capital markets:A review of theory and empirical work[J]. The Journal of Finance,1970,25.

13. EUROPEAN PARLIAMENT AND EUROPEAN COUNCIL. Markets in financial instruments directive (2004/39/EC)[J]. Official Journal of the European Union,2004.

14. HAZEN T L. Crowdfunding or fraudfunding? Social networks and the securities laws—why the specially tailored exemption must be conditioned on meaningful disclosure[J]. NCL Review,2011.

15. MASHBURN D. The anti-crowd pleaser:fixing the crowdfund act's hidden risks and inadequate remedies[J]. Emory Law Journal,2013,63.

16. MUNDIAL B. Crowdfunding's potential for the developing world[M]. Washington DC:World Bank,2013.

17. POWERS T V. SEC regulation of crowdfunding intermediaries under Title Ⅲ of the JOBS Act[J]. Banking & Financial Services Policy Report,2012,10(31).

本章必读文献:参考文献 4、8、12。

第十二章 保险法及其监管

不确定性是生活中的一个基本客观事实,就像我们无法从商业决策中消除不确定性一样,我们也无法消除其他领域中的不确定性。因此可以认为风险带来了不确定性,保险就是人们应对不确定性的一种机制。在防范和化解系统性金融风险中,保险业要注重偿付能力监管,以最大诚信原则来规制各保险主体。同时,博弈论、信息经济学研究方法的引入,精算技术和计算机技术的发展,更是为防范系统性金融风险提供了强劲的动力。

第一节 保险理论与实践的发展历程

一、保险实践的发展

保险作为最早的经济行为之一,已经发展了数千年,特别是大航海时代之后得以迅速发展,用来解决风险与不确定性的问题。保险公司是典型的风险中立者,其将风险规避者所交的保费进行收集,应对发生风险时所承受的成本。以车险为例,车主为了规避风险,在保险公司购买车险,一年内保险公司将出险的费用与车主购买的车险费相抵,这样适用于保险的精算业务便应运而生。通过计算事件发生的概率(贝叶斯法则),根据经验数据的先验概率,计算出多少人会出车祸,再根据大数据分析、上一年度投保金额等计算出险概率,以此达到盈亏平衡。上一年未出事故的司机若继续投保给予优惠,对优质客户进行奖励,以此减少道德风险。

在 6000 多年前的古埃及已出现了保险萌芽。在建造金字塔、神庙时,由于当时的安全措施差、施工风险高,经常出现人员伤亡现象,负责建造的石匠们组成了类似现在保险的组织,每个石匠捐出一定的资金,形成一个资金池,一旦某个石匠因公伤亡,他的家人可以得到一定的补偿金。

在西方国家,现代保险业已经有了数百年的历史。这一历史的起算点有人认为是 1384 年第一份保单出现。

二、保险经济学的理论发展

保险经济学体系的构建是在经济分析工具的帮助下进行的。1921 年,奈特(Frank H. Knight)出版了《风险、不确定性与利润》(*Risk, Uncertainty and Profit*)一书。这部著作对于保险经济学的发展有着至关重要的作用。奈特认为,世界上只有少数人是风险偏好者,而绝大部分人是风险规避和风险中性者,后者愿意交出自己对不确定性的控制权,但条件是风险偏好者即企业家要保证他们的工资,于是,企业就产生了。也就是说,在企业制度下,管理者通过承担风险获得剩余;工人通过转嫁风险获得固定收益的工资。

1947 年,冯·诺伊曼和摩根斯坦在《博弈论与经济行为》中提出了期望效用函数理论。该理论认为,在预期风险存在的情况下,个人所做出的选择是追求某一数量的预期价值最大化。根据传统的期望效用函数理论,保险定价的可行性源于保险人与投保人在效用函数上的差别:保险人的效用函数相对于投保人更不"惧怕"风险,对风险的定价比投保人的低,因此而获利。

弗里德曼和萨维奇(1948)对风险态度进行了分析,提出了预期效用假说与效用的可测性。马克维茨(Markowitz,1952)对风险溢价进行了阐述:投资者为了避免不确定性而愿意放弃的财富或缴纳的罚金的最大数量。由于投资收益的不确定性,投资组合也是不同风险下的收益组合,风险与收益正相关。该理论奠定了马克维茨获得诺贝尔经济学奖的理论基础,也为资产定价模型(CAPM)奠定了理论基础。阿罗认为,金融市场可以作为一个有效的工具,使风险分摊达到帕累托最优,风险偏好者承担更高的风险,获得更高的收益。

1962 年博尔奇(Borch)在《经济计量学》杂志上发表了《再保险市场的均衡》一文,提出个体风险可以通过保险市场即再保险集合予以分散化,这是典型的多人博弈。论文给出了一个关于风险交换帕累托最优的"博尔奇定理"(Borch's theorem):社会风险的分担规则取决于个体的风险容忍度,每一个个体所分摊的社会风险的份额与其风险容忍度成比例。例如,1992 年澳大利亚委托我国用长征运载火箭对其卫星进行发射。发射前进行了保险,中国人民保险公司承担了此项保险。为分散风险,中国人民保险公司与瑞士再保险公司进行了共同保险。由于卫星发射出现失误,此次发射宣告失败。事后中国人民保险公司进行了赔偿,瑞士再保险公司分担了部分赔偿。

1964 年普拉特(Pratt)通过考察行为人自身在规避风险方面的意向,对同一强度下作为财富的函数存在的离差(variation)进行了测量,并由此数值来对保险决策(insurance decisions)进行分析。1965 年,阿罗进一步解释了各种风险转移的制度安排——保险市场、股票市场、隐性合约和期货市场,所有这些制度将风险转移给在风险承担上具有相对优势的一方。风险厌恶者向保险人支付一定的保费,使之愿意在此价格上承担风险,从而双方达成合约,均提高了福利水平(Arrow,1965)。

在保险监管方面,研究的重点主要是在对于偿付能力的考察上,尤其是在其监管能力、管理费率方面。穆奇等通过对最低资本要求的估计,计算出了销售保险时对保险人的数目和破产人数目的监管能力。

三、保险经济学的发展

20 世纪 70 年代之后是保险经济学的快速发展期。现代经济学中引入了信息经济学、心理学、法学、博弈论等多种办法,通过精准的计算机数据计算实现对保险业更为有效的支撑。

(一)信息经济学

道德风险(最早由阿罗于 1963 年提出)和保险业与经济学之间通过逆向选择结合在一起。保险经济学在发展时往往是通过在不确定条件下进行经济分析来实现的。现代保险经济学的发展始终要围绕着经济分析工具来进行,保险业中的一些实际案例往往会在经济理论的盲区提供指引。

（二）心理学、伦理学、社会学理论

在行为经济学家的研究中，心理学的研究往往会成为对证券投资者行为进行分析的重要依据。在投资市场中，往往会存在一些非理性投资者，这部分投资者在投资时对风险的规避意识较为薄弱，并且会对其投资有着较高、较多样化的期待。在这样的风气下，易出现保险欺诈行为，使得社会稳定性下降。在行为经济学体系中，结合心理学、伦理学、社会学等方面的研究成果，可以更好地为保险经济中出现的各类问题提供解决方法，并成为保险经济学的理论支撑。例如，一男子为自己母亲买了 200 万元保险，随后制造了一场火灾将其母亲烧死。保险公司审查赔付时觉得疑点颇多，选择了报案。法院审理查明这名男子蓄意杀人以谋取高额保费。

（三）法学

将相关的法律规定融入金融实践中，从金融的角度出发探讨在法律方面存在哪些问题。保险合同作为典型的射幸合同（合同当事人一方支付的代价所获得的只是一个机会），早在罗马法时期法律就有对其调整的记录；在现代各国民法中，也多有对其进行明文规定的。保险内容涵盖的范围比较广，同时实践操作性也比较强，在具体操作的过程中，有关法律都会对其进行约束。在监管方面，相关的制度也在逐渐完善。在对具体案例进行分析的时候，都要建立在相关法律的基础之上。在实践中经常出现利用保险进行诈骗的行为，法律对此并没有很详细的规定，需要我们进一步完善。在对保险问题进行分析时我们可以查阅相关的资料，建立一定的理论框架去研究。由于保险自身具有综合性、实务性等特征，因此法学的相关知识能够为其提供重要的理论支撑。

第二节　保险的基本原则

为规制保险人和被保险人，保险的参与者必须遵循一些共同的原则，这些原则体现在有关法律法规中。

一、最大诚信原则

保险基本原则之一的最大诚信原则，其内容主要有告知、保证、弃权和禁止反言，其目的在于分别约束保险人和被保险人。

（一）告知

保险标的重要事实应当告知保险人。重要事实是影响保险人决定是否承保及以什么条件承保的有关保险标的一切风险情况和投保人决定是否投保的情况。《中华人民共和国保险法》（简称《保险法》）第 16 条对如实告知进行了详细表述。[①]

投保人必须向保险人如实告知保险人须知道的信息，以解决信息不对称的问题。[②]

---

① 《保险法》第 16 条第 1 款、第 2 款规定："订立保险合同，保险人就保险标的或者被保险人的有关情况提出询问的，投保人应当如实告知。投保人故意或者因重大过失未履行前款规定的如实告知义务，足以影响保险人决定是否同意承保或者提高保险费率的，保险人有权解除合同。"

② 《保险法》第 16 条第 4 款、第 5 款规定："投保人故意不履行如实告知义务的，保险人对于合同解除前发生的保险事故，不承担赔偿或者给付保险金的责任，并不退还保险费。投保人因重大过失未履行如实告知义务，对保险事故的发生有严重影响的，保险人对于合同解除前发生的保险事故，不承担赔偿或者给付保险金的责任，但应当退还保险费。"

（二）保证

保证是指对某种事项的作为或者不作为。保险合同签约之后必须履行保证的条款。最大诚信原则的保证，即在保险合同有效期内，要求被保险人应当承诺做某事或者不做某事。保险合约签署之后必须履行的条款，主要约束被保险人。保险合同是依据投保人所告知的标的所处风险状况而签订的，因此，是以风险因素和风险不再增加为条件的，保险人所收取的保险费也是以保险风险不增加为前提的，投保人或者被保人的活动，如果使风险程度增加，则必然有悖于保险合同签订时保险人承保的根据，从而保险人无法承担保险责任。所以，必然要求被保险人承诺某种作为或者不作为。比如购买车险后的车主不应酒驾，车主的保证体现在保险合同中，一旦车主酒驾，保险人则不予赔付。

（三）弃权

弃权即放弃主张某项权利的行为。①

保险公司放弃解除合同的权利，意味着继续履行合同。保险公司与被保险人之间，实质上不对称的关系，被保险人获得保险人放弃的权利。

（四）禁止反言

禁止反言即对放弃的权利不得再向对方主张。

根据《保险法》第16条的规定，办理手续时，若保险人知晓投保人存在隐瞒实际情况的行为，保险人将失去解除合同的权利；当出现保险事故时，赔偿及保险金的赔付是保险人应当遵守的责任，保险人必须予以履行。

最大诚信原则被称为民商事行为中的"帝王原则"，保险中的当事人应当遵循该原则，其中告知和保证主要规制被保险人，而弃权和禁止反言主要约束保险人。

二、保险利益原则

保险利益，是指投保人或者被保险人对保险标的所具有的法律上或事实上的利益。保险合同的成立，以投保人具有保险利益为前提条件。财产上的保险利益为保险事故发生时被保险人对保险财产享有的经济利益。人身上的保险利益为保险合同订立时投保人在血统、婚姻或基于债务等关系而对被保险人的生命、健康或安全合法与实际的经济利益。人身保险利益于合同订立时必须具备，但保险事故发生时如已消灭，通常也不影响投保人的权益，因人身保险兼有储蓄性质，此利益不应被剥夺。投保人对保险标的的无保险利益，保险合同无效。这一原则可以防止道德危险发生，避免将保险变成赌博性质，同时在保险利益价值确定的情况下，可作为赔偿的最高限额。

（一）财产保险的保险利益

财产保险的保险利益主要有现有利益、预期利益、合同利益。我国财产保险单规定的投保范围中的"可保财产"包括：凡是为被保险人自有或是与他人共有而由被保险人负责的财产；由被保险人经营管理或替他人保管的财产；具有其他法律上承认的与被保险人有经济利害关系的财产。

---

① 《保险法》第16条第3款规定："前款规定的合同解除权，自保险人知道有解除事由之日起，超过三十日不行使而消灭……"

（二）人身保险的保险利益

在人身保险中投保人对被保险人的寿命和身体具有保险利益。人身保险的保险利益虽然难以用货币估价，但同样要求投保人与保险标的（生命或身体）之间具有经济利害关系，即投保人应具有保险利益。人身保险可保利益分两种情况：为自己投保和为他人投保。为自己投保，指投保人以自己的生命或身体为保险标的投保，当然具有保险利益。为他人投保人身保险有严格的限制规定，主要包括：血缘、婚姻及抚养关系，债权债务关系，业务关系等。各国法律规定不一，大致有两种：一种是利害关系论；一种是同意或承认论。《保险法》第 31 条规定，投保人对以下主体存在保险利益：本人；配偶、子女与父母；前项以外与投保人有抚养、赡养或者扶养关系的家庭其他成员、近亲属；与投保人有劳动关系的劳动者。除前款规定外，被保险人同意投保人为其订立合同的，视为投保人对被保险人具有保险利益。

投保人与保险标的存在保险利益的原因何在？

由人身保险所带来的保险利益，其产生的根源包含多种关系的成立。第一是由血缘、婚姻所带来的关系的建立，包含父母、子女、配偶等形式；第二是由于债权所带来的债务关系的建立，如借贷、商品的分期消费等；第三是由于执行其他业务所产生的关系，如职员与企业的雇佣关系等；第四是受被保险人承认的关系的建立，如友人及恋人之间允许并认可进行投保。由于这种关系可能引发道德层面的问题，因此保险公司会以慎重的态度来审核特殊情况下所建立的关系，评估其保险赔偿的相关事宜。

当投保标的是被投保人的生命安全时，投保人应当提前告知并寻求被投保人的认可，被投保人做受益人的指定证明。受益人的指定可以进行更换，变更权利由被保险人执行，更换结果也应提交保险公司进行记录，由此确认其变更具有合法性。

三、近因原则

近因原则是判断保险事故与保险标的损失之间的因果关系，从而确定保险赔偿责任的一项基本原则。近因是指引起保险标的损失的直接、最有效、起决定作用的因素，它直接导致保险标的的损失。近因并不一定是在时间上和空间上最接近损失结果的原因。例如，某人因车祸下肢受伤，诱发心脏病死亡，死亡的近因是心脏病而非下肢受伤。

四、损失补偿原则

损失补偿原则是补偿性合同理赔的重要原则。保险法理上"损害"被定性为"保险利益之反面"，保险法上所称的弥偿损失[①]（indemnity），与民法上所称的损害（damages）含义迥异：前者为无过错补偿，后者为过错承担责任。

樊启荣（2002）认为，保险损害补偿是保险合同法上诸多制度体系的一个基石，主张摒弃我国现行保险法所采的"财产保险"与"人身保险"二分法，代之以"补偿性保险"与"定额性保险"二分法，以利于法律的正确适用。

---

① 保险公司并无过错，但是基于双方已有的合约，按照这个射幸合同触发保险合约履行的条款后，由保险公司履行被保险人遭受损失的补偿责任。

第三节　保险公司的偿付能力问题

偿付能力是指保险公司在任何时候履行其所有合同下义务的能力,体现了保险公司资产和负债之间的关系。

在非正常年度,保险公司可能发生巨额支付,可能使实际赔偿超出预定额度。此外,投资收益偏离预期目标、定价和准备金的精算假设与实际产生偏差等,都会危及保险公司的偿付能力。这就要求保险公司要保证其实际资产减去负债后的余额保持法定的最低额度,以应对可能产生偏差的风险,一旦发生保险事故,能立刻赔付。偿付能力充足率是指保险公司的实际资本与最低资本的比率。保险公司的实际资本,是指认可资产(admitted asset)与认可负债(admitted liability)的差额,类似于银行的核心一级资本。最低资本是指保险公司为应对资产风险、承保风险等风险对偿付能力的不利影响而应当具有的资本数额。认可资产是保险公司在评估偿付能力时所确认的资产。认可负债是保险公司在评估偿付能力时依据银监会的规定所确认的负债。保险公司实际偿付能力额度应当大于实际资本。

偿付能力额度监管指标的计算方法如表12-1所示。

表12-1　偿付能力额度监管指标计算方法

项目	计算方式
认可资产	(1)
认可负债	(2)
实际偿付能力额度	(3)=(1)-(2)
最低偿付能力额度	(4)
偿付能力溢额	(5)=(3)-(4)
偿付能力充足率(%)	(6)=(3)/(4)

《保险法》第137条规定:国务院保险监督管理机构应当建立健全保险公司偿付能力监管体系,对保险公司的偿付能力实施监控。据此,银保监会根据保险公司偿付能力状况将保险公司分为下列三类,实施分类监管:

(1)不足类公司,指偿付能力充足率低于100%的保险公司;

(2)充足Ⅰ类公司,指偿付能力充足率在100%到150%之间的保险公司;

(3)充足Ⅱ类公司,指偿付能力充足率高于150%的保险公司。

对偿付能力充足率小于100%的保险公司,银保监会可将该公司列为重点监管对象,根据具体情况采取以下监管措施:

(1)对偿付能力充足率在70%以上的公司,银保监会可要求该公司提出整改方案并限期达到最低偿付能力额度要求,逾期未达到的,可对该公司采取要求增加资本金、责令办理再保险、限制业务范围、限制向股东分红、限制固定资产购置、限制经营费用规模、限制增设分支机构等必要的监管措施,直至其达到最低偿付能力额度要求。

(2)对偿付能力充足率在30%到70%之间的公司,银保监会除采取前款所列措施外,还可责令该公司拍卖不良资产、责令转让保险业务、限制高级管理人员的薪酬水平和在职消费水平、限制公司的商业性广告、责令停止开展新业务以及采取银保监会认为必要的其他措施。

（3）对偿付能力充足率小于30%的公司，银保监会除采取前两款所列措施外，还可根据《保险法》的规定对保险公司进行接管。

第四节　保险监管的内容

一、保险公司的设立条件

（1）主要股东保持健康可持续的状态，拥有良好的信用表现，过去三年中未出现违法乱纪的情况，拥有2亿元人民币以上的净资产。

（2）与《保险法》《公司法》具体要求相一致的公司章程。

（3）注册资本同《保险法》具体要求相一致。

（4）董事、监事及高级管理职员具有可靠的专业知识储备和熟练的管理工作经历。

（5）公司机构设置完整，制度健全。

（6）运营场所符合规范要求，基础设施符合经营活动开展的需要。

（7）符合国家法律、行政法规及行业规范所要求的其他条件，业务活动经由国务院保险管理机构审批与认证。

二、保险公司的设立程序

依照我国《公司法》《保险法》和《保险公司管理规定》的要求，设立保险公司的一般程序为筹建和开业两个阶段。

（一）筹建

筹建分为初步申请和正式申请两个阶段。初步申请，即申请人向保险监督管理部门提出要求筹备建立保险组织的书面请求；正式申请即保险公司经过筹建，向保险监督管理部门提交正式申请表和有关文件、资料。筹建期为1年。

（二）开业

申请开业时，保险公司应提出开业申请，并提交有关资料，经保险监督管理部门审查批准后，认为符合条件的，应颁发经营保险业务许可证；最后，保险公司到工商行政管理机关办理登记，领取营业执照，并缴存保证金，方可营业。

三、保险监管的主要内容

（一）保险经营的监管

我国《保险法》按保险标的不同将保险公司的业务范围分为财产保险业务和人身保险业务两大类。保险经营范围包括两层含义：① 禁止兼业，保险组织不得从事保险业务以外的业务；非保险组织不得经营保险或类似保险的业务。② 禁止兼营，同一保险人不得同时兼营人身保险和财产保险两种业务。人寿保险公司不得同时经营财产保险业务，财产保险公司不得同时经营人寿保险业务。不过，经过保险监督管理机构核定之后，在短期内保险公司可以被允许从事短期健康保险业务和意外伤害保险业务。

禁止兼业很容易理解,毕竟保险业与其他行业有很大的不同。为什么要禁止兼营呢? 主要原因是寿险和产险资产负债结构不同,例如,保险公司不能用寿险数十年的养老保险缴费来补贴车险的年度亏损。

(二)保险费率与保险条款的监管

在社会中,存在着为了维系公共利益而设立的各类保险险种。这些险种在设立时都应当报请保险监督管理机构进行审批,以此来保证其运行的合法性。不过在这些险种设立时,其自身的条款和费率则是由保险公司自身来拟订的,并在拟订之后报请保险监督机构进行备案。

(三)保险财务的监管

1. 最低偿付能力的监管

偿付能力充足率大于100%。

2. 各种保险准备金的监管

责任准备金是保险公司按法律规定为在保险合同有效期内承担赔偿或给付保险金义务而从保险费收入中提存的一种资金准备。保险公司在负债之后,其债务的偿还应由保险准备金来负责。根据我国《保险法》,保险公司在保障被保险人的偿还能力之后,提取各项责任准备金。

3. 对保险保障基金的监管制度

在保险组织中,保险保障基金是其经营的资本,保险公司应当按照保险监督管理机构的规定提存保险保障基金。保险保障基金由中国银保监会集中管理,统筹使用。我国的银保监会通过设立专门的账户来保障保险保障基金,保险保障基金在各个保险公司中各自进行核算。在集中管理、统筹使用的原则下,当保险公司面临重大经营危机时,为了减少保险行业不稳定对社会公共利益造成的损害,保险保障基金用于向保单持有人或者保单受让公司等提供救济。

(四)投保人保险欺诈行为的禁止

《保险法》第174条规定:"投保人、被保险人或者受益人有下列行为之一,进行保险诈骗活动,尚不构成犯罪的,依法给予行政处罚:(一)投保人故意虚构保险标的,骗取保险金的;(二)编造未曾发生的保险事故,或者编造虚假的事故原因或者夸大损失程度,骗取保险金的;(三)故意造成保险事故,骗取保险金的。保险事故的鉴定人、评估人、证明人故意提供虚假的证明文件,为投保人、被保险人或者受益人进行保险诈骗提供条件的,依照前款规定给予处罚。"

《保险法》第179条规定:"违反本法规定,构成犯罪的,依法追究刑事责任。"(此条款对应《刑法》第198条:保险诈骗罪。)

保险合同的条款发生争议时,应当进行解释。根据《保险法》第30条规定,当不同的主体对于保险合同内容存在争议时,进行仲裁的原则应当是按照有利于被保险人和受益人的原则来进行解释。这样的设定就是保险合同条款的"不利解释原则"。它对于被保险人和受益人(经济上的弱者)的利益维护具有十分重大的意义。根据《民法典》第498条的规定,当对于既有的格式条款理解发生争议时,应当按照通常理解予以解释。对格式条款有两种以上解释的,应当作出不利于提供格式条款一方的解释。格式条款和非格式条款不一致的,应当采用非格式条款。在保险合同中,不存在没有利害关系的其他人。

例如,一男子为自己的机动车购买了第三者责任险。一天,该男子在倒车时不小心将院墙撞倒,其母恰好在院墙另一侧,不幸受伤。保险公司接报案后以其母亲是家庭成员为由不予赔偿。该男子起诉至法院,认为保险格式合同中"第三人"应包括其母亲,保险公司将其母亲认定为家庭成员是人为缩小"第三人"的范围。经法院调查,该男子与其母亲已分开生活,其母亲应为合同第三人,判决保险公司应进行赔偿。

本 章 小 结

保险作为最早的经济行为之一,已经发展了数千年,特别是大航海时代之后得以迅速发展。保险用来解决风险不确定性的问题。道德风险和逆向选择,成为保险与经济学紧密结合的纽带。保险经济学的创立依赖于不确定条件下经济分析工具的发展,而借助于保险中的实际案例解决了许多一般经济理论所不能解决的问题。保险合同作为典型的射幸合同,需要法学理论与经济学理论紧密结合,保险诚信方面的经济分析问题同样离不开法学的理论支撑。

保险是解决风险不确定性的重要机制。我国保险监管的目标包括保证保险人有足够的偿付能力,规范保险市场、维护保险业的公平竞争,防止保险欺诈,弥补自行管理的不足。具体的监管内容包括保险公司的设立和经营、保险费率与保险条款、保险财务以及投保人保险欺诈行为。

即 测 即 评

请扫描右侧二维码检测本章学习效果。

本章思考题

1. 保险中最大诚信原则的核心内容是什么?
2. 我国《保险法》如何实现对逆向选择和道德风险的规制?

本章参考文献

1. 奈特. 风险、不确定性与利润[M]. 北京:华夏出版社,2013.

2. 樊启荣. 保险事故与被保险人过错之关系及其法律调整模式:兼评我国《保险法》第27条第2款及相关规定[J]. 法学评论,2002(5).

3. ARROW K J. Aspects of the theory of risk–bearing[M]. Helsinki:Yrjo Jahnssonin Saatio,1965.

4. BORCH K. Equilibrium in a reinsurance market[J]. Econometrica,1962,30(3):424–444.

5. FRIEDMAN M,SAVAGE L J. The utility analysis of choices involving risk[J]. Journal of Political Economy,1948,56(4).

6. MARKOWITZ H. The utility of wealth[J]. Journal of Political Economy,1952,60(2).

7. MARKOWITZ H. Portfolio selection[J]. Journal of Finance,1952,7(1).

8. PRATT J W. Risk aversion in the small and in the large[J]. Econometrica,1964,32(1-2):122-136.

本章必读文献:参考文献 1、2、7。

第十三章 信托及其监管

　　我国信托制度的起源依托于英国衡平法,较快的发展速度使信托已成为我国金融体系的重要组成部分。单独立法、强监管、规范化发展的信托行业契合了中央防范化解系统性金融风险的要求。信托独特的资产隔离、多元所有权等属性,是信托法区别于其他金融法的重点。长期资产如养老金、家族传承、理财等金融创新模式采用信托制,表明了信托与时俱进、广泛应用、科学创新等优越性,对信托的有效监管已成大势所趋。

第一节　信托制度演进

一、信托的起源

　　英国是现代信托制度的发源地。13 世纪初英国教徒为回避英王亨利三世颁布的《没收条例》中限制教徒向教会遗赠土地的条款而创立了"尤斯制"(USE)(拉丁文"Opus",即"代之"或"为之"的意思)。"尤斯制"被普遍认为是现代信托制度的雏形。"尤斯制"的基本做法是:教徒在生前遗嘱中将自己的土地赠与第三人,而不直接赠与教会,但明确规定赠与的目的是保障教会对土地的使用权和受益权。由于不是直接赠与教会,政府便不能根据《没收条例》没收赠与的土地,但却同样达到了使教会获得土地利益的目的。尤斯制已形成了比较完整的信托关系:赠土地者是委托人;受赠人是遗产土地的受托人,在法律上掌握土地的所有权;教会是土地的受益人。只不过这时的受托人还仅是名义上的,他并不对受托财产(遗赠的土地)拥有完整的所有权,在这一点上与真正的信托关系是有区别的,故此人们将其称为"虚设信托"或"消极信托"。作为转移和管理财产的一种重要方式,信托制度是英国法律之园中的一朵奇葩,该制度所体现的道德原则和灵活性赢得了众多学者的广泛赞誉,被称为"英国人在法学领域取得的最伟大、最杰出的成就",是"盎格鲁-撒克逊人的守护天使",其"应用范围可与人类的想象力相媲美,永无止境"。

　　1873 年英国颁布"司法条例"后,取消了"二重裁判制"。为了规范日益扩大的信托活动,开始颁布了一系列信托法令,其中 1893 年颁布的"受托人条例"和 1896 年颁布的"官选受托人条例"最为重要。这些信托法令标志着英国开始用普通法规范信托活动。在英国本土 1886 年第一家以营利为目的的私人信托机构——公共信托公司成立。1908 年官立信托局成立,另外还相继成立了一些私人信托机构。信托机构在英国殖民地的创立要早于本土。1832 年在英属南非就创立了"信托执行公司",1872 年在英属新西兰创立官办信托机构,1878 年和 1882 年分别在英属澳大利亚和加拿大创立了私人信托机构。在1886年英国第一家信托机构成立之前英国的信托都是个人受托,凭个人情意无偿服务。个人受托的悠久历史至今仍深刻影响着英国现代信托业。在当前英国的信托中个人受托仍占主要地位,法人受托只占20%左右。个人受托的业务多是民事信托和公益信托,法人受托的业务多为有价证券投资业务。英国的信托业主要集中于银行和保险公司,采用兼营方式,专营信托机构较少。

传统信托与现代信托的区别如表13-1所示。

表13-1　传统信托与现代信托的区别

比较内容	传统信托	现代信托
信托财产的内容	以土地为主	金融资产为主
受托人的性质	委托人的亲戚朋友	专业人士或专业机构
约束受托人的机制	利他主义、亲情、道德	信托财产的独特性、信义义务、推定信托

信托的中文译自英文"trust",是一个真正做到了"信达雅"的译文。"信"即信用,"托"即委托,合二为一即基于信任的托付。委托人指委托他人为自己管理信托资产的自然人、法人或合法的其他组织。受托人在我国一般指的是信托投资公司,它是主要经营各种财产的信托业务、发挥受托理财功能,以手续费、佣金为主要收入来源的金融机构。受益人是指在信托关系中享有资产受益权的自然人、法人或合法的其他组织。委托人和受益人可以相同,也可不同。与物权法不同,物权法明确资产的归属,而信托则明确受益人是谁,这来源于英国的普通法形成的信托体系,委托的标的是其他能够带来利益的资产。信托解决资金跨行业、跨周期的问题。例如,在职工作人员(委托人)将养老金委托给养老金公司(受托人),进行资金管理,工作人员退休后变成受益人。由于信托可以完成一个长时间的资金管理,目前世界上95%的养老金采用信托形式进行管理。信托制度同时具备财产转移和财产管理的功能,产品设计灵活,形式多样,信托利益划分具有弹性,业务范围涉及货币市场、资本市场和实体市场三大领域,是一款全能型投资工具,可以充分实现委托人的意愿。

二、我国信托的发展

中国最早提议制定信托法的是江平、谢怀栻、魏家驹等法学家。江平、周小明(1994)认为,信托是源于英国衡平法的一种为他人利益管理财产的制度,其独具一格的法律构造是:财产所有人(委托人)将其财产权转移或设定于有管理能力且足以信赖的人(受托人),为特定人(受益人)的利益或目的,管理该财产。一个典型例子是:劳动者在社保中心缴纳养老金的时候,其管理者为养老金管理机构。养老金不是债权债务关系,而是一种信托关系。

《中华人民共和国信托法》(简称《信托法》)由第九届全国人民代表大会常务委员会第二十一次会议于2001年4月28日通过,自2001年10月1日起施行,共7章74条,将信托法律关系从一般的民事法律关系中明确独立出来,成为调整财产信托民事活动中当事人权利义务的基本法律。《信托法》开篇即阐述了该法的颁布有四个方面的目标:一是对信托关系进行调整;二是对信托行为有效规范;三是对信托当事人的合法权益加强保护;四是对信托行业的健康发展作出贡献。《信托法》第2条规定:本法所称信托,是指委托人基于对受托人的信任,将其财产权委托给受托人,由受托人按委托人的意愿以自己的名义,为受益人的利益或者特定目的,进行管理或者处分的行为。这里的"委托给"语意上易被认为是模糊的,但实际操作中的确是"给了"。例如证券投资基金就是典型的信托行为,投资者不将资金"给"基金公司,其将无法替投资者投资。

《信托法》第 10 条规定"设立信托,对于信托财产,有关法律、行政法规规定应当办理登记手续的,应当依法办理信托登记。未依照前款规定办理信托登记的,应当补办登记手续;不补办的,该信托不产生效力。"这个条款其实也表明信托财产转移或设定的意涵。

第二节　信托中的受托人义务

一、英美法系受托人义务

一个完整的信托由委托人、受托人和受益人组成,其中受托人是信托的核心。作为信托产品代表的证券投资基金以流动性金融资产为基础,必须灵活管理,以适应金融市场的快速变化,因此委托人赋予作为受托人的基金经理广泛交易权,同时受托人必须受到信义义务的约束(Sitkoff,2011)。法律概念中的义务是对采取(或不采取)特定行动的要求。义务是强制性的,不是任意性的。责任人只能履行义务,不能否认或无视义务。英美法学界在内容上将信义义务分为忠实义务和注意义务。如受托人违反信义义务,委托人将有权请求损害赔偿,弥补因受托人违反义务而造成的损失,或要求受托人返还因违反义务而获得的一切利润。

忠实义务代表的是信义义务中禁止性的一面,即要求受托人为委托人的最佳利益甚至只为委托人的单一利益而行动,以此来协调受托人与委托人的利益冲突。忠实义务推定性地禁止受托人进行自我交易,不能为其本人或任何第三人谋利;规定委托人对此类交易行为的同意需满足一定的程序上和实体上的保护性要件,其中主要的保护性要件是规定受托人对交易负有完全和公正披露的义务。委托人本来就有权获得交易的利益,更有权就因受托人的背信行为而丧失的收益获得赔偿返还,其数额甚至可以超过赔偿委托人所需的数额,这体现了信义法除填补损失外的威慑和促进公正披露的目的。在美国的信托制度设计中,"忠实"意味着将他人利益放在先于自己的位置。对忠实义务的衡量有四个依据:一是受托人的行为必须诚实信用;二是受托人不得利用信托获取不正当利益;三是受托人不得陷入利益冲突;四是受托人不得未经权利人同意,为自己或第三人的利益活动。也就是说,忠实义务要求受托人忠实于受益人的利益,不得为了自己的利益而作出不利于受益人利益的行为。

📖 案例 13-1

英式管家僭越东家签约受益

伦敦的商人基奇(Keech)先生去世之前把家里具有长期租约的罗姆福德(Romford)市场管理业务委托给受托人斯坦福(Sandford)先生,受益人是其儿子小基奇。受托人斯坦福在管理租赁业务的过程中,与 Romford 市场所有权人建立了长期的合作关系,结果在基奇家与 Romford 市场所有权人的租约到期的时候,斯坦福并未以基奇家的名义与 Romford 市场所有权人续约,而是以自己的名义签署了新租约并享受了这个租约带来的所有收益。后来小基奇长大了,向法院起诉斯坦福,法院判定斯坦福败诉。作为受托人的斯坦福先生因为违背了忠实义务,法院判决将所有因该市场的所得赔偿基奇家。法官认定斯坦福先生是全世界唯一的一个不可以与原委托人进行竞争的签约者,原因在于受托人处理信托财产的唯一目的是增加受益人的利益,即单一利益原则(sole interest rule),即"为保障受益人的信托利益,受托人忠实义务无法免除",受托人不能将自己的受托人地位与个人利益置于相互冲突的位置。

信义义务的积极含义体现在注意义务上,即确立一个合理或审慎的标准,客观地立足于行业规范和实践。当受托人对委托人委托的事项具有专业技能时,适用的注意标准可参照具有这种专门技能的理性、谨慎的商人。

📖 案例 13-2

受托人注意义务

1830 年美国哈佛学院诉阿莫里案是信托史上划时代意义的经典判例。阿莫里先生作为受托人接到了一对老年夫妇 5 万美元(当时是一笔巨款)的投资委托,未来捐赠给受益人哈佛学院。当时一般情况下的投资只能在"法定投资表"里面选择,比如政府债券。而阿莫里先生一部分投资于一家私人公司的股票,从而造成了约 1 万美元的损失。哈佛学院因而起诉到了马萨诸塞州法院,法官最后判定:在投资上只要受托人依当时情形审慎判断,符合受托人"自己的基金"和"永久性配置"标准,亦即像对待自有的资产一样以长期投资为标准,则不必要求受托人对投资之损失负责。该判决形成了"哈佛学院规则"(Harvard College Rule),摒弃了原来"法定投资表"限制投资种类的做法,表明积极的注意义务是值得鼓励的,该案例后续影响到今天的基金经理,他们不会为所管理的基金净值跌破面值而赔偿投资者。现实中,资金管理者应本着勤勉负责的态度对自己所管理的资金进行审慎性操作。

注意义务和忠实义务作为受托人必须同时履行的两大义务,可以对损害受益人利益的行为进行事前预防和事后救济。关于对受托人违反信托义务的处罚,伊斯特布鲁克和费舍尔(Easterbrook and Fischel,1982)认为,遏制背信行为比事先仔细审查受托人更为重要;这相当于刑法更重视对银行抢劫的惩罚,而不是对进入银行的每个人进行搜身检查其是否携带武器。

英美法系对未履行受托人责任者进行严惩,以形成威慑:对金融史上最大"庞氏骗局"麦道夫案主犯,判入狱 150 年;安然公司前首席执行官杰弗里·斯基林因犯有欺诈、共谋、内部交易等一系列罪行被判处 24 年又 4 个月徒刑。由于英美法系的判罚非常重,所以英美的基金经理及养老金托管人对受托人的忠实义务履行得非常好。美国 1940 年的《投资公司法》和《投资顾问法》核心思想就是受托人义务。而这两部法律,正是美国基金行业的奠基大法,受托人义务是美国基金行业的精神内核。

美国《雇员退休收入保障法》第 401 条规定:"……受托人根据参与人和受益人的利益履行自身的职责……必须以必要的注意、技能、谨慎和勤勉,是指在当时的情况下,一个以同样的能力和同样熟悉相关事物而谨慎的人,在经营一个同样性质和同样目的的事业时会使用的注意、技能、谨慎和勤勉。"此后,欧盟的资产管理行业也引入了受托人义务。

从英美信托法的历史发展来看,金融机构作为资管产品的受托人应同时履行忠实义务和注意义务,以便在损害受益人潜在利益的不当行为发生时起到事先预防和事后救济的作用。

二、中国《信托法》中的审慎人规则

我国《信托法》大量借鉴了英美法系信托法,审慎人规则在多处得到了体现。《信托法》第 25 条的规定阐明了在信托关系中,受托人需严格遵守信托相关文件的规定,以受益人利益最大化为目标,为其处理相关事务。受托人须尽职尽责地为委托人管理信托资产,积极履行诚信、审慎和实质管理的义务。

《信托公司管理办法》(银监会令 2007 年第 2 号)第 9 条也阐述了中国银监会须秉持依法合规和审慎监管的原则对新申请设立的信托公司进行充分审查。

《中华人民共和国证券投资基金法》第 9 条提出对基金管理人和基金托管人的如下要求:二者须尽职尽责、诚信认真、审慎管理和运用基金资产。

从我国上述法律法规中可以看到审慎人规则的贯彻。

第三节　信托中的双重所有权

一、双重所有权定义

信托财产管理与收益相分离表现为受托人与受益人分享普通法和衡平法上的"双重所有权"。信托财产一旦从委托人转交至受托人手中,其法律所有权就归受托人,受托人以管理资产为目的成为新的所有权人(Langbein,1995)。受益人享有信托财产的衡平所有权(Equitable Title)以平衡受托人过于强大的权利。衡平所有权是最后的权利,优于普通法所有权。

两种所有权虽然并存,但主体不同。信托财产的最终受益权归属于受益人。委托人将财产转移给受托人之后,受托人如果声称这些财产是他自己的,受益人在普通法上就没有什么救济,但受益人可以以实现其权利请求衡平法干预。法院可根据衡平法对因受托人滥用委托人信任的受害人给予救济,这种标准在英美学界被称为"信任标准"(trust and confidence test)。衡平法的所有权是终极所有权。衡平法唯一成形的具体法律制度唯有信托法(陈颐,2011)。当两种所有权相悖时,受益人的衡平所有权优先于受托人的普通法所有权,这种制度设计被称为双重所有权(dual ownership),与大陆法系物权法"一物一权"原则不同。

衡平法的基本原则包括:衡平法不允许错误存在而没有救济(Equity will not suffer a wrong to be without remedy);求助于衡平法者自身必须公正行事(He who seeks equity must do equity);求助于衡平法者自身必须清白(He who comes to equity come with clean hands);衡平法注重意图而非形式(Equity looks at the intent rather than the form)。在司法实践中,要看意图是什么,至于何种形式不太重要,因为衡平法可以推定出履行义务的意图(Equity imputes an intention to fulfill an obligation)。

二、信托中的双重所有权处理方案

没有普通法传统如何处理信托财产?

苏格兰有浓厚的大陆法系背景,没有英格兰双重所有权。在苏格兰信托法里,委托人要将信托财产的所有权转移给受托人,而受益人的权利仅是一种债权。苏格兰信托法认为,由于物权的客体必须是特定物,但受益人的权利往往并不指向特定的"物",而是不断变化,所以受益权不可能是物权(Hayton,1999)。

如何解决中国大陆法系双重所有权的矛盾?借鉴苏格兰法律,于海涌(2010)给出了"物权+债权"方案,见表13-2。

表13-2　"物权+债权"方案

相关方	双重所有权结构	物权债权二元结构
委托人	委托人对信托财产没有支配权,对信托事务的干预取决于信托文件	委托人对信托财产没有支配权,对信托事务的干预取决于信托文件
受托人	受托人享有普通法所有权,但受衡平法所有权的约束,受托人有义务为受益人的利益而忠实、谨慎地管理和处分信托财产	受托人享有单一所有权,但承担债法上的义务,受托人有义务为受益人的利益而忠实、谨慎地管理和处分信托财产
受益人	受益人享有衡平所有权,可以请求支付信托利益,监督信托事务,并享有对第三人的撤销权	受益人享有债权,可以请求支付信托利益,监督信托事务,并享有对第三人的撤销权
第三人	善意第三人受保护,恶意第三人将受到追夺	善意第三人受保护,恶意第三人将受到追夺

资料来源:于海涌(2010)。

第四节　证券投资基金与养老金

一、证券投资基金

证券投资基金与养老金是两类非常重要的信托产品。2003年10月28日全国人大常委会通过《中华人民共和国证券投资基金法》(简称《证券投资基金法》),2004年6月1日开始实施。该法第2条规定"……本法未规定的,适用《中华人民共和国信托法》、《中华人民共和国证券法》和其他有关法律、行政法规的规定。"

证券投资基金是特殊形式的信托,基金经理作为受托人必须履行受托人的信义义务。

📖 **案例13-3**

"老鼠仓"

2009年4月,李某某利用职务之便,在其担任交通银行施罗德基金经理期间,在该基金旗下蓝筹、成长基金对工商银行等一批股票建仓之前,指使五矿深圳华富路证券销售经理李某,在李某某家族控制的两个证券账户内,提前或同时与基金购入相同股票,成交金额总计约5 200万元。李某某家族持仓的上述股票,均于同年6月卖出,股票交易价差获利约899万元,其间同时获得了工商银行股票分红约170万元。

2010年6月,中国证监会在对某上市公司异常交易案进行稽查时,不经意间发现李某某的注册资料存在错误和遗漏,随即引发后期的一系列调查。2011年,中国证监会正式通报了李某某的"老鼠仓"行为。2012年11月,上海市第一中级人民法院下达刑事判决书,认定李某某在 2009 年 4 月的行为构成利用未公开信息交易罪,非法获利总计 1 071.57 万元,依法判处李某某有期徒刑 4 年,追缴违法所得,并处罚金 1 800 万元。李某某不服一审判决提出上诉,法院驳回上诉,维持原判。此后中国证监会于 2014 年对李某某做出了取消基金从业资格和终身禁入市场的行政处罚。

从李某某的案例中,可以概括出基金经理"老鼠仓"行为的几个特点。第一,从利益相关者的角度来看,基金经理的角色是由基金管理公司来扮演的,正常情况下"老鼠仓"行为主要是由基金经理在基金公司内部具体运作来实施的。第二,从行为人使用的信息资源来看,李某某掌握了正在生成或已经生成的非公开交易信息。第三,从行为关联性来看,李某某交易的标的股票与信托基金交易的标的股票相同,方法是指使他人先交易,利用时间差买入标的股票。第四,从行为目的的角度看,李某某通过利益输送来为自己谋取利益。

一般来说,当股票买单足够大时,其价格就会呈现上涨趋势。李某某正是根据这一原则,首先以低价买入股票,然后利用受控的公募基金提高股票股价,然后在出售公募基金之前出售该批股票以获得高额收益,从而将自身利益置于受益人利益之上。

对于李某某案的定性,从证券法角度分析,凡是涉及证券市场交易的信息,均属于应当披露的信息,符合《中华人民共和国刑法修正案(七)》"利用未公开信息交易罪"要件。持"背信"观点的学者多是从刑法角度定性,将"老鼠仓"行为归入"背信罪"。日本和德国把受托为他人处理财产或其他事物的人,为谋取私利而违背受托义务,损害委托人财产利益的行为规定为"背信罪"。《日本刑法典》第 247 条、《德国刑法典》第 266 条,均处五年以下自由刑或罚金刑。

内幕交易强调内幕信息的"重大性",要求强制信息披露,而"老鼠仓"行为因涉及"其他未披露的信息",包括发行人之外的市场股票交易情况等外部信息,虽然它们会对股票价格有一定影响,但不是决定股票价值的关键因素,法律也不强制披露。另外,内幕交易与"老鼠仓"依托的法理不同。内幕交易侵权的法律利益是市场运作应遵循的公平原则,而"老鼠仓"行为人掌握的是不需要披露的交易信息,违法本质是基金管理人将自己的利益凌驾于委托人的利益之上,背弃了忠实义务。因此,"背信"的性质更接近"老鼠仓"的本质。

二、养老金和企业年金

养老金和企业年金作为长期的机构投资者,大多数采用信托这一形式。美国是市场经济和金融体系最发达的国家,其政府管理的联邦老年、遗属和伤残人信托保险基金(Federal Old-Age and Survivors Insurance and Disability Insurance Trust Funds,简称 OASDI,一般简译为联邦社保基金)就采用了信托的形式。第二支柱的私人养老金如 401K,也基本上采用了信托形式。通常企业年金要缴纳数十年,与之匹配的信托模式则是最适合投资的方式来解决长期的委托-代理问题。

中国企业年金从本质上来看也是采用信托方式的,如 2011 年 2 月 12 日发布的《企业年金基金管理办法》第 1 条规定:为维护企业年金各方当事人的合法权益,规范企业年金基金管理,根据劳动法、信托法、合同法、证券投资基金法等法律和国务院有关规定,制定本办法。在我国养老保障制度中存在着多个基金,诸如统筹账户基金、个人账户基金、企业年金、职业年金、全国社会保障基金,这些基金的性质不同,风险特征不同,投资管理政策不同,但均采用信托模式。

统筹账户基金是现收现付制下的结余并可以投资资本市场。企业年金和全国社会保障基金已经投资资本市场十年,取得了积极成效。2015 年建立的强制性职业年金更是促进了养老金融的发展。从长期来看,职业年金、企业年金将成为资本市场最主要的机构投资者,在金融业的发展中起到"定海神针"的作用,在此期间,规范企业年金的《信托法》应根据当前形势进一步修改,为企业年金、职业年金的建立、发展、壮大奠定基础。

为什么养老金要采用信托的形式呢?一个最重要的原因就是只有信托才能够满足长期金融资源配置的要求。在委托期间,年轻的时候委托人每个月将一定金额的资金交给养老金管理公司,管理公司行使受托人职责,按照相关合同履行忠实义务和注意义务运营资产。若干年后委托人退休后领取养老金时则变为受益人,这样信托解决了长期的资金配置。美国居民最重要的资产就是养老金,养老金占 GDP 的 150% 左右,中国的规模仅占 GDP 的 7% 。我国的养老金之路任重而道远,巨大的养老金将会对金融结构、金融市场、资本市场以及中国的未来产生巨大的影响。所以,养老金和信托是天然契合,金融信托机构是管理养老金的最佳方案之一。从国外管理养老基金的经验来看,信托方式管理运用养老基金是极为可行的最优选择。

养老信托作为一种新型信托形式,集合了养老产业属性和金融属性双重性质,并且养老信托的发展周期与我国整个社会经济和人口形势密切相关,其风险因素具有系统性特征,加强养老信托监管已势在必行。依法执行、适度监管和公开公正是养老信托监管的重要原则。政府在实施监管过程中,需充分考虑市场发展因素,逐步提高监管信息透明度,调动社会力量加入监管行列中,使得养老信托普惠于民的同时能监管于民。

第五节　中国的信托监管

一、信托法

《信托法》作为我国信托制度良性发展的基础和前提,为我国信托业的生存保驾护航。《信托法》作为全国人民代表大会审议通过的法律,真正确立了中国的信托制度,为构建信托法律法规体系奠定了中国的"信托"基础,迈出了最重要的第一步。《信托法》作为信托行业的基本法,是我国商业信托、公益信托和民事信托发展的核心法律依据,在此基础上制定的其他信托法规和规范性文件,为各类信托活动提供了依据。《信托法》为合格机构投资者、私募基金合法化提供了法律依据的同时,打开了我国理财市场的大门,涉及信贷资产证券化、特殊目的载体(special purpose vehicle,SPV)、养老金管理、保险资金投资基础设施领域等。

《信托法》定位于调整信托行业各类活动的基本法律,在实践中仍存在与理论设计不匹配的问题。例如,监管和发展不平衡的问题,使得强制性条文挤占了商业信托、民事信托和公益信托的发展空间,不利于信托活动在我国的发展和扎根。监管部门应把握审慎监管原则,继续加强《信托法》法理基础研究,不断创新监管形式和方法,使信托与我国法律制度体系深入融合,同时借鉴国外经验,因地制宜地进行本土化制度创新,敢于试点,使《信托法》加快与我国法律体系融合,促进信托业健康发展。

二、《证券投资基金法》

《证券投资基金法》第 2 条规定:"本法未规定的,适用《中华人民共和国信托法》、《中华人民共和国证券法》和其他有关法律、行政法规的规定"。这里将《信托法》放在首位,明确了《信托法》在证券投资基金监管中的重要作用。因此,对于投资人委托的资产,基金管理人必须按照《信托法》的要求承担忠实义务。《证券投资基金法》第9条规定:基金管理人和基金托管人在管理、运用基金资产,应当尽职尽责,履行诚实信用、谨慎勤勉的义务。对于不履行忠实义务的基金经理,"终身禁入"具有更强的威慑力。忠实义务也是基金经理"信任和忠诚"的基本价值。人社部2016年《职业年金基金管理暂行办法》第1条规定:为规范职业年金基金管理,保护各方合法权益,根据信托法、合同法、证券投资基金法等法律及有关规定,制定本办法。第22条规定,投资管理人不得有下列行为:……侵占、挪用职业年金基金资产;承诺、变相承诺保本或者保证收益。

　　长期来看,养老金将成为资本市场最主要的机构投资者之一,基金业应成为管理养老金的主角,其核心是坚守作为受托人忠实义务的底线。

三、其他有关信托监管的法规

　　《信托法》及其他信托法律法规的颁布实施,使金融和法律专业人士以及新兴的中产阶级开始有意识地运用信托,中国对"信托"这一国际通行制度的法律认可,使我国在接受和移植信托制度的过程中,对英美法文化有了深刻的认识。《信托法》和其他信托法律法规确立的一系列法律规则,促进了中国法律观念、法律文化和法律体系的变革,英美法"信托"自身特征及其与大陆法系传统冲突的演变,使中国在移植信托制度的同时对英美法文化持更加开放的态度;《信托法》等信托法律法规也促进了理论研究的创新,拓宽了金融学、管理学和法学的研究视野,拓宽了中国社会科学的研究领域。

　　2019年以来,在银保监会的指导部署下,我国信托业监管的重点立足于信托回归本源、加快信托业务结构转型、遏制信托规模无序扩张、严惩信托市场违法违规行为和有效防范化解行业各类风险,信托业开始进入常态化严监管。近年来信托业罚单事由,主要是业务违规、违规信息披露、违规关联交易、内控失效等。伴随罚单金额上升和惩罚事由日趋明确、具体,中国信托业,违法成本持续升高,信托行业发展更加规范。由于信托业整体非标存量较银行和保险资管更高,业内信托公司面临巨大的经营压力,尤其是房地产信托、通道业务和融资业务公司。信托行业应充分把握信托作为资管行业唯一具有贷款资质机构的优势,规范发展,激发私募产品经济活力,持续合规化有序转型发展。

　　信托业发展需各级监管部门制定中长期发展的战略规划,以促进信托行业稳健发展,为我国防范化解金融风险的总体监管目标,贡献信托行业的力量。特别是2018年中国人民银行等四部委发布的《关于规范金融机构资产管理业务的指导意见》中,将资产管理业务定义为各类金融机构接受投资者委托,对受托的投资者财产进行投资和管理的金融服务。其本质上就是信托服务。金融机构作为受托人,要为委托人利益履行诚实信用、勤勉尽责义务并收取相应的管理费用,委托人自担投资风险并获得收益。应当说,该指导意见是对《信托法》在资产管理领域的重要补充,未来《信托法》修订时可能会采纳该意见的很多条款。

本 章 小 结

　　《信托法》借鉴英美法系立法理念,完善了我国金融市场的产品架构,丰富了金融市场的产品类型,促进了信托业资产规模的持续扩大。《信托法》使信托法律关系从一般的民事法律关系中独立出来,成为调整财产信托民事活动中当事人权利义务的基本法律。

资产隔离、多元所有权等独特性,以及受托人的注意义务、信义义务、审慎规则,是《信托法》有别于其他金融法的重点。长期资产如养老金、家族传承、理财等金融创新模式采用信托制,表明了其价值。将"信托"本身的英美法特质与大陆法融合并在本土创新,促进了中国理论研究的发展,同时拓宽了我国社会科学的研究范畴。

即测即评

请扫描右侧二维码检测本章学习效果。

本章思考题

1. 我国信托法如何解决信托资产的所有权问题?
2. 受托人信义义务如何履行?
3. 信托对于金融创新有什么价值?

本章参考文献

1. 陈颐. 衡平法、用益与信托:英国信托法的早期史概说[J]. 南京大学法律评论,2011(2).
2. 江平,周小明. 论中国的信托立法[J]. 中国法学,1994(6).
3. 考特,尤伦. 法和经济学[M].6 版. 史晋川,董雪兵,等译. 上海:格致出版社,2012.
4. 于海涌. 论英美信托财产双重所有权在中国的本土化[J]. 现代法学,2010,32(3).
5. 张开平. 英美公司董事法律制度研究[M]. 北京:法律出版社,1998.
6. EASTERBROOK F H,FISCHEL D R. Corporate control transactions[J]. Yale Law Journal,1982,91(4).
7. HAYTON D. The developing European dimension of trust law[J]. King's Law Journal,1999.
8. HAYTON D J. Commentary and cases on the law of trusts and equitable remedies[M].10th ed. London:Sweet & Maxwell,1996.
9. AYRES I,GERTNER R. Filling gaps in incomplete contracts:an economic theory of default rules[J]. The Yale Law Journal,1989,99(1).
10. LANGBEIN J H. The contractarian basis of the law of trusts[J]. The Yale Law Journal,1995,105(3).
11. SITKOFF R H. The economic structure of fiduciary law[J]. Boston University Law Review,2011,91.
12. SMITH D G. The critical resource theory of fiduciary duty[J]. Vanderbilt Law Review,2002,

55(5).

13. TODD P,WATT G. Todd & Watt's cases and materials on equity and trusts[M]. Oxford：Oxford University Press,2009.

本章必读文献参考文献 2、11。

第三篇　数字金融与地方金融监管

对数字金融、地方金融等进行监管是传统金融监管较少涉及的领域。但是,随着近几年金融数字化程度提高,金融市场出现的系统性风险呈现出新特点,数字金融法律监管面临着数据权的属性、监管实践的技术障碍以及监管主体的不确定性等难题。对于地方金融领域而言,地方政府对地方金融的监管可相对弥补中央对地方金融监管的不足,有助于克服信息不对称带来的监管风险,但也面临上位法不足、权责不明、监管机构能力不足等问题。因此,防范和化解数字金融、地方金融等领域的系统性风险亟需理论探讨与监管实践。

本篇针对数字金融领域风险防控的研究成果,基于自 2013 年以来作者对数字金融的持续研究,并借助国家网信办"数字经济相关立法与监管研究"课题的成果,提出监管立法的具体建议,对发挥数字金融支持经济、防范化解系统性金融风险具有积极作用,补上对数字金融监管的短板。

本篇针对地方金融领域风险防控的研究成果,基于北京市社科基金重点课题"新时代防范系统性金融风险研究"等课题的成果,结合 P2P 大多由地方金融监管机构批准设立最后却大量暴雷的现实,设专章探讨地方金融监管问题,研究科学、可行的地方金融风险防范工作激励机制,补上地方金融监管的短板。

最后,针对防范化解系统性金融风险的总体要求,考虑金融综合监管问题,设专章探讨中国金融综合监管现状及展望,在当前大资管新规的基础上,利用总体信息优势从整体上有效地对金融机构进行监测和确认风险,以有效防范和化解系统性金融风险。

数字金融及其监管

数字金融迅猛发展对金融监管提出新课题、新挑战。我国对数字金融的监管从政策层面和司法层面均提出了相应对策,并启动监管沙盒。制定审慎监管要求,严肃市场纪律,对发挥数字金融支持经济、防范化解系统性金融风险具有积极作用。

第一节 数字金融的法学、经济学特征

一、会计记账模式发展

(一)收付式记账

我国自远古起就有刻木计数、结绳记事,后来随着经济的发展,在《周礼》中就有会计官职的设置"司会",掌管国家和地方的财产物资。元代形成了"四柱清册",即"旧管+新收=开除+实在",意为"原有的+新收入的=拿走的+剩下的",即单一账本。这是我国最早期的会计,为近代会计的发展奠定了基础。但在这些会计凭证之间,会存在着相互印证不清等问题,无法全面地反映整个系统经济活动过程,难以验证账目的准确性,于是逐渐被淘汰。

(二)复式记账法

1494年,数学家卢卡·帕乔利在《算术、几何、比及比例概要》中对复式记账进行了阐述,这是会计发展史上的里程碑。复式记账秉承有借必有贷、借贷必相等的原则,避免了单一收付式记账的缺陷,每笔业务必须记两笔或者两笔以上的账目,各账户之间客观上存在对应关系,对账户记录的结果可以进行试算平衡。但由于复式记账参与人局限于出纳、会计,最多加上外部审计人员,做假账的可能性依然存在。2001年美国的"安然事件"中名列全球五大会计师事务所之首的安达信会计师事务所就因协助安然公司造假而声名狼藉,最后退出了会计和审计市场(Bratton,2002)。时任中国总理朱镕基很少题字,却对中国新成立的三个国家会计学院"网开一面",亲笔题写了校训"不做假账"。

(三)分布式记账

2008年,中本聪发表《比特币:一种点对点的电子现金系统》,提出了一种新的基于密码学原理而不基于信用的电子支付系统,它使得任何达成意思一致的双方能够直接进行支付,从而不需要第三方中介的参与。比特币在交易时的表现形式是一串字符,这串字符包含了上一次交易的信息和下一个所有者的公钥信息,并会被发送到下一个所有者的公钥地址,收款方会对这串字符进行验证,并向全网络公告。因此,比特币被描述为一种分散的、点对点的虚拟货币,可以像货币

一样使用。它可以兑换成美元等传统货币,也可以用来购买商品或服务,通常是在线交易。与传统货币不同,比特币没有政府和银行的支持。

分布式记账实际上是在各个地方的均有分布的数据库,它可以分布在计算设施上,也可以分布在其他节点上,在这些地方进行独立更新并保存一个分类账,而不需要通过中心机构来控制。分布式记账技术解决了信任成本问题,对于银行、政府、公证处等依赖没有那么大,数据全在节点上。同时,也解决了消费者权益、财务诚信和交易速度的问题。

分布式记账技术是对复式记账的一场革命。与复式记账的同一交易被记两笔或者两笔以上的情况不同,在分布式记账中被认可的交易信息将被确认形成区块并记入所有参与者的"账本",区块链上的每一个区块都会被盖上唯一的"时间戳",该时间戳能够证实特定数据必然存在于某个特定时间。在这种分布式记账技术中,所有 N 个参与者记账信息是完全相同的,篡改是几乎不可能完成的任务。比如,在 100 人的微信群里有人发了只能 10 个人领的红包,抢红包的记录在每一个手机终端都是完全一样的,"时间戳"记录了这 10 个红包被领取的准确时间和领取人,由于所有群友的终端都记录了这个红包的领取记录(分布式记账),因而根本无人怀疑这个红包的账目是"假账"。区块链上发送比特币的记录也是如此,接收方可通过自己的私钥接受比特币,但在链上的所有人都记录下了这笔交易,进而保证了同一笔交易的唯一性,即避免了双重支付,如同红包的数量设定为 10 个的话,无法领出第 11 个。分布式记账确保了如果想要修改某个区块内的交易信息即其中的一个"账本",就必须完成该区块及其后续连接区块的所有工作量,如同在所有群友的手机上修改红包发放记录,这种机制大幅提高了篡改信息的难度,使得"不做假账"真正在技术上得以实现。

区块链的本质是通过分布式记账技术来保护隐私、防止篡改,在非对称加密和认证方法的帮助下,在点对点的网络布局下,参与者之间可以直接传递价值,而无须等待信任关系的建立,也无须通过线下的中间机构来完成。区块链会进一步加强互联网时代人们之间的关系,不仅仅是拓宽了联系的渠道,而且是通过其特有的信用机制和传递价值的机能跨界实现了强协同关系,改变了现有的生产和交易方式。

分布式账本技术为支持消费者和市场的需求提供了巨大的潜力,近年来受到越来越多的行业、媒体、政治组织和其他利益相关者的关注。它结合了各种现有的工具,如共享数据库、密码学和对等网络,为企业提供高效和安全共享数据的能力。寻求提供基于分布式账本技术的解决方案的技术公司在数量和规模上都有了大幅增长,企业在利用这种技术提供金融服务方面投入了越来越多的资源。

二、区块链的定义

(一)法律层面

虽然区块链只是一种中性的技术,但却诞生了数字货币,这种改变会带来法律关系的改变,为此法律风险伴随着数字货币的诞生而产生。比特币作为一种点对点的数字货币,虽然没有中央银行发行,但仍然是价值的数字表示,它充当交换媒介、记账单位和价值存储。与贵金属一样,许多虚拟货币是一种"无收益"资产,这意味着它们不支付股息或利息,但它们更具可分割性和可移植性——有限或无限的虚拟货币供应,这与"实际"(法定)货币形成对比。

传统法币中由于政府垄断发行,可能币值不稳,主要内生于信用。一旦信用不存,金融体系就陷于崩溃,如 1922—1923 年德国马克和 1947—1948 年国民党政府法币的巨幅通货膨胀。比特币诞生于次贷危机引起的国际金融危机之中。两个孤立事件背后隐藏着数字金融的逻辑:比特币基于密码学原理而非基于信用,是金融史上的创举。其理论上限为 2 100 万枚,也摆脱了传统主权国家货币通货膨胀的弊端。但由于其时间只有短短的十几年,未来是否能够稳定还有待观察。

在比特币之后,各种虚拟货币纷纷出笼。为了防范和化解虚拟货币带来的系统性风险,中国人民银行、工业和信息化部等五部委于 2013 年 12 月发布《关于防范比特币风险的通知》,明确了比特币的"特殊虚拟商品"的性质,而非一般等价物,不可替代真正的货币来流通和交易。不过,比特币拥有的商品属性,表明其价值,可以被人们用来进行买卖。

从法律的执行机制来看,区块链的执行机制遵循的是其"内在规则",即出现不符合履约要求的事件时,程序将停止运行,合约的底层协议不能得到执行,这是一种事中执行机制。这两项规则同等重要,相互补充,缺一不可。

这种"事中执行机制"能够有效地减少道德风险带来的利益损失,但也对底层协议的合法合规性提出了比较严格的审查要求。如杭州互联网法院于 2018 年 6 月 28 日支持了原告采用区块链存储的证据,这标志着区块链技术在中国法律层面得到认可与应用:在实践审判中以技术中立、技术说明、个案审查为原则,对该种电子证据存储方式的法律效力予以综合认定,使其在电子合同、知识产权保护等领域能够较好落地。

《最高人民法院关于互联网法院审理案件若干问题的规定》正式承认了区块链证据在法律纠纷中的约束力。该规定第 11 条指出:"当事人提交的电子数据,通过电子签名、可信时间戳、哈希值校验、区块链等证据收集、固定和防篡改的技术手段或者通过电子取证存证平台认证,能够证明其真实性的,互联网法院应当确认。"可以预见,区块链在电子存证方面的司法应用会越来越广泛。

区块链可运用于多个场景,应用较为广泛的场景有代币、信息共享、签证证明、数字资产、物流链、供应链金融、跨境支付等。例如,2019 年 4 月 19 日,全国首例区块链公证书在北京市中信公证处开出、使用。其负责人表示,此举标志着公证书发展进入新阶段,区块链公证服务时代正式开启,通过"国家公信力+技术信任力"的双重增信作用,真正实现区块链技术与公证"1+1>2"的双赢效果。

(二) 经济学层面

哈耶克于 1976 年发表《货币的非国家化》(Denationalization of Money),提出废除国家(政府)对货币发行的垄断,允许私人机构自由、独立地发行多种互相竞争的通证(token),使其成为区块链时代的预言家。《货币的非国家化》中颠覆了正统的货币制度观念,提出了一个革命性建议:废除中央银行制度,允许私人发行货币,并自由竞争,在这个竞争过程中将会发现最好的货币。

随着公链技术的成熟,以商用分布式应用设计的区块链操作系统 EOS(Enterprise Operation System)为代表的区块链 3.0 萌芽。一切有利于减少信息不对称的设计都是更优的机制,科斯定理所关心的企业与市场的边界在区块链时代可以更清晰地划分。

(三) 博弈论层面

在博弈论领域中,由无限次重复博弈所建立的信誉机制、第二价格密封拍卖、显示原理等,都揭示了在第一次博弈时可以通过某种机制来鼓励参与者讲真话,与区块链的机制设计和不可篡改的真实记录在逻辑上是一致的。

1. 从信息传递到价值传递

从互联网时代起,信息就开始通过网络实现自由传递。区块链技术诞生后,得益于区块链中的内容不可逆转的特性,信息传递就开始转变为更高层面的价值传递。在区块链中,资产可以编程,用代码对这种数字资产编定程序,约定时间和条款,自动执行转移。但总有许多虚拟币的持有者四处宣传,吸引更多人加入相关社区,容易发展成为传销。因此,近两年来围绕区块链和比特币,打着虚拟货币幌子来实施传销、诈骗的案例较多。

2. 去中心化

在信息不对称情况下,逆向选择和道德风险问题通常无法避免。掌握信息全面的一方,往往会利用信息优势攫取对方的利益。传统的信用数据获取仅限定于特定的征信企业,虽然 P2P 技术能够有效减少信用的构建成本,但同时也使企业之间陷入了信用孤岛的困境。区块链的出现就恰好解决了这个问题,它具有去中心化的特性,使得互联网金融逐渐逼近与瓦尔拉斯一般均衡相对应的无金融中介或市场情形。

3. 对信用机制的颠覆

区块链技术在全球化的互联网金融基础设施中构筑起新的信用大厦,对金融机构和金融创新来说意义重大,有望成为金融科技的重要底层技术。

区块链中分布式的账本经由去中心网络中的各节点共同维护并处理所有权的记录,价值转移的方式不再依赖于信用中介所维护的集中式账本。这种新的信用机制,以算法为信任背书,通过智能合约自动执行交换和权属转让等操作,进而在底层架构上对传统金融机构建立在简单信息中介之上的业务产生了巨大的冲击。

未来任何资产,无论其流动性强弱、可分割度高低、潜在市场的大小,均可以被调动起来。技术上也能够做到将这些资产分割得更为细微,可支持更广泛的群体来参与投资和交易。

>> **案例 14-1**

STO(Security Token Offering)案例

2018 年 6 月 20 日,安迪·沃荷的画《14 张小电椅》(创作于 1980 年)由分权画廊梅塞纳斯美术公司出售。这幅画价值 560 万美元,相当于 850 个比特币,保留价 400 万美元。作品中的数字证书可以使用比特币、以太坊和一种被称为 ART 的加密货币来支付。ART 是由梅塞纳斯美术公司创建的,它是销售该件作品的区块链平台。这幅画只出售 49% 的所有权,其余 51% 保留在现所有者手中。这意味着她将掌握此件艺术品的主要控制权,但也会向竞标者提供所有权的数字证书。

第二节　国际数字金融监管的发展

一、国际数字金融监管情况

金融稳定委员会(Financial Stability Board,FSB)是 G20 在 2008 年国际金融危机后设立的常设组织,代表成员国利益制定和协调各类金融规章制度。它在 2017 年与全球金融系统委员会联合发布的《2017 年金融科技信用报告》中，介绍了金融科技信用的本质、对金融科技信用活动的微观评价、金融科技信用对金融稳定的影响和金融科技信用监管框架等，表明平台能够促进各种形式的信贷，包括消费者和企业贷款、不动产贷款和商业发票融资，投资者通过平台可以匹配到来自不同国家的借款人。2019 年 6 月 G20 峰会前夕，FSB 向 G20 集团领导人致函，倡议 G20 严格监管数字加密资产。

目前，由于官方和私人披露的信息数据有限，任何金融科技活动对金融稳定影响的评估都面临着挑战。在评估新领域时，重要的是要考虑到重要性和风险。了解初创企业和现有企业的商业模式以及市场结构正在发生怎样的变化也很重要。目前大多数金融科技活动规模较小，但鉴于金融技术的迅速发展，国际机构和国家当局应在现有的风险评估和监管框架中加以考虑。许多国家的监管机构已经做出了调整，从以下十个方面适应金融科技活动：一是管理第三方服务提供商的运营风险，主要是指金融机构和客户之外的第三方（如微信、支付宝等）。二是减轻网络空间的风险，防止网络黑客等。三是监控宏观金融风险。四是跨境法律问题和监管安排。五是大数据分析、治理、披露框架。六是评估监管范围并及时更新。七是与不同的私营机构分享学习经验。八是完善有关部门间的开放沟通渠道。九是专业知识更新，加强员工能力建设。十是研究数字货币的配置问题。可见数字货币问题已经成为关注的重点。

二、数字金融原则与技术的应用分析

（一）金融市场基础设施原则

2008 年国际金融危机后，国际清算银行支付结算体系委员会（Committee on Payment and Settlement Systems，CPSS）和国际证监会组织（IOSCO）联合发布了金融市场基础设施原则（Principles for Financial Market Infrastructures，PFMI）。这两个国际权威金融协调机构认为 2008 年的国际金融危机本来只是美国金融危机，但是因为国际金融设施没有设计好而又相互联通，以至于美国金融危机蔓延到其他国家成为世界金融危机，所以提出新的金融系统设施原则来解决这个问题，这就是 PFMI 设立的背景。这一原则被中国人民银行、美联储、英国央行、法国央行、欧洲央行、日本央行等众多央行接受。PFMI 是一种普遍的原则，任何科技如人工智能、大数据、区块链都需要符合 PFMI。

关于现代金融市场基础设施的研究中，有学者认为，投资者对其投资的控制和仓储系统风险方面的弱点，是市场失灵和现代金融市场根深蒂固的结构性缺陷共同作用的结果。由于长托管链和大型全球金融机构对手方组成复杂，金融市场管理机制对现代市场运作的效用并没有受到严重质疑。技术变革的影响应该会导致行业租金下降，从而有利于最终投资者和金融的最终用户（企业家和企业），从而提高市场福利。因此，在 PFMI 中使用区块链技术可以改变整个金融服务业的结构和未来方向。

（二）分布式记账技术

分布式记账技术（distributed ledger technology，DLT）作为一种转化支付、清算和结算（PCS）的手段，包括如何转移资金以及如何清算和结算证券、商品和衍生品，可以从根本上改变资产的维护和存储方式，以及清偿债务、合同执行和风险管理。该技术具有改变金融服务和市场的能力：一是降低复杂性；二是提高端到端处理速度，从而提高资产和资金的可用性；三是减少跨多个账本管理基础设施的协调工作；四是提高交易记录的透明度和不可篡改性（考虑安全匿名之间的关系);五是通过分布式数据管理提高网络弹性;六是降低运营和金融风险。未来分布式账本技术将对整个金融体系产生深远的影响。

(三) 加密数字资产

加密数字资产是一种基于加密技术和分布式记账的私有资产。2018 年,FSB 发布了加密资产报告,阐述了加密数字资产影响未来金融稳定的潜在机制,并将密切关注与加密数字资产有关的系统性金融风险。由于加密数字资产可以匿名交易,违反监管规定时无法找到责任主体,欺诈投资者、洗钱、恐怖主义融资、规避制裁、逃税、规避资本控制等问题会更加严重。鉴于很多加密数字资产平台在本质上是跨国界的,这些问题通常都需要国际协调,也需要国际标准制定机构认真考虑。所以,我国尤其要防范数字金融资产对我国金融稳定的不利影响,加强对数字金融资产的监控,避免数字资产过度涨幅带来的负面影响,完善早识别、早预警、早发现、早处置的市场风险防控机制,加强防范系统性金融风险。

(四)《加密资产监管机构名录》

2019 年 4 月 5 日,金融稳定委员会(FSB)发布了《加密资产监管机构名录》。罗列了 FSB 辖区和相关国际机构中处理加密资产问题的相关监管机构信息及其具体负责领域,其中包括 25 个国家或地区的监管机构以及 7 个国际组织,该名录于 2019 年 4 月 11 日至 12 日提交至 G20 财长和央行行长会议。在该名录中,FSB 认为中国加密资产的机构包括网信办、工信部、公安部、银保监会、证监会以及央行。该报告的结论是,加密资产并未对当时的全球金融稳定构成重大风险。但是,鉴于市场发展的速度,需要警惕地监测。

三、主要国家数字货币监管情况

ICO 是指首次代币发行,源自股票市场 IPO 概念,是区块链项目首次发行代币,募集比特币、以太坊等通用货币的行为。由于 ICO 带来的问题多多,各国都开始监管的进程。

(一) 美国

根据《1934 年证券交易法》,美国于 2017 年将 ICO(initial coin offering)定性为证券发行,并统一由美国证监会监管。2018 年,定义"虚拟资产"(virtual asset)为:可数字化交易或转移、用于支付或投资目的的价值的数字化表现,包括作为交换媒介的价值的数字化表现。虚拟货币不等同于法定货币,比特币属于特定虚拟货币。

2018 年 8 月 13 日,美国财政部恐怖主义和金融情报办公室金融犯罪执法网络(FinCEN)规定,涉及"汇款"的所有服务都必须遵守反洗钱(anti-money laundry,AML)和了解你的客户(know your custom,KYC)标准,覆盖了法定货币和加密货币。

2019 年 4 月 3 日,SEC 发布《数字资产的"投资分析框架"》,说明数字加密资产如何通过豪威(Howey)测试从而适用于联邦证券法律。Howey 测试三要素:一是资金投资,通常在数字资产的发行和出售中得到满足;二是共同事业,在评估数字资产时,SEC 发现通常存在"共同事业",即投资者和发行人共同成为某一企业的股东;三是对他人努力的期望,包括"依赖"他人的努力、合理的利润预期。SEC 认为,Howey 测试分析的重点不仅在于数字资产本身的形式和相关条款,还在于数字资产的环境以及提供、出售或转售的方式(其中包括二级市场销售)。因此,从事销售、转售或分销任何数字资产的发行人和其他个人、实体将需要分析相关交易,以确定联邦证券法是否适用。

2019年4月,美国国会通过了《2019年通证分类法案》(Token Taxonomy Act of 2019),将加密数字货币排除在证券之外。此后国会讨论通过了《2020年加密货币法案》,该法案将数字资产(digital asset)分为三类:加密商品、加密证券和加密货币,由商品期货交易委员会(CFTC)主要监管加密商品,证券交易委员会(SEC)主要监管加密证券,财政部下属的金融犯罪执法网络(Fin-CEN)主要监管加密货币。可以发现,美国国会已经就虚拟数字资产实实在在开始了立法进程,在数字经济发展日新月异的今天,相信未来该法案可在联邦层面奠定虚拟数字货币的司法基础,也为执法及行政处罚提供法律依据。

(二)欧盟

2016年6月2日,欧洲证券和市场管理局(ESMA)发布《分布式账簿技术应用评估》报告,讨论在证券市场使用区块链技术的可能性,提出要以"技术中立"为监管原则。

2018年5月25日,欧盟《通用数据保护条例》全面实施,建立了全新的个人数据保护体系,使得数据保护路径得到协调,标准化了欧盟数据管理的发展趋势,也对全球数据管理产生了深远的影响。2019年4月,欧洲央行执行董事会成员 Yves Mersch 阐述了数字货币的特征:代表对中央银行债务的求偿权。这与流通中的纸币一致。

(三)德国

2018年3月28日,德国联邦金融监督管理局 BaFin 进行讨论:在个案基础上决定代币是否构成德国证券交易法或金融工具市场指引项下的金融工具;在个案基础上决定代币是否构成德国证券招股书项下的证券,代币是否构成德国金钱投资法项下的金钱投资。代币作为证券必须满足以下几个条件:可转让性;金融市场或资本市场的流通性;是权利的化身,即股东权利或债权;如果一个代币满足金融工具的标准,或满足证券标准,将会导致在证券监管领域的法律规则适用于市场参与者。

(四)日本

2016年,日本国会通过认定虚拟货币是一种合法的结算方式,并在法律上承认其法偿地位,为虚拟货币交易提供法律保护开辟了先河。2017年3月日本内阁会议通过了《关于虚拟货币交换业者的内阁府令》,开始监管与数字货币有关的支付业务。2017年4月,日本经济产业省发布了日本区块链标准具体的评估方法,形成了政府、金融机构、上市企业和传统企业在法律层面、监管层面、基础设施层面、应用层面等统一管理,并通过不到一年时间就成为全球区块链领域的最高节点之一。

(五)新加坡

2017年8月1日,新加坡金融监管局(Monetary Authority of Singapore, MAS)发布《新加坡货币管理局澄清在新加坡提供数字代币的监管立场》,表示如果数字代币构成《证券及期货条例》第289章规定的产品,数字代币在新加坡的发行受到 MAS 的监管。2017年10月2日,MAS 表示制定一个新的支付服务监管框架来应对洗钱和恐怖主义融资风险。同时,虚拟货币超越其作为一种支付手段的身份,演变为代表资产所有权等利益的"第二代"代币,类似于股票或债券凭证。

新加坡金融监管局根据数字货币的演变,将其分为三类:支付类代币、实用类代币、证券类代币。2018年11月30日,MAS 发布《数字代币发行指南》,将支付类代币纳入《支付服务法案》的监管范围内,一旦代币具备支付功能,则任何提供支付代币交易服务的公司必须依据《支付服务法案》申请牌照;实用类代币则不受 MAS 的监管,但其发行需满足新加坡关于反洗钱、反恐怖主义融资的规定;对于证券类代币,为数字代币发行提供服务的中介机构须持牌经营。

> 📖 **案例 14—2**

Libra 的监管问题

Libra 协会因 Facebook(脸书)设计的基于区块链的全球支付体系而建立,该支付体系主要侧重于发展中国家。在 Facebook 发布的白皮书发布两天后,美国众议院金融委员会主席就在公开场合要求 Facebook 停止发币,因为他认为这样的一种发币行为会对美元的地位造成挑战。Libra 必须解决核心法律与监管问题,才能为首次支付提供便利。央行发行数字货币带来"深刻的法律、政策及操作问题"。美联储将谨慎对待央行数字货币的问题,密切关注其他央行在数字货币问题上作出的尝试。

从运作机制来看,Libra 不会只以某一单一货币的价格为锚定基准,而是与一篮子货币的加权平均汇率相关,同时在百分百的法币储备的基础上发行。同时,Libra 联盟会选择一些授权销售企业,特别是符合条件的银行和支付机构,使它们可以直接与法定货币的外汇储备池进行交易。

Libra 面临的风险主要有以下几种:

(1) 流动性风险。若为了提高投资收益,Libra 的法币储备池可能会采取激进的策略,此时一旦面临高额赎回需求,法币储备池可能会因为缺乏高流动性的资产而无法应对,就会被迫出售法币储备资产,导致资产的价格下降,使整个 Libra 体系的流动性遭到破坏,影响 Libra 的偿付能力。

(2) 投资风险。Libra 的法币储备会由世界各地的托管机构把控,虽然这些机构都拥有相应的投资资质,但这并不等于投资零风险。

(3) 跨境支付风险。考虑到 Libra 的天然功能——跨境支付,这将是超越国界、货币种类和联系各个金融机构的,使用 Libra 进行支付必然会对世界范围内的资本体系的流动性产生影响。

正因为 Libra 的上述风险因素,2020 年在发布白皮书 2.0 版本之后,2020 年 12 月 Libra 正式更名为 Diem,发行地也从瑞士撤回美国,以满足美国的法律要求。

四、加密数字货币的现状

作为一种新兴的金融科技创新,区块链技术以及其加密货币应用给金融体系的许多方面带来革命性变化,包括智能合约、转账清算以及基金等,同时也诞生了许多金融体系以外的应用。与其他创新一样,加密货币也有其黑暗的一面。目前加密货币是世界上最大的不受监管的市场之一,其潜在风险及监管手段和法律体系的欠缺成为目前多国推行区块链技术的重要障碍。

加密数字货币为用户提供了匿名性、线上点对点数字化支付的功能,结合了线下现金交易和传统电子支付的优势,但同时也带来了对传统监管手段的挑战。2017 年 3 月,美国证监会(SEC)驳回了一项价值 1 亿美元的加密数字货币 ETF 的申请,其重要原因就包括对缺失监管的担心。各国央行负责人,例如英国央行行长等人都曾公开表达过对加密货币的担忧。监管方面的担忧主要围绕着它们在非法交易(毒品、黑客、盗窃、非法色情,甚至雇佣谋杀)中的使用,以及为恐怖主义提供资金、洗钱和避免资本管制的可能性。在非法交易方面,Foley 等学者通过机器学习方法估计出大约四分之一的比特币用户和接近一半的交易活动与非法活动有关,相当于约 2 700 万市场参与者,每年的非法营业额约为 760 亿美元(占比特币交易的 46%),其规模接近美国和欧洲非法毒品市场的规模,且这种非法活动大多涉及暗网交易市场。

随着近几年区块链技术不断发展,加密货币的匿名性也在不断增强,出现了更加不透明、更好地隐藏使用者的活动的影子货币(例如 Dash、Monero 和 ZCash 等)。同时出现了提供隐藏交易、混淆交易记录的服务,违法用户可以通过支付服务供应商一定费用来使用混淆器翻滚、清洗交易过程,这些都为追踪、监管数字货币带来了巨大挑战。

可以看出,在以区块链为代表的金融科技不断创新发展背景下,为了更好地实现监管,除了不断完善法律法规和监管形式(文中指出的沙盒监管),监管手段在技术上也需要提高,这样才能更好地理解这一新兴技术面临的问题、性质和规模。例如,目前大量学者在尝试利用计算机算法识别区块链中的实体用户并跟踪他们的活动。Ron 和 Shamir(2012),Jordan 等(2016),Tasca 等(2018)都进行了研究,并追踪、识别到了不少违法团体。

值得注意的是,虽然区块链、加密货币带来了诸多法律问题,但是由于其背后区块链技术的公共性,也为执法部门提供了独特的了解非法活动的实验室,这很可能通过区块链、数字货币使得执法部门更容易发现非法活动。执法机构借助对数字货币的查封资料,配合区块链的公共性,可以更充分地了解非法活动(如毒品、洗钱)的参与者特征、行为活动,实现更有效的监管。

五、三大主流数字货币的隐私保护政策

未来可能形成 Libra(Diem)、数字欧元、数字人民币这三大数字货币三足鼎立的状况,但三者的隐私保护措施情况不同。

2019 年 6 月,脸书发布第一版 Libra 白皮书,提出 Libra 区块链遵循匿名原则,并将继续评估可增强区块链隐私保护的新技术。由于脸书曾经有涉及与"剑桥分析"合谋致使 5 000 万以上用户数据泄露的前科,美国及各国的监管机构都紧盯着它的隐私保护政策是否到位。2020 年其第二版白皮书中提出支持网上参与者的隐私保护,以增强区块链的隐私合规性,同时考虑适用的监管要求。2020 年年底,Libra 在改名为 Diem 的同时加强了隐私保护。

欧洲央行 2019 年年底推出的 EUROchain(数字欧元)项目,旨在建立一个在数字现金中匿名的中央银行数字货币(CBDC),开发之初就探索其匿名性。为了加强反洗钱、反恐怖主义融资,欧洲央行利用其下设的反洗钱局来监管数字欧元的洗钱行为,并设计出全新的"匿名券"。如果用户希望在未向反洗钱局披露信息的情况下转移数字欧元,就需要使用匿名券,反洗钱局限制向每个终端用户提供匿名券的数量。虽然该匿名券在技术上存在"消费",但它们是免费定点、定额发放的,不能在用户之间转移使用权。作为一种技术工具,匿名券主要用于限制可以匿名转移的数字欧元额度,即常规、小额的数字欧元汇兑可以实现匿名,从而保护客户隐私;与此同时,大额、可疑交易尽在反洗钱局掌控之中。2021 年 7 月,欧洲央行正式结束初始的审查阶段,开始了为期 2 年的实地实验阶段,数字欧元有可能在 5 年内正式推广落地。

中国人民银行早在 2014 年就成立了法定数字货币研究小组,2016 年正式成立数字货币研究所,完成第一代数字人民币的原型系统搭建。2017 年年底,经国务院批准,中国人民银行开始组织商业机构共同开展法定数字货币(e-CNY)研发试验。数字人民币是中国人民银行发行的

数字形式的法定货币,由指定运营机构参与运营,以广义账户体系为基础,支持银行账户松耦合功能,与实物人民币等价,具有价值特征和法偿性。数字人民币是一种零售型央行数字货币,主要用于满足国内零售支付需求。在隐私保护方面,数字人民币实现了可控匿名,即遵循"小额匿名,大额依法可溯"原则,高度重视个人信息和隐私的保护,满足公众对小额匿名支付服务的需求。同时,可以更好地防范数字人民币被用于电信诈骗、网络赌博、洗钱、逃税等违法犯罪行为,确保相关交易遵守反洗钱、反恐怖主义融资的要求。数字人民币体系收集的交易信息少于传统电子支付模式(如支付宝、微信支付),除法律法规有明确规定外,不提供给第三方或其他政府部门。

可以看出,从全球数字货币的发展状况来看,e-CNY、EUROchain、Diem 三种主流数字货币在隐私保护政策方面各有千秋。

第三节　数字金融法律与监管的难题

一、数据权的法律属性

区块链和数字金融的发展对现有的法律体系构成了挑战:法律如何对这些新生事物进行规制,使之更好地服务于人类而不是对人类造成困扰? 这就需要从基本权利的角度来进行分析。

人权是人为了满足其生存和发展需要而应当享有的权利。其哲学基础包括自然权利说、法律权利说、社会权利说、人性来源说、道德权利说等。当然人权也有局限性,如片面性、恢复性、对抗性。我国在 2004 年修宪中明确提出要保护人权。

物权①的特征是主体为特定的权利人,客体为特定的有体物,本质是一种支配权。物权的效力包括排他效力、优先效力、追及效力。我国 2007 年通过《物权法》,保护个人合法的私有物权成为全社会的共识。

在人权和物权之外,随着数字经济的发展,数权开始凸显。数权是集数据人格权和数据财产权于一身的综合性权利,其本质是共享权。个人是数据的最初生产者,个人数据被他人收集处理并分析后,个人则变成非个人数据的完全贡献者,即并非数据的实际占有者和控制者,也就是说个人对个人数据无法享有完整的物权权能(连玉明,2018)。

个人的数据往往已经有部分向社会公开,未公开的那些数据可以受到隐私权的保护,但那些向社会公开的部分便无法援引隐私权进行保护。另外,个人数据经过他人加工之后,是否还算自己的数据? 能不能继续援引隐私权? 数权的目的是在促进利用的同时确保开放,而数据并不具有独创性,也就是说即使知识产权是与数权保护相近的权利,也无法纳入知识产权保护的法律体系。这些问题在区块链时代必须与时俱进,给出法律的确定性答案。

数据具有私权属性。对于自然人来说,自身的信息具有商业价值,权利人享有特定的直接支配和排他的权利,比如他人未经允许,收集和分析私人数据,进行商业利用,会侵害个人支配和决定的利益,所以将个人数据列入民事权利对于保护公民的私人数据具有现实意义。我国已经颁布的《中华人民共和国个人信息保护法》就是在回应对个人数权的保护。

---

① 物权是指权利人依法对特定的物享有直接支配和排他的权利,包括所有权、用益物权和担保物权。

数据也同时具有公权属性。网络是把双刃剑,公众在享受网络带来便利的同时,也感受到了来自网络中的恶意如所谓"人肉搜索"。防止网络暴力需要公权力的介入。根据2021年《中华人民共和国数据安全法》,公民和组织等涉及数据方面的权益,将会被国家保护,由此可以发现数据具有公权属性。

数据还具有主权属性。数据主权是指一个国家对其政权管辖地域范围内个人、企业和相关组织所产生的文字、图片、音频、程序等全部数据在产生、收集、传输、存储、分析等过程中拥有的最高管辖权,其内涵主要体现在数据控制权、数据产业和数据技术的自主发展权、数据立法权三个方面(连玉明,2018)。美国对华为的打压和芯片禁运,特朗普时期威胁对TikTok和微信发布禁令,其核心理由就是所谓保护美国及其盟国的数据主权。美国将数据主权的绝对权威凌驾于其他各国之上,充分体现了数据主权的霸凌。

二、区块链监管的难题

在国际范围内,金融领域区块链技术带来的挑战是全球化资产自由流动与单一的主权国家各自监管之间存在的对立。常规的证券交易及股票都必须在特定机构交易,是中心化的。基于区块链技术的虚拟货币交易则可以突破此种中心化机构的既有障碍,如新加坡买币—提取出来存储到特定的比特币软件钱包—到马耳他虚拟货币交易所卖掉。

一个国家通常只能在自己的国家范围之内对虚拟货币交易或交易所进行监管。单一国家的法律监管与各自为政,必然面对基于区块链技术的数字资产全球化的流动和交易的巨大挑战,而要有效协调全球所有国家统一法律监管。监管机构拟出台的区块链信息服务监管,与公有区块链存在的时间不可逆之间的矛盾,目前监管机构在技术上尚没有找到有效的解决途径。

在区块链信息服务各国监管方案中,要求信息服务者、网络节点操作者必须有应急预案,一旦发现违规者应及时删除其账号。技术上的障碍可能导致某些国家法律监管的要求在实践中无法实现。

三、法律监管和主体不确定之间存在矛盾

所有的法律监管通常都将具体指向某个特定的违法犯罪的主体,即机构或者个人。只有主体特定化,才能让其承担相应的法律责任。除去私有链与联盟链之外,目前在公有链中缺乏法律监管诱因,特别需要控制风险、规范其行为。但公有链网络节点是不确定的,任何人只要有特殊的计算机设备,可以随时接入这个链,也可以随时退出。一旦有人上传了不良信息,谁在打包、记录这个信息,事先亦无法确定,从而带来监管主体的不确定性。

2018年5月,泰国通过《数字资产皇家法令》,针对虚拟货币的交易监管内容与形式,几乎完全参照了现行的传统证券法。证券市场中出现的市场操纵与内幕交易等违法犯罪行为,在虚拟货币交易市场出现了许多次。如果此类违法犯罪行为在他国实施,通过虚拟货币全球流动与价格传导,进而影响泰国交易市场上的价格,那么泰国证券监管机构如何获取证据、逮捕罪犯?这些都是数字时代执法面临的新问题。

在数字经济时代,由于网络空间的虚拟性,单一主权国家存在执法与司法的困境。即使美国有司法长臂管辖原则,也受到本国空间范围的限制。

第四节　我国对数字金融的沙盒监管

一、中国官方的关于区块链监管的应对

我国的区块链监管是一个基于区块链提供的信息服务,目前主要由中央网信办负责,在这点上与多数国家有异。

政策层面的主要有:2015 年 8 月 31 日国务院发布的《关于促进大数据发展行动纲要》(国发〔2015〕50 号),2016 年 12 月 15 日国务院发布的《关于印发"十三五"国家信息化规划》(国发〔2016〕73 号),2016 年 12 月 27 日国家互联网信息办公室发布的《国家网络空间安全战略》,2017 年 3 月 1 日外交部和国家互联网信息办公室发布的《网络空间国际合作战略》,2017 年 7 月 8 日国务院发布的《新一代人工智能发展规划》等。

司法层面主要有:2017 年 6 月 1 日起施行的《中华人民共和国网络安全法》,2016 年 12 月 19 日发布的《关于办理电信网络诈骗等刑事案件适用法律若干问题的意见》,2017 年 7 月 1 日起实施的《最高人民法院、最高人民检察院关于办理扰乱无线电通讯管理秩序等刑事案件适用法律若干问题的解释》,2019 年 10 月 21 日公布的《最高人民法院、最高人民检察院关于办理非法利用信息网络、帮助信息网络犯罪活动等刑事案件适用法律若干问题的解释》。2017 年发布的《关于防范代币发行融资风险的公告》表明,发行数字代币实际上是属于非法融资的行为。2021 年 5 月,中国互联网金融协会、中国银行业协会、中国支付清算协会联合发布《关于防范虚拟货币交易炒作风险的联合公告》,要求有关机构不得开展与虚拟币相关的业务。

表面上看,我国是保持一种明令禁止的立场,这就容易把许多数字经济时代的大型科技公司拦在门外,导致它们只能在海外注册为国内的群众提供服务,这就使得众多数字金融活动游离于监管的真空地带。

实际上,中国是唯一能够与美国竞争的数字经济大国。联合国贸发组织发布的 2019 年数字经济报告显示,区块链相关专利中的 75% 由美国和中国承担,全球物联网支出的 50% 由美国和中国承担,中美两国总共占据了全球超过 75% 的公共云计算市场和全球 70 大数字平台 90% 的市值,远远领先于世界其他国家和地区。在分析中央银行 2019 年公布的中国普惠性金融指标后发现,成年人中使用电子支付的比例高达 82.39%。总的来看,中国高度发达的数字经济实践与数字金融的监管真空形成了巨大反差。因此,应当发挥我国国家制度和国家治理体系多方面的显著优势,在区块链治理中体现"中国之治",以疏为主,而非简单地"一堵了之"。

二、合规监管的中国案例

2018 年 12 月,由泰康资产合规法律部和移动互联部共同研发的泰康资产智能合规系统上线。泰康资产智能合规系统梳理并存储 400 余部涉及公开市场、另类投资、保险资金运用、自有资金运用、保险资管产品、养老金产品、公司治理、风险控制、关联交易、内幕交易等诸多维度的法律法规,能够高效完成知识的提取、展现、检索和存储的过程;利用企业级智能搜索引擎,实现法律法规实时检索、基于语义的业务问题检索、相关案例和法规解读的实时查询,促进人工智能在法规检索、案例分析、新规解读、智能问答等方面落地应用,逐步实现合规支持的智能化,为业务

合规运行保驾护航。

天弘基金与互联网平台合作提供定制化的智能投顾产品。建立了基金行业首个基于云计算的云直销系统,借助阿里云计算平台提高系统业务的处理效率和数据容量。建立了"预测+应对"风控体系,充分发挥金融科技的作用,前瞻性观测并预判市场波动及波动产生的风险传导,构建模型与系统辅助风险管理工作;创建了"天眼系统"和"鹰眼系统",对公司旗下标的互联网舆情实时监控,模拟人脑阅读新闻,更为全面地对风险进行监控和预警。

万得(Wind)是中国领先的金融数据、信息和软件服务企业,大数据综合平台包括大数据平台和算法平台两部分,大数据平台支持不同场景的业务需求,算法平台则运用前沿的人工智能技术,提供交互式可视化的快速建模方法,并为用户保障模型的计算资源。万得利用人工智能技术,结合知识图谱和索引技术构建智能金融搜索引擎。该搜索引擎能快速有效地获取准确且有价值的信息,并实现数据的有效整合与模型的构建,提高研究员研究工作效率。系统还将加入技术分析、基本面分析、市场情绪分析、估值等高级金融分析功能,完成部分原本由用户完成的复杂查询和逻辑判断。

三、区块链金融监管的具体措施

根据英国提出的概念,"监管沙盒"实际上是一个安全空间。金融技术人员和企业在其中可以创新自己的金融产品和服务,测试商业模式,而且不会面临正式监管。通过这种方式,有利于帮助公司制定明确的业务目标,降低试错成本,为金融创新公司打开多层次的融资渠道。印度堆栈系统(India Stack)是产业沙盒的一个重要案例,它的初衷是为了让12亿印度人参与金融科技创新。

泰山沙盒由中国天民(青岛)国际于2017年开始开发,主要为区块链和金融科技服务,可以测试区块链底层协议的能力,如共识机制、出块机制、加密机制等;另外泰山沙盒也可以测试区块链应用和金融科技应用,如支付、清算、版权等应用。还可以添加其他应用。泰山沙盒拥有完备的沙盒准入技术评估指标模型与测试指标分层模型,用于指导沙盒监管测试工作;提供准入与审核平台、自动化测试平台、共识与交易跟踪系统、安全与渗透测试工具集等测试与监管技术手段。泰山沙盒使用追踪方式来收集数据,查验是不是拜占庭将军协议,并且把收集来的数据进行可视化来检验协议。

目前我国的监管沙盒已经正式启动。2020年1月14日,中国人民银行营业管理部(北京)公示了首批6个试点,参与主体包含了商业银行、清算组织、支付机构、科技公司等多家机构,业务涉及物联网、大数据、人工智能、区块链、应用程序接口等前沿技术在金融领域的应用。首批试点应用的落地,是缓解"松监管引发风险、严监管扼杀创新"困境的重要举措。由于区块链将变成跨国、跨地区的链网,金融区块链必须借鉴CPSS和IOSCO等国际组织倡导的金融市场基础设施原则,监管测试技术必须与时俱进,不断更新,监管沙盒技术需要随着区块链技术的发展不断优化。未来可以通过加强监管技术(RegTech)开发、调整监管力度、做好监管协调,实现保护金融消费者、帮助金融科技企业缩短创新周期、帮助监管部门及早发现潜在风险,最终实现促进高质量经济增长的目标。

本 章 小 结

区块链的本质是通过分布式记账技术来保护隐私、防止篡改,在非对称加密和认证方法的帮助下,在点对点的网络布局下,参与者之间可以直接传递价值,而无须等待信任关系的建立,也无须通过线下的中间机构来完成。区块链是一种中性的技术,但是却诞生了数字货币,这种改变会带来法律关系的改变,为此法律风险伴随着数字货币的诞生而产生。

对此,美国、欧盟、德国、日本、新加坡和中国香港都发布了相应的制度规范,许多国家的监管机构也做出了调整,如采用金融市场基础设施原则(PFMI)、分布式记账技术和加密数字资产等来防止金融危机的产生和蔓延。

即 测 即 评

请扫描右侧二维码检测本章学习效果。

本 章 思 考 题

1. 数字金融与传统金融有何区别与联系?
2. 数字金融的经济学、法学逻辑?
3. 数字金融监管的国际合作为什么重要?
4. 监管沙盒应当如何构建?

本 章 参 考 文 献

1. 哈耶克. 货币的非国家化[M]. 姚中秋,译. 北京:新星出版社,2007.
2. 连玉明. 数权法1.0:数权的理论基础[M]. 北京:社会科学文献出版社,2018.
3. 中本聪. 比特币:一种点对点的电子现金系统[EB/OL],2008.
4. BRATTON W W. Enron and the dark side of shareholder value[J]. SSRN Electronic Journal,2002.
5. JORDAN,GRANT,LEVCHENKO, et al. A fistful of bitcoins:Characterizing payments among men with no names[J]. Communications of the Acm,2016.
6. RON D ,SHAMIR A. Quantitative Analysis of the Full Bitcoin Transaction Graph[C]//International Conference on Financial Cryptography and Data Security. Springer Berlin Heidelberg,2012.
7. SEAN F ,KARLSEN J R ,PUTNINS T J. Sex,drugs,and bitcoin:How much illegal activity is financed through cryptocurrencies? [J]. Ssrn Electronic Journal,2018.

8. TASCA P ,LIU S ,HAYES A. The evolution of the bitcoin economy：extracting and analyzing the network of payment relationships[J]. Social Science Electronic Publishing,2018.

9. MERSCH Y. Competitiveness of Europe and European financial markets[R]. At the outlook for the economy and finance conference,2019.

本章必读文献：参考文献2、3、4。

第十五章

地方金融监管

中国经济在持续40多年的高速增长后,开始向中高速增长转换。在此过程中,中国金融体系的整体风险也在增加,内外风险共振特征较为明显,全球金融风险和中国国内金融风险通过商品和服务贸易、相互投资等渠道相互溢出。根据中央部署,地方金融监督管理局的监管范围为"7+4"类地方金融机构。面对中央与地方金融监管者的不同目标,研究科学、可行的防范、化解及激励与问责机制成为当前地方金融风险监管工作中的重点。

第一节　地方金融监管概述

一、地方金融监管的提出

地方金融的发展是市场竞争和"属地管理"竞争中稳定秩序和规则的产物,因各地不同的地理条件、经济环境、政策法规和地方传统文化等因素而存在各种差异。国内各地在发展地方经济的竞争中,存在着通过招商引资和地方金融领域的放松监管来吸引金融企业入驻的现象。随着近年来P2P连续出现逾期以及无法兑付问题,地方金融机构的监管问题再次引起全社会的关注,地方金融风险已逐渐成为可能触发我国系统性金融风险的重要来源。2018年中央提出的三大攻坚战之首就是防范化解重大风险,其中主要就是金融风险。2019年提出继续打好三大攻坚战,确保取得决定性进展。在此国内背景下,防范地方性金融风险、完善地方金融监管就成为新时代地方政府治理的重要任务,更是防范系统性金融风险的重要一环。

2003年开始的农村信用社改革是我国地方监管实践的开始。在此之前,我国并未明确划分中央和地方金融监管的权限。然而,中央传统的一行三会纵向监管体系在民间金融兴起的浪潮中开始暴露出不可忽视的真空地带。自2008年起,部分金融监管权限由中央开始逐步下放至地方。以加强金融监管为首要目标,中央对地方政府授权,允许地方政府因地制宜地对一些金融机构进行准入和常规监管的试点工作,各地早期金融办承担起了有限的金融监管职能,成为现在地方金融监管的雏形。我国此前的制度设计已经不能适应新时代金融监管的实践步伐,地方金融监管开始暴露出诸多问题,如地方政府职权不清晰,发展和监管无法取得平衡,地方财政实力悬殊等。根据2014年国务院下发的《国务院关于界定中央和地方金融监管职责和风险处置责任的意见》,地方政府的金融活动监管职能得以再次扩大。经过2018年中央的一系列政策部署和各级周密的金融工作会议指导落实,基本形成了我国以中央为主、地方为辅的双层金融监管体系。

中共十八届三中全会《中共中央关于全面深化改革若干重大问题的决定》中提出要落实稳健的金融监管标准和相关改革措施,持续优化金融监管的协调机制,明确中央和地方金融监管责任和风险处置责任。在 2017 年 7 月举行的第五次全国金融工作会议上,习近平总书记指出:要把主动防范化解系统性金融风险放在更加重要的位置,并在各个阶段科学防范。地方金融监管部门须在中央统一部署的前提下,强化金融管理的属地风险处置责任。成立金融稳定发展委员会(以下简称金稳会)对地方金融监管进行指导、问责成为会议的重要要求之一。为了进一步细化地方金融监管内容,国务院发布 23 号文首次明确地方金融监管的对象是"7+4"共 11 类金融机构。2018 年,央行联合八部委联手制定了《"十三五"现代金融体系规划》,明确地方各级的金融改革发展和监管由金稳会来负责指导和监督,并实施对地方政府和金融监管部门的问责机制。

各地政府积极响应中央的政策部署,纷纷将工作重心着力于深化地方金融监管体制改革上。随后各地陆续正式挂牌成立地方金融监管局,并着手筹备制定地方金融监管条例。2019 年,中国第一部地方金融监管法规——《天津市地方金融监督管理条例》颁布,并于 2019 年 7 月 1 日起执行。

挂牌金融监管局和采用金融科技如大数据技术进行常态性监管是地方金融监管实践的开始。各省虽已陆续设立或挂牌金融监管局,但明确颁布地方金融监管条例的省份依旧不多。金融科技在地方金融监管实践上的应用,为地方政府突破金融监管困局提供了有效思路。各地已开展金控科技监管试点,如上海市新型金融行业监测分析平台、贵州省"金融云"和深圳市金融安全大数据平台等。

二、明确中央与地方金融监管的权责划分

根据中央部署,地方金融监督管理局的监管范围是"7+4"(见图 15-1)。具体为:负责对金融资产管理公司、商业保理公司、小额贷款公司、典当行、融资租赁公司、融资性担保公司和区域性股权市场等 7 类金融机构实施监管,加强对投资公司、农民专业合作社、社会众筹机构、地方各类交易场所等 4 类机构的监管。国务院金融稳定发展委员会的综合监管措施有:成立金融委,监管机构间合作由临时合作转为常态化、标准化、具体化的有效合作。主要职能为:协调金融监管

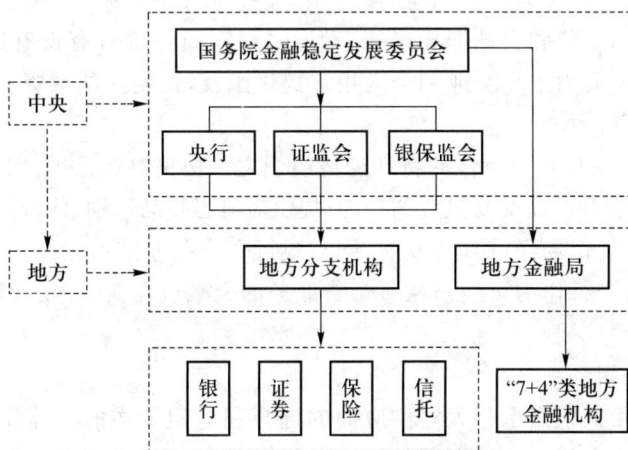

图 15-1 中央与地方金融监管权责划分图

各项政策的研究工作和协调解决证监会、银保监会在金融监管过程中遇到的问题;监督金融体系的安全;通过建立金融监管信息平台,制定和实施防范化解金融风险的政策措施,在初期控制好风险因素,有效规避系统性金融风险;研究制定我国未来金融行业发展和金融监管体制改革各项规划文件;建立统一的信用保障体系;基于国情,履行其他国有金融机构的职能。

前述"7+4"类机构分别简介如下。

(一)小额贷款公司

小额贷款公司,是指不吸收公众存款,由自然人、企业法人与其他社会组织投资设立的经营小额贷款业务的公司。小额贷款公司较银行而言,资金融通更加便捷和迅速,更贴合中小企业、个体工商户的资金需求。小额贷款公司较民间借贷而言,流程更加规范,贷款费率可协商确定。

小额贷款公司作为企业法人,在享有独立法人财产的同时,需以其公司全部财产承担债务的民事责任。小额贷款公司的股东依法享有包括资产收益、参与重大决策和选举公司管理者等权利,并以其认缴的出资额或认购的股份对公司承担责任。

(二)融资性担保公司

融资性担保公司是指经营融资性担保业务的公司。融资性担保是指以使被担保人获得融资为目的,由担保人与金融机构等债权人约定,当被担保人不履行其融资性债务责任时,由担保人依法承担融资性合同约定的担保责任的行为。

融资性担保公司注册资本的最低限额由各省、自治区、直辖市监管部门根据当地经济、社会发展和融资性担保业的实际情况确定,但不得低于人民币500万元。

(三)区域性股权市场

区域性股权交易市场(简称"区域性股权市场"),是为特定区域内的企业提供股权、债券的转让和融资服务的私募市场,是我国多层次资本市场的重要组成部分,亦是中国多层次资本市场建设中必不可少的部分。区域性股权市场对于鼓励科技创新、盘活民间资本和激发经济活力,着力促进企业尤其是中小微企业的股权交易和融资,加强对实体经济薄弱环节的支持,具有重要的积极作用。目前我国资本市场分为:交易所市场(主板、中小板、创业板)和场外市场(全国中小企业股份系统(新三板)、区域性股权市场)。

(四)典当行

生活中常见的典当公司和当铺即典当行,是通过财产质押进行有偿有期信贷融资的非银行金融机构。典当行的发展为中小企业和个人用户提供了及时、便捷的融资方式,推动经济发展的同时,为金融业注入新鲜血液。

典当行作为兼具金融性和商业性的特殊经济组织之一历史悠久,融资服务是其首要职能。此外,典当公司还发挥保管和商品交易过程的功能,提供对典当物品识别、估价、定价等服务功能。

随着我国经济腾飞,市场经济日益发展,国有银行个贷业务已不能很好匹配社会爆发的融资需求。在此背景下,典当行作为可适当从事个贷业务的金融机构,在一定程度上具备了重启的客观条件。

(五)融资租赁公司

融资租赁是指出租人根据承租人对供应商的选择和对租赁物的具体要求,由出租人向供应商购买租赁物并向承租人租赁的融资性行为。在租赁期内,租赁物的所有权归出租人所有,承租人向出租人分期支付租金并享有租赁物的使用权。租赁期满后,租金支付完毕且承租人按照融资租赁合同的规定履行完全部义务,可以按照流程自主选择是否获取租赁物的所有权。

融资租赁是供应链金融重要的融资工具之一,是集资金流、信息流和物流于一体的新型金融产业。融资租赁因其融物与融资相结合的特点,操作灵活,对风险回应更敏捷,当合同履行过程出现问题时,租赁公司可以及时依法收回并处置租赁物,更由于其办理融资时对企业资信水平和担保条件较大型金融机构更加灵活和自由,所以非常适配于中小企业融资需求。

(六) 商业保理公司

商业保理公司是指主营业务为应收账款融资,以营利为目的的企业法人。商业保理是一种新型的贸易融资模式,结合资金流、信息流和物流于一体。具体方式是申请融资的企业将持有的应收账款债权转让给商业保理公司,并提前从商业保理公司获得资金。商业保理公司通过对融资申请人、债务人和贸易的业务流程进行尽职调查和风险评估,对上述信息进行审核并与融资申请人确定融资费率和支付方式等信息后,方予以放款,完成应收账款融资流程。

(七) 金融资产管理公司

金融资产管理公司,是指国务院决定设立的收购国有银行不良贷款,管理和处置因收购国有银行不良贷款形成的资产的国有独资非银行金融机构。地方资产管理公司业务范围为:地方性受托资产管理;股权投资;地方企业资产的重组、并购及项目融资;地方性委托管理股权与投资基金。

(八) 投资公司

投资公司是指将个人投资者的投资款集中起来,投资于众多投资组合的企业法人,是金融中介机构的一种类型。"集中资产"是证券投资公司背后的核心含义。在投资公司建立起来的证券组合之中,每个投资者按照投资数额比例享有对资产组合的要求权。

(九) 农民专业合作社

农民专业合作社的基础是农村家庭承包经营,为实现成员互助目的,从事农业生产经营技术和信息服务及农产品贮藏、加工、运输和销售等业务的组织,其经济互助性是贯穿始终的显著特征。农民专业合作社拥有一定组织架构,组织内成员享有权利的同时也负有一定的责任。

(十) 社会众筹机构

社会众筹是指以"团购+预购"的形式向网民募资的方式。众筹利用互联网和SNS(社会性网络服务)传播的特性,让募资发起人将他们的想法通过公开平台展示给公众,以获得人们的关注和支持,进而获得必要的资金支持。与传统的融资方式相比,众筹具有更强的开放性和主观性,项目的商业价值不再以能否获得资金作为唯一标准,这种新的融资模式为更多的小微业务或创业者提供了新的机会。

(十一) 交易场所

交易场所具有很强的公开性和社会性,以为市场参与者提供公平透明的交易机会为目标,从而促进商品和要素的有序流动和公平交易。交易场所需要依法适度规范管理,确保安全运行。强化交易场所监管,严守依法合规底线,坚持服务实体经济是各类交易场所健康、规范发展的前提和基础。对各类交易场所违法违规活动予以清理整顿不仅是维护市场秩序、保护投资者合法权益的必然要求,也是整治金融乱象、防控金融风险的一项重要工作。

关于地方金融监管问题,吴晓灵(2012)、宁子昂(2018)认为,我国已经建立起以中国人民银行、银保监会、证监会地方派出机构的纵向监管为主,地方金融监督管理机构横向监管为补充的双层金融监管体制。蓝虹和穆争社（2014）认为，省级政府应履行依法管理、金融监管和行业管理职能，因此，应构建起省级金融办、省级金融监管局和省级金融协会的组织架构。刘志伟（2016）认为，实现地方金融管理职能由"重融资"转为"重监管"是当前金融监管改革的重点，在短期内可以建立起防止地方金融监管权滥用的程序控制机制，同时确立由中央督察下的省级以下的垂直管理体制，并引入社会监督。此后他进一步提出当前我国的金融监管分权改革缺乏整体性、系统性的制度安排，完成此目的需依照"分置—协同"互动的金融改革路径。

三、中央与地方的金融监管关系

我国地方金融监管体制的完善，还需要从中央与地方之间的关系入手，唯有如此方能真正厘清我国地方金融监管权配置的内在逻辑。在对我国中央与地方之间关系的研究中，Montinola等（1995）在解释中国经济增长奇迹中提出了"中国特色的财政联邦主义"观点，各地竞相"招商引资"的竞争促进了地方经济发展。而对中国地方官员治理的研究则聚焦于围绕经济增长展开的晋升锦标赛治理模式，甚至将上下级政府之间的关系视为一种行政发包关系。虽然此种理论范式在后续的研究中，受到了一些学者的质疑，但毫无疑问，中央与地方之间关系的认知方式以及地方官员治理的模式已经成为我国学术界理解和认识我国中央与地方关系的经典，具有很强的解释力，并不断有学者对此研究框架进行拓展。这些理论范式也开始被学者用来解释一些现象背后的动因。刘佳等（2012）认为，地方官员晋升锦标赛是引发我国地方土地财政的本质原因。同样也有学者开始将此种理论应用到了解释我国金融分权的内在逻辑中，来分析金融分权产生的逻辑基础及其影响。

在中央与地方关于金融监管工作的权力配置方面，根据中央对地方金融监管的角色定位，事权属于中央，风险处置责任属于地方。从中央政府的角度看，下放部分金融监管权限可以降低中央政府的监管成本，提高管理效率。但这种效率的提高必须建立在明确界定地方金融监管的权责基础上。地方监管权来源于国务院部门规章、地方政府规章和其规范性文件，而在目前的金融监管制度体系下，中央拥有全部监管权限，包括下放地方政府的部分监管权限，地方政府只负责依法组织、协调、监督和约束相关工作。

我国设立的国务院金融稳定发展委员会是以维护金融秩序稳定，有效解决监管重叠、监管漏洞和监管套利等问题为目标的咨询协调机构。2018年，中国银行业监督管理委员会和中国保险业监督管理委员会合并为中国银行保险监督管理委员会，过去"一行三会"的监管模式被"一委一行两会"新型监管模式取代。国务院金融稳定发展委员会承担起指导和监督地方金融监管和改革发展的责任。但是关于金稳会如何与"一行两会"合理协调中央属地责任划分，怎样开展地方金融监管工作，并未做详细阐述。地方金融监管工作开展过程中，虽已在机构设置上作出努力，但传统"一行两会"的纵向监管模式未发生本质变化，因此央地金融监管工作仍存在不协调、效率低和实施难的问题。

中央对地方金融监管的不足之处，一部分可以通过地方政府对地方金融的监管来弥补。地方政府可以进入基层组织，将地方金融机构置于管理之下。因地方金融机构的基本经济数据由各地政府所掌握，克服信息不对称带来的监管风险已指日可待。但地方金融监管也存在着权责不清、制度匮乏、监管能力低下等问题，阻碍了地方金融监管目标的实现。以维护国家的金融稳定和防范化解系统性金融风险为目标，就要充分发挥双层金融监管体制优势。同时，必须坚持中央对地方金融监管的领导,明确央地金融监管的权限和职责,促进中央和地方监管工作有机结合。

第二节 我国央地金融监管的行为模式

我国的金融监管体系具有显著的中央统一监管的特点,体现在地方政府层面就是财政的分权,即所谓"财政联邦主义"。在全国金融监管机构的设置上,在中央政府设立的有国务院金融稳定发展委员会,以及在其领导下的中国人民银行、银保监会、证监会及其地方派出机构,主要负责对银行业、信托业、保险业、证券业以及证券投资基金业的监管。地方政府一般均设有金融工作办公室(局),主要任务是服务于地方金融发展,通过助力地方金融发展来发展地方经济,并不是真正意义上的专司监管的金融监管机构。对于采取央地分层监管的监管体制而言,中央与地方监管的动机和行为模式在其各自的立场下是存在差异的。

一、基于中央政府的监管视角

我国的政治经济体制可以归结为政治集权下的经济分权体制,我国渐进式的分权改革也是在中央政府主导或控制下的制度设计问题。周黎安(2014)将我国政府间的关系归结为行政发包制,即在上下级政府之间存在着一种发包的关系,而在同级政府之间则存在着政治锦标赛的竞争关系。我国在金融分权方面也体现着行政发包制的特点,发包关系的存在使得地方政府在处理一些问题的时候,具有一定的自主权,同时中央政府对于地方事务又有监督权,中央政府可以随时对地方政府官员进行行政问责。对地方金融服务(监管)机构来说,体现为在中央政府确立基本的监管原则之后,地方政府可以根据其自由裁量权制定在地方的实施细则。对于金融监管体制的选择、采取何种监管模式,中央政府具有决定权。而中央政府在衡量采取何种监管模式时,其权衡因素主要包括对地方政府道德风险的容忍、自身监管能力的局限以及获取地方状态信息的困难程度等。

首先是对地方政府道德风险的容忍问题。由于晋升锦标赛的存在,地方官员都有发展经济的冲动和动力,这是由我国的政治经济体制所决定的。在发展经济的过程中,金融作为实体经济发展的血液,其扩张能够促进经济的增长和扩张,地方政府官员往往会通过积极利用金融工具来发展地方经济。何德旭和苗文龙(2016)认为,我国是金融显性集权、隐形分权和财政显性分权的体制,在地方经济增长的框架下,财政和金融是可以相互替代的融资工具,这就导致地方政府有追逐金融资源的冲动。但金融的扩张伴随着金融风险不断积聚,显示出金融体系显著的负外部性。对地方政府领导人来说,政治周期与经济周期的期限错配,收益与金融风险在地方与中央之间的错配,使得地方政府及其领导人在利用金融体系发展经济的同时,不一定为其过度冒险行为来承担后果。

现有的激励制度的体制下地方政府与中央政府目标的差异主要是:对中央政府来说,一方面其要保证经济增长处于合理区间;另一方面又要避免金融风险在不同区域之间传染,导致出现系统性金融风险,需要维护金融稳定。对地方政府来说,主要是保证在其管辖区域内经济维持较高的增长速度。

这种目标的差异,就带来了中央政府与地方政府行为的差异。地方金融风险的传染成为触发系统性金融风险的根源之一,近几年P2P的爆雷就是典型案例。这也是我国对大部分金融机构采取金融监管集权的原因。正如陈宝东和邓晓兰（2017）的研究表明，金融显性集权可以抑制地方债务增长，而金融分权的隐形化特征则对地方债务增长具有显著的正向作用。

在金融政策的制定中，由于我国各地区域经济发展不平衡，相较于中央政府，地方政府在地方金融机构信息的获取和甄别上更具有优势。因此，在金融是否分权以及如何分权问题上，就面临着一个在控制金融风险跨区域传染与地方道德风险容忍之间的有效权衡。在我国的金融监管实践中，中央政府表现出了较低限度的对地方政府道德风险行为的容忍，因此在金融监管体制的设计上建立了中央集中统一的金融监管体制，只将有限的金融监管权限赋予地方政府。这种金融监管体制也确实限制了地方竞争带来的金融高杠杆以及由其引发的经济过热，最终改善了我国宏观经济运行的环境，维护了金融稳定（丁骋骋、傅勇，2012）。

地方政府金融监管的"7+4"类地方金融机构中，以普惠金融重要承担者的小额贷款公司为代表，其经营的范围往往在地方一定的行政区域之内，并且目前的监管规定严格限制其经营杠杆，这就使得其发生风险事件并传染风险的渠道和途径受到较大限制。中央政府为降低地方政府的道德风险行为，将小额贷款公司的风险处置责任归属于省级地方政府。这也能够解释为什么地方政府在以小额贷款公司为代表的金融机构的设立方面，将风险处置责任承担主体的确立视为重中之重。因此，从小额贷款公司为代表的地方金融机构的特点来说，中央政府在限制地方政府的机会主义行为方面具有天然的优势。

根据原银监会和中国人民银行发布的《关于小额贷款公司试点的指导意见》规定，小额贷款有限责任公司的注册资本为500万元，股份有限公司的注册资本为1 000万元。但很多地方政府在出台相应的管理办法时，普遍提高了对小额贷款公司的注册资本要求。这便使得地方政府在考虑允许设立地方性金融机构时，要考虑自身所面临的风险处置成本问题以及由风险处置不当而面临的行政问责问题。在此情况下，地方政府有可能对小额贷款公司的设立持有更谨慎的态度。可以发现，在关于小额贷款公司的设立方面，地方政府没有表现出显著的风险偏好。由于中央政府在地方政府人事控制方面具有很强的话语权，同时存在以内部考核和控制为基础的行政问责机制，地方政府为降低其承担风险处置责任并由此所带来的行政问责可能性，在实践中表现为在设定地方性金融机构的进入门槛时提高标准，以确保地方性金融机构能够有较强的风险承受能力。

面对金融行业监管的央地不同价值取向，在我国的政治经济体制中，中央政府与地方政府在发展经济与控制风险上存在着显著的目标差异。但是，就现实来说，"一行两会"的地方分支机构的覆盖范围和监管能力是有限的。证监会的一级分支机构只覆盖到省一级和个别大城市，银保监会的地方分支机构则只覆盖到了市一级，同时在县一级设立了地方办事处，中国人民银行的地方分支机构才覆盖到了县一级。考虑到属地的条块交叉，中央直属金融监管机构的监管能力在地方是受到一定限制的，要加强对数量庞大的地方金融机构的监管就必须借助地方政府的监管资源。因此，在考虑选择何种监管模式时就面临着监管能力和地方机会主义行为之间的权衡。

二、基于地方政府的监管视角

由于我国集中统一的体制，地方政府在监管制度的制定方面具有较弱的话语权，这就使得地方政府往往处于被动接受的地位。但与"一行两会"的地方分支机构相比，地方政府能有效协调并调动当地公安、司法、财政、税务、工商等部门资源，对防控当地金融风险的产生和蔓延具有更强的地缘优势。特别是在涉及打击非法集资的金融活动中，"一行两会"的派出机构往往不具备相应执法手段,需要当地政府的配合。

在"7+4"类地方金融机构中,地方政府对于小额贷款公司的设立表现出了较为谨慎和保守的态度,政府在制定地方性的小额贷款公司的准入要求时,包括注册资本要求、发起人等,都普遍提高了其门槛。但是,地方政府在面对来自中央政府对小额贷款公司的监管要求时,并不是对其采取一味遵从的态度,为了招商引资、促进经济发展,在出台地方政府的管理规定时,也会出现与中央政府的监管意见不一致之处,即唐应茂(2017)所谓的"冲突型"规则,同时还存在中央政府没有规定的"拓展型"规则。这体现了我国中央与地方之间关系的复杂性与矛盾性的一面。但这种"冲突型"规则或"拓展型"规则是为了增强相应规则对企业的吸引力,降低个人或企业开办小额贷款公司的成本,同时,又使其不至于增大出现金融风险的概率,甚至要降低其出现风险事件的概率。以"冲突型"规则为例,《关于小额贷款公司试点的指导意见》规定,小额贷款公司的单一股东持股比例不能超过10%,但地方政府在执行该规定时,很多地方如浙江、重庆都突破了该限制。地方政府突破该规定的原因,主要在于该规定并不是影响风险事件发生的决定性因素。而对能够降低金融风险的规定,则是提高其要求,最突出的表现即为上文所提到的小额贷款公司准入门槛。因此,地方政府看似矛盾的行为背后,其实有着其内在的逻辑一致性。一方面通过鼓励性的措施来促进小额贷款公司的发展;另一方面,为了防范金融风险事件的发生,在某些方面又会提高其监管要求。从理论上来说,地方政府的行为在发展经济与控制金融风险之间会面临着重要的权衡,但是这种权衡仅仅限于需要地方承担风险处置责任事项上的权衡,并且就现实而言,其对此风险有着较为明显的风险厌恶态度,在其监管态度上也显得更为谨慎。

地方政府在支持小额贷款公司发展方面较为谨慎的态度有其合理性。因为一旦发生风险事件,地方政府在履行风险处置责任时,就需要大量的财政支出来覆盖由此而带来的成本,在财政收入既定的情况下,会影响地方政府在其他能够促进地方经济增长方面的财政支出,进而可能影响地方的经济表现。另外,小额贷款公司在一定程度上是民间借贷的另一种表现形式,过去地方性、民间金融机构出现了许多风险事件,成为地方社会重要的不稳定因素。2016年以后接连爆雷的网贷平台已经成为社会极大的不稳定因素。邓路等(2014)就认为民间金融在促进经济发展方面并没有起到助推经济增长的作用,甚至对经济增长起到了负面的影响作用。

小额贷款公司在试点允许设立之初,在地方政府看来,是民间借贷的合法化形式和变体,其本身就有可能对其持有怀疑态度。目前来看,地方政府在支持小额贷款公司发展方面发挥的作用非常有限。姚建军等(2014)就认为地方在支持新型金融组织发展动力不足的原因就在于政治锦标赛的压力,不过其将原因归结为在短期内回报不如支持其他传统金融机构。因此,监管部门及地方政府在小额贷款公司设立方面并未表现出非常欢迎的态度,而是从注册资本、发起股东以及融资来源、贷款利率、杠杆率方面都进行了严格的限制,并且地方限制比监管规定的要求更严格。按照《关于小额贷款公司试点的指导意见》规定,小额贷款公司从银行业金融机构获得融入资金的余额,不得超过资本净额的50%,即杠杆率为2倍。而中国人民银行统计数据显示,截至2020年12月31日,全国小额贷款公司7 118家,实收资本合计为8 201.89亿元,而贷款余额为8 887.54亿元,单纯从贷款余额与实收资本之比来看,目前小额贷款公司使用的杠杆远低于2倍。

省级政府将小额贷款公司风险处置的责任交由地方区县政府主管部门负责,并且要求只有在地方政府申明要主动承担小额贷款公司风险处置责任的前提下,相应的区县才可以申请设立小额贷款公司。这就意味着小额贷款公司的风险处置责任实现了进一步下沉,相应地,风险处置责任对于具有准入监管权的省级政府的约束力便出现了一定程度的下降。可以发现,地方对小额贷款公司的监管与中央监管者对银行业、证券业、保险业、信托业的监管表现类似,并未采取只顾发展地方经济的策略,而是采取了防范地方金融风险的审慎监管策略,从而大体上确保了地方金融稳定,同时促进普惠金融的发展。

第三节　我国地方金融监管机构的激励与问责机制

中央政府与地方政府均属于理性人,都有着自己的行为目标。中央政府金融监管者的目标是维持社会经济稳定,避免发生由地方金融风险爆发所引致的社会不稳定以及系统性金融风险问题,而地方政府金融监管者的目标则主要体现为地方政府领导人通过追求较高经济增长来寻求更多的升迁机会。面对中央与地方金融监管者的不同目标,根据国务院金融稳定发展委员会的其中一项重要职责"指导地方金融改革发展与监管,对金融管理部门和地方政府进行业务监督和履职问责",研究科学、可行的激励问责机制便成为当前地方金融监管工作中的重点。

一、激励机制

将金融发展目标与金融监管目标相分离是一个理想的选择,但未必是一个可行的路径。事实上目前承担对小额贷款公司监管职责的地方金融监督管理局(金融办)往往是地方政府的组成部门或直属单位,地方金融办的负责人直接对地方政府负责,在一定程度上并无独立性可言。如果今后的金融监管体制改革不能实现地方金融监管部门对地方政府的相对独立,就需要制定相对具体、明确、透明的金融监管政策,通过透明的监管政策来实现激励相容,以达到促使地方金融监管部门有效履行金融监管职责的目标。对于地方金融监管体制的构建而言,这也是一种次优的替代选择。

Dewatripont 和 Tirole(1994)将不完全契约理论引入金融监管制度的研究,认为监管者容易受政治力量的影响,或因监管俘获而偏离监管的公共目标,监管机构的监管裁量权应与其所拥有的独立地位相匹配,即独立性越高的监管机构拥有越多的自由裁量权。而对于拥有相对较低政治独立性的地方金融监管机构而言,则需要大幅降低其所拥有的对金融监管政策进行自由裁量的空间,即要实现监管政策决定权与执行权的分离,使地方政府金融管理部门的金融监管行为基于具体、明确、透明的监管规则。因此,在不能实现地方金融监管部门具有较高独立性的前提下,为促使其能够履行监管职责,则需要将制定审慎监管规则的权限收归中央金融监管部门,而地方金融监管部门只需作为金融监管规则的执行机构。具体到对地方金融机构的监管来说,则是需要由中央金融监管部门制定统一的审慎监管规则,而不是给与地方政府较大的裁量权,来相机抉择制定所谓符合地方发展特点的监管规章。

由于中央和地方施政目标的差异,央地博弈现实存在,完善地方金融监管体制需要国务院金融稳定发展委员会主持制定统一而明确的地方性金融监管法规,限制地方金融监管部门的自由裁量权。2018年3月中央印发的《深化党和国家机构改革方案》中提出将中国银行业监督管理委员会和中国保险监督管理委员会拟订银行业、保险业重要法律法规草案和审慎监管基本制度的职责划入中国人民银行,针对地方金融机构的审慎监管基本制度拟订的职能也可以划归中国人民银行及其分行、支行系统负责。由中央政府制定统一而明确的地方金融监管法规,可以限制地方金融监管部门的自由裁量权,大幅减轻金融监管的央地博弈的程度。地方金融机构拟订重要监管规章制度和确定金融业务创新模式的合规性时,应当提交中国人民银行的相关部门进行备案审查。由相关部门对相应的监管制度进行评估,分析其对宏观金融风险以及经济稳定的潜在影响,形成全国统一的地方金融监管原则。

二、问责机制

激励机制是一种旨在反映激励主体与激励客体的相互作用的制度。问责机制是指问责主体要求其管辖范围内所有组织和成员对其职责和义务的履行情况承担消极性后果的责任追究制度。

(一) 弱化金融监管

弱化金融监管的优点是:压力会促进金融机构的发展和金融活动的扩张,进而能够促进经济增长。因此,对于地方政府领导人而言,较快的经济增长将会提升其个人升迁的机会和可能。缺点:弱化金融监管会带来金融风险的集聚,最终引致金融风险事件的发生,从而带来地区经济的不稳定以及可能的社会不稳定。

金融风险的集聚以及最终金融风险事件爆发的时间和形式取决于多个因素,在实际的经济运行中,弱化监管只是增加了风险事件发生的概率,不一定会导致金融风险事件的发生。况且,在很多时候金融风险事件是与经济周期相伴相生的,其与主管部门的监管行为并不存在直接的、明显的归责关系。另外,由于地方政府领导人的任期与经济周期的不相匹配,可以利用金融风险集聚的滞后性来免于承担因金融冒险行为所引致的后果。但一旦发生较大的金融风险事件,地方政府领导人将可能承受来自中央政府的监督问责,进而导致被剥夺潜在的升迁机会。

中央政府进行监督问责的成本、不问责所引致的声誉损失以及地方政府领导人因地方经济发展而带来的升迁机会和金融监管不力的惩处,共同构成了中央政府与地方政府之间博弈如何履行地方金融监管职责的关键因素。地方政府采取何种方式的金融监管策略,部分取决于中央政府进行监督问责的能力和意愿。如果金融监管者不需要完全承担由监管失误所引致的危机和风险暴露所带来的成本,将导致监管的激励不足,即使法律有明确规定,履行监管职责的监管者也可能有法不依(徐忠,2018)。因此,对中央政府而言,如果要地方政府切实履行地方金融监管职责,就需要建立相对完善的、针对地方金融监管失误的履职问责体系,如果不能达到此要求,对地方政府而言,要求其施行最优的金融监管努力便是空谈。国务院金融稳定发展委员会的重要职责包括对金融管理部门和地方政府进行业务监督和履职问责,但这种监督问责机制如何落地实施需要更进一步细化。

对于中央政府来说,如果不能针对金融监管履责失误,建立起有效的行政问责体系,保证行政问责的有效开展,就需要降低地方政府领导人因采取弱化金融监管策略而所获得的额外的升迁机会,或者加强针对金融监管失误的行政处分力度。相对而言,后者是更加可行的策略,因为其更加简单易行。

(二) 问责性与独立性的关系

关于监管者问责性与独立性的关系,学界有不同的观点。一派认为,问责性与独立性是矛盾的,问责性过重会造成问责主体对问责对象的干预和控制;另一派认为问责性和独立性相互补充,问责性是保障监管机构独立性的一种制度安排,合理的制度设计既能保证监管机构独立运转,又能实现对监管机构的充分问责。不难看出,第一种观点存在三方面的漏洞。其一,忽略了问责对象监管目标的法定化,问责对象基于法定的目标可以拒绝政府或其他问责主体的过度干预。其二,忽略了问责的公开性和回应性。问责机制不同于控制,监管问责过程的公开也可以防止利益集团的干预,有助于增强其独立性。其三,忽略了问责的主体并非只能是政府部门,在监管者问责理论中,问责主体包括了立法机关、政府、司法机关、被监管机构,在多元问责的基础上,监管机构很难被控制。因此,监管独立性与问责性是相伴而生的,建立适当的问责制度是保持监管者独立性的保障。

弱化金融监管之所以能够与地方政府领导人升迁机会具有相关性,是源于地方金融监管部门独立性较差,在履行金融监管职责的同时,也承担着地方金融发展与为经济建设融资的职能,这就使得地方政府承载着两个相互矛盾的工作目标。

Holmstrom 和 Milgrom(1991)发现,在多任务代理中,代理人会将更多的努力放在业绩更容易被考量的目标上,而在其他目标上降低努力程度。对于承载着金融监管职责与金融发展目标的地方金融监管机构而言,地方金融发展业绩显然是更容易被考核的目标,而金融风险往往是隐形的,甚至在有些情况下,只有当发生金融风险暴露时,才能使人意识到金融监管存在失误。因此,如果将金融发展目标与金融监管目标相分离,即实现地方政府领导人升迁机会与地方金融监管部门采取何种金融监管政策相分离,那么,中央政府通过使用监督问责机制来控制和督促地方金融管理部门履行金融监管职责的可能性和必要性就会大幅降低,地方金融管理部门会主动采取相应的行动来维持最优的金融监管力度,因为履行监管职责已经成了地方金融监管部门的重要使命。而实现此种目标分离的方式,则是提高地方金融监管部门的独立性,使得地方政府领导人难以通过政策行为来影响地方金融监管部门监管政策的选择。

第四节　我国地方金融监管未来展望

从金融监管角度出发,中央政府向地方政府进行金融监管分权,是促进地方金融监管水平提升的重要举措。基于地方金融发展、监管和风险处置协调统一的金融分权理论,有以下五方面政策建议:一是明确划分各级政府的金融监管目标,做到省级统一、市级兼具统一性和差异性。省级政府主要支持普惠金融、融资租赁和担保公司发展,市级政府因地制宜地以建设区域性金融中心为目标。二是区分各级政府的监管重点。在各省统一的总体目标框架下,区分省级和市级政府具体监管领域分工。省级政府的监管重点在于小额贷款公司、融资租赁公司、担保公司、交易场所等,而市级政府可将重点置于引导社会资本合规整合和投资。三是划分区域地方金融监管重点。我国地方金融发展存在显著的区域性差异,东部地区互联网金融较为发达,中部地区非法融资问题显著,西部地区为地方性交易场所复杂多样。地方金融风险整治重点应充分考虑地区发展特点,部署"促发展+严监管"的协调监管方针。四是完善风险控制机制。金融发展的同时需强化风险意识,在复杂多变的国内外经济环境下,防范化解金融风险成为目前金融监管工作的重点。地方在金融发展的同时,已经暴露出事前预警匮乏的问题,风险处置主要以事后处理居多,导致风险化解机制效率低下、风险管理成本居高等问题。加快建设"事前预警+事中控制+事后反馈"的全流程地方金融风控体系,促进地方金融稳健安全发展,方可助力实体经济可持续发展。五是培养专业的金融监管人才队伍。良好的金融监管体系和高水平、专业化的金融监管者,是做好金融监管工作不可缺少的两个部分。细分金融监管岗位类型、明确岗位监管职责、与时俱进地常态化培训学习、定期进行业务水平评估和建立监管队伍轮岗制度,有助于提升地方金融监管水平,在面对复杂多变的地方金融态势时,金融监管能更好地适应不同环境,发挥出其制度优势。

地方金融监管是我国金融综合监管的重要支撑,国家良好的经济秩序需要各地金融监管体制和金融监管法律的支持。因此,要做好金融监管工作,就要解决好金融监管分权和属地责任划分的问题。要立足于促进实体经济发展这一根本目标,优化金融机构配置,提高地方金融服务水平,因地制宜地发展地方金融,使金融回归本源。

本 章 小 结

政治统一下的财政分权体制是我国政治经济体制的鲜明特点,地方政府的金融隐性分权、互相竞争也是我国经济快速发展的重要原因之一。区域金融风险通过一定的传导机制进行扩散,才能形成系统性金融风险;而由于信息和地域的优势,防范区域金融风险及其传染需要地方金融监管机构发挥更重要的作用。因此,配置中央与地方之间的金融监管权就成为考量的重点。

我国现有的中央—地方金融监管体系在防范金融风险方面发挥主要作用,如何激励地方金融监管者为官一任、造福一方是牢牢守住确保不发生系统性金融风险的底线,是当前我国央地金融监管制度改革的要求,也是新时代我国地方金融机构监管体制完善的总体方向。

即 测 即 评

请扫描右侧二维码检测本章学习效果。

本章思考题

1. 什么是财政联邦主义?
2. 如何评价地方政府官员晋升和金融稳定与发展之间关系?
3. 为什么地方金融监管机构和中央金融监管机构之间目标不完全一致?
4. 央地博弈为什么是混合策略博弈?

本章参考文献

1. 陈宝东,邓晓兰. 财政分权、金融分权与地方政府债务增长[J]. 财政研究,2017(5).
2. 邓路,谢志华,李思飞. 民间金融、制度环境与地区经济增长[J]. 管理世界,2014(3).
3. 丁骋骋,傅勇. 地方政府行为、财政—金融关联与中国宏观经济波动:基于中国式分权背景的分析[J]. 经济社会体制比较,2012(6).

4. 郭德香,李海东. 金融改革背景下我国地方金融监管模式研究[J]. 郑州大学学报(哲学社会科学版),2016,49(5).

5. 高恩新. 特大生产安全事故的归因与行政问责:基于65份调查报告的分析[J]. 公共管理学报,2015,12(4).

6. 何德旭,苗文龙. 财政分权是否影响金融分权:基于省际分权数据空间效应的比较分析[J]. 经济研究,2016,51(2).

7. 蓝虹,穆争社. 论完善地方金融管理的边界、组织架构及权责制衡机制[J]. 上海金融,2014(2).

8. 刘佳,吴建南,马亮. 地方政府官员晋升与土地财政:基于中国地市级面板数据的实证分析[J]. 公共管理学报,2012,9(2).

9. 刘雷,刘锡良,王锦阳. 不对称信息环境下的金融集权与分权:基于中央政府视角的研究[J]. 经济理论与经济管理,2016(12).

10. 刘志伟. 地方金融监管分权:协同缺失与补正路径[J]. 上海金融,2017(1).

11. 刘志伟. 地方金融监管权的理性归位[J]. 法律科学(西北政法大学学报),2016,34(5).

12. 孟飞. 金融分权的逻辑:行政发包制及其影响[J]. 上海经济研究,2017(12).

13. 宁子昂. 中央与地方双层金融监管体制的形成及完善[J]. 经济纵横,2018(5).

14. 乔宝云,刘乐峥,尹训东,过深. 地方政府激励制度的比较分析[J]. 经济研究,2014,49(10).

15. 唐应茂. 中央和地方关系视角下的金融监管:从阿里小贷谈起[J]. 云南社会科学,2017(5).

16. 王永钦,张晏,章元,等. 中国的大国发展道路:论分权式改革的得失[J]. 经济研究,2007(1).

17. 吴晓灵. 中国应建立中央和地方双层金融监管体制[J]. 中国总会计师,2012(8).

18. 肖光荣. 中国行政问责制存在的问题及对策研究[J]. 政治学研究,2012(3).

19. 徐忠. 新时代背景下中国金融体系与国家治理体系现代化[J]. 社会科学文摘,2018(9).

20. 姚建军,范方志,姜国强. 农村金融组织创新中地方政府的行为分析[J]. 财经问题研究,2014(8).

21. 姚洋,张牧扬. 官员绩效与晋升锦标赛:来自城市数据的证据[J]. 经济研究,2013,48(1).

22. 周黎安. 行政发包制[J]. 社会,2014,34(6).

23. 周黎安. 中国地方官员的晋升锦标赛模式研究[J]. 经济研究,2007(7).

24. 周雪光. 权威体制与有效治理:当代中国国家治理的制度逻辑[J]. 开放时代,2011(10).

25. 周仲飞. 银行监管机构问责性的法律保障机制[J]. 法学,2007(7).

26. DEWATRIPONT M,TIROLE J. The prudential regulation of banks[J]. ULB Institutional Repository,1994,89(13).

27. HOLMSTROM B,MILGROM P. Multitask principal-agent analyses:incentive contracts,asset ownership,and job design[J]. Journal of Law,Economics,and Organization,1991,7.

28. MONTINOLA G,QIAN Y,WEINGAST B R. Federalism,Chinese style:the political basis for economic success in China[J]. World Politics,1995,48(1).

本章必读文献:参考文献 6、21、28。

金融综合监管

改革开放以来,我国金融业经历了从一定程度的混业经营到分业经营的政策转变。针对我国金融业综合经营发展情况和未来规划,必须考虑金融综合监管的问题。金融综合监管应以建立和完善确保我国金融体系安全稳定的长效机制为目标,有效防范、化解系统性金融风险,推动金融监管立法,强化金融机构经营管理,协调、理顺央地监管责任,积极借鉴国际经验,防范局部金融风险行业内横向传染,有效阻断其向实体经济扩散并发展成系统性金融风险的可能。

第一节 分业、混业经营的理论争议

金融分业、混业经营的争议来源于美国1929年经济危机。美国在1929年经济危机前是采取混业经营的。1920—1929年,被称为美国历史上的白银时代,或者也被称为经济咆哮的十年。在这十年间美国经济一片繁荣。在当时,由于证券业、保险业不发达,银行业自然成为金融业核心。在混业经营的金融模式下,作为中央银行的美国联邦储备体系是唯一的监管机构,履行着金融监管职能。但1929—1933年是美国历史最黑暗的时期,美国失业率高达25%,银行倒闭了40%以上。大萧条彻底打破了古典经济学"市场是万能的"神话,凯恩斯主义逐渐取得了经济学的主流地位。在这一背景之下,金融领域广泛接受了管制的思想。为应对经济危机,提振经济,1933年美国颁布了《格拉斯-斯蒂格尔法案》和《证券法》,确定了分业经营原则,让混业经营的金融机构分为银行业和证券业。自此,美国金融业全面进入了分业经营时期。

一、支持分业经营的理论观点

支持分业经营的主要理论来自"利益冲突"。"利益冲突"论者认为,当商业银行同时经营银行业务和证券业务时,由于利益冲突银行会滥用权力,必然存在对借款人施加压力的企图,劝诱借款人用委托银行掌管的信托基金去购买银行难以销售的新股票和债券。商业银行从事证券业务对联邦储备体系造成了巨大伤害,很多美国人认为银行家和经纪人利用公众的信任,从事欺骗性及违规操作。在美国大萧条之后,美国人认为金融危机产生的主要原因就在于摩根财团这一类金融"巨无霸"的存在。如果摩根财团同时经营银行业务和证券业务,必然会导致权力滥用。这是因为,向公众吸纳存款的成本是最低的,只需要支付存款利息,而与此相反,证券业则是高风险高收益的行业。混业经营下,大财团将会用低风险低收益的行业来运作高风险高收益的行业。在这一情形下因成功获得的高收益将落入银行家之手,如果失败了则后果由社会公

众来承担。正因为此,"利益冲突"理论,成为拆分大财团,实行分业经营的最主要的理论之一。

通过 1971 年著名的投资公司协会诉坎普案(Investment co. institute V. Camp),美国官方得出结论:银行业的失败很大程度上是由于银行业通过大量的证券附属机构参与证券业务造成的,商业银行从事投机证券交易,在股市暴跌时严重受损。证券业务伴生着高风险,其经营失败面临着更大的损失,影响存款安全,而且如果最终这些损失由国家偿付,会引发银行投资决策时的道德风险问题;银行业务与证券业务对经营管理人员的要求不同,银行业务更需要谨慎,而证券业务更偏好风险,两者无法结合。Kroszner(1998)指出:允许银行经营保险、证券业务,最终会形成少数几个巨大的、功能多样化并占有支配地位的银行,其后果就是使得其业务太过复杂和广泛,从而导致市场过度集中和损害竞争,进而损害效率,同时给外部的监管者造成监管困难。

二、支持混业经营的理论和实证依据

(一)支持混业经营的理论

Benston 于 1994 年在其发表的论文"Universal Banking"中认为,全能银行在规模经济、范围经济以及效率方面要优于专业性金融机构。但他同时认为,专业性金融机构能够在与全能银行的竞争中生存下来,说明银行的组织形式并不是决定一切的因素。

Barth、Caprio 和 Levine(2001)对 72 个国家研究的结论是:

(1)对银行经营范围的管制越严,发生银行危机的概率越高。

(2)禁止商业银行经营证券业务、保险业务和不动产业务与银行发展、证券市场和非银行金融中介机构的发展、产业竞争水平没有统计上的相关性。

(二)实证层面的证据

怀特(White,1986)发现,美国经营证券的商业银行的盈利变动数值(方差)并不比未经营证券的银行高,1930—1933 年间破产的银行占当时银行总数的 26.3%,但从事证券业务破产的银行仅占 7.2%,远远低于普通银行的破产比例。因此美国《1933 年银行法》所依据的银行因经营证券而陷入困境的假设并不存在。塔巴洛克(Tabarrok,1998)认为,《1933 年银行法》是洛克菲勒财团竞争策略的产物,目的是通过分业经营的政策来增加竞争对手摩根财团银行业的成本,其强大的游说能力最终通过立法把摩根财团一分为二。虽然时过境迁,但从事后实证数据来看,美国《1933 年银行法》的立法依据并非坚若磐石。

学界对分业经营、分业监管的反思一直都在进行。1993 年金融学家默顿(Morton)发表《功能视角下的金融体系运营与监管》一文。默顿提出,随着新的金融产品设计、信息技术以及金融创新理论的发展,全球金融市场和金融机构急剧变化。尽管金融体系随时间的演进和空间的不同而形态各异并不断变化,但其执行的主要经济功能却是大体稳定的:一是支付清算功能;二是汇集资金功能;三是跨时、跨区、跨行业配置资源功能;四是管理风险功能;五是价格发现功能;六是降低信息不对称成本的功能。在持续的金融创新中,金融机构提供的金融产品与服务的范围实际上是不断变化的,金融机构与金融市场的边界也是不断变化的,传统的机构监管者会不断面临严重的监管重叠和监管真空共存的尴尬局面。因此,默顿认为机构监管转向功能监管将是不可避免的趋势,主张对发挥同一金融功能的不同金融机构所开展的类似业务与金融活动进行大体相同的监管。自此,功能监管的概念开始得到学术界和业界的关注,功能监管理论开始进入决策者视野。①

为了适应现代金融竞争,1999 年,美国通过了《金融现代化法案》,取消了分业经营原则,在 1933 年开始分业经营的 66 年之后重新开始混业经营。1999 年,欧盟委员会颁布《金融服务行动计划》,覆盖银行、保险、证券、综合经营、支付清算、会计准则、消费者保护等诸多方面,为消除跨国服务限制、建立统一的金融监管体系奠定了基础。然而美国 2010 年制定的《多德-弗兰克法案》开始实施沃尔克法则:一是限制商业银行的规模,单一金融机构在储蓄存款市场上所占份额不得超过 10%,此规定限制了银行过度举债进行投资的能力。二是限制银行利用自身资本进行自营交易,仅作为中介机构代表客户执行交易,以降低市场风险。三是禁止银行拥有或资助对私募基金和对冲基金的投资,也不能从事与自己利润有关而与服务客户无关的自营交易业务。

国际金融危机暴露出英国金融监管体制的内在缺陷。2011 年 6 月,英国政府正式发布《金融监管新方法:改革蓝图》白皮书,对英国金融监管体制进行全面改革;在英国中央银行英格兰银行下设立审慎监管局,负责对存款类机构、投资银行和保险公司等金融机构进行审慎监管;设立金融政策委员会专门负责宏观审慎监管,强化应对系统性风险的能力;撤销金融服务局,其原有的微观监管职能则将分别由审慎监管局和金融行为监管局承担,新设消费者保护与市场管理局(Consumer Protection and Markets Authority,CPMA),维持公众对金融市场的信心。

第二节　中国的金融综合监管

一、我国金融监管的历史发展

1950 年 11 月,经政务院批准的《中国人民银行试行组织条例》明确规定,中国人民银行受政务院领导,与财政部保持密切联系,主管全国货币金融事宜。当时,中国人民银行既充当中央银行,又是唯一一家"商业"银行,并且是我国的金融监管机关。1952 年至 1969 年,我国实行集中统一的计划经济管理体制,与此相适应,也建立和加强了集中统一的金融管理体制,实行大一统银行体制。在"文革"时期,金融法规已被废弃,甚至将中国人民银行与财政部合署办公,金融成为财政的出纳。

1984 年,随着全面改革开放的推进,我国金融体制也开始了历史性的改革,金融监管体制也伴随着金融体制改革和金融体系的形成逐步建立和完善。国家为了重建金融体系,开始改变资本分配体制,对国有企业的财政拨款改为银行贷款,重组中国人民建设银行、中国农业银行等国有商业银行。1984 年 1 月,中国人民银行的工商业存贷款业务剥离成立中国工商银行,专门办理工商信贷和城镇储蓄业务,与此同时,中国人民银行专门行使中央银行职能。这一时期,是中国人民银行专门行使中央银行职能的初期,主要依靠行政手段管理金融。在 1992 年中国证监会成立以前,中国人民银行全面负责对银行、保险、证券、信托等金融各业的监管。但是,由于我国当时金融业的基本法律制度尚未建立,政府的行政干预过多,中央银行缺乏足够的独立性,中央

①　MERTON R C. Operation and regulation in financial intermediation: A functional perspective [M]//ENGLUND P. Operation and regulation of financial markets. Stockholm: Ekonomiska radet, 1993.

银行金融监管困难重重,在当时而言,谈不上现代意义的金融监管。

1992 年下半年开始,我国经济急剧升温,证券市场与房地产市场投机猖獗,局部金融风潮时有发生,中央着手整顿金融秩序。1992 年在中国人民银行下设了证监委。1993 年之前,中国金融业实行的是一定程度的混业经营。1993 年下半年开始整顿金融秩序,并在 1993 年 11 月、12 月国务院相继出台的文件中,对分业经营做出了明确规定。1993 年 12 月 25 日《国务院关于金融体制改革的决定》,提出了加快金融体制改革的步伐,规定了金融体制改革的目标和方向,展示了我国现代金融制度的基本框架。决定指出,我国金融体制改革的目标是:建立在国务院领导下,独立执行货币政策的中央银行宏观调控体系;建立以国有商业银行为主体,多种金融机构并存的金融组织体系;建立统一开放、有序竞争、严格管理的金融市场体系。这标志着分业经营的基本政策得到确认。1995 年颁布的《中国人民银行法》《商业银行法》《保险法》则将分业经营作为法律确定下来,该年是我国的金融立法元年。1998 年 11 月,保监会成立。1999 年《证券公司进入银行间同业市场管理规定》,允许银行与券商进行一对一合作,以拆借等方式划拨资金。2000 年《证券公司股票质押贷款管理办法》出台。2003 年 4 月 28 日,银监会正式挂牌,履行原由中国人民银行履行的监督管理职责,依法对银行、金融资产管理公司、信托公司以及其他存款类机构实施监督管理,而中国人民银行则负责同业拆借市场、银行间债券市场、黄金市场和外汇市场的监督和管理。银监会的成立是我国金融体制改革中极其重要的一步,是完善宏观调控体系、健全金融监管体制的重大决策。它的成立,标志着中国人民银行宏观调控与银行监管于一身的管理模式的结束,必将有利于促进我国经济和金融业的稳定、健康发展。

我国在"十三五"期间取得了防范化解金融风险攻坚战的阶段性成果。但是,伴随世界经济加速一体化、国内经济结构调整和增长动力转换等多因素作用,潜在的新的金融风险已暗潮涌动。因此,在"十四五"期间,我国部署金融综合监管工作时更着重于风控制度、自上而下统一协调的政策和完善的社会保障体系建设,力争在国内外形势加剧变化的环境下,强化组织建设和提高风险意识,持续平稳地做强金融风险的防范化解相关工作。

二、对我国混业经营问题的研究

陈雨露、马勇(2008)对全球 49 个国家金融体系进行了研究,得出以下结论:混业经营程度对金融体系稳定性在统计学范畴有显著的正向影响,即一国对银行混业经营的限制越多,该国银行发生系统性危机的概率越大,该国金融体系的稳定性就越低;同理,对一国银行混合经营的限制越少,该国的金融体系就越稳定,发生系统性银行危机的可能性就越小。具体而言,对一国拥有的非金融企业和该国银行从事证券业务的限制程度越少,发生系统性银行危机的概率越小,该国的金融体系越趋于稳定。一国宏观经济的稳定往往与金融体系的稳定呈正相关。也就是说,在宏观经济稳定的国家,发生系统性金融危机的可能性较小。一国的制度发展程度对金融体系的稳定性有着积极的影响,即一国的制度发展越健全,发生系统性银行危机的可能性就越小,相应的金融体系的稳定性就越高。一般而言,在制度体系落后且宏观经济形势不稳定的国家,一般性的银行危机更有可能转化为系统性银行危机。

混业经营为金融监管提出了新的课题和新的要求。传统金融机构监管模式中的银行、证券、保险彼此相互分离已经不能适应新的金融发展阶段。从世界发展趋势来看,金融监管正在从机构监管为主转向功能监管为主。功能监管依据金融体系基本功能而设计监管,关注的重点不再是金融机构本身,而是金融机构的经营业务活动及其所能发挥的基本功能。它可以实施跨产品、跨机构、跨市场的监管协调,从而克服了多个监管机构所造成的重复交叉监管和管理空白。

目前我国的法律、法规和部门规章都未明确金融控股公司的法律地位。但在现实生活中已经存在像中信、光大、平安等集团公司直接控股金融企业的情况,也存在不被人关注的,通过各种形式控股证券公司、保险公司、城市信用社等金融企业的工商企业。混业经营是发展趋势,研究我国混业经营的金融控股公司监管问题刻不容缓。

面对我国实行金融混业经营这一不可回避的趋势,既不可对之视而不见,也不可操之过急,而应该在汲取国外及我国以往经验的基础上,有步骤地推进这项工作。可以把混业经营要解决的问题总结为如何合法设立及依法监管这两个大类,加强研究和制定有关金融混业经营方面的法律、法规和制度。例如,2018 年 4 月由中国人民银行等四部委联合发布的《关于规范金融机构资产管理业务的指导意见》就是一个关于混业经营的部门规章。该意见坚持宏观审慎管理与微观审慎监管相结合、机构监管与功能监管相结合的监管理念,提出"资产管理业务是指银行、信托、证券、基金、期货、保险资产管理机构、金融资产投资公司等金融机构接受投资者委托,对受托的投资者财产进行投资和管理的金融服务",在混业经营、混业监管方面迈出了重要一步。未来条件成熟时,可以在该规章执行的基础上,制定出中国的"金融服务现代化法",从而在我国实现全面的金融混业经营、混业监管。

三、我国混业经营现状与应对

中国目前面临着互联网金融发展方向出现偏差,P2P 易租宝、泛亚贵金属交易所等非法集资事件频发的难题,更多金融领域的困难与挑战正在交织暴露。宏观经济面临转型压力,导致银行业出现周期性行业不良贷款危机,如包商银行已因此进入破产清算程序。存在股市配资、楼市配资等监管空白、监管弱化情况,监管部门无力实施"穿透式"监管与处置。长期存在政策打架、市场分割等监管重叠、监管冲突情况,市场调控与发展受到监管体制制约。人民币国际化过程中,需要建立与国际接轨、更加现代化的金融监管与协调体系。这些挑战表明,加快推动金融监管与协调机制的现代化是每一个大国金融业发展到一定阶段的内在要求,推动中国进入金融监管与协调体制的"大改革时刻"。

2003 年 9 月 18 日,银监会、保监会和证监会为加强各自协调,召开了监管联席大会第一次会议,通过了三会在金融监管方面分工合作的关于指导原则、职责分工、信息收集和工作机制等内容的备忘录。2004 年 3 月 18 日又召开第二次监管联席会议,对如何落实国务院《关于推进资本市场改革开放和稳定发展的若干意见》等进行沟通、讨论和协商。但由于三者系非常设机构,如果再加上中国人民银行、财政部、发改委等部门也分别根据不同的职责分工,从不同角度对金融政策、金融机构、金融运行等加以干预协调的问题,则很难做到真正协调一致。2005 年年初,央行和证监会联合发文,允许符合条件的证券公司以自营股票和证券投资基金作质押向商业银行贷款。2013 年 8 月 15 日,国务院同意建立由中国人民银行牵头的金融监管协调部际联席会议制度。联席会议重点围绕金融监管开展工作,不改变现行金融监管体制,不替代、不削弱有关部门现行职责分工,不替代国务院决策,重大事项按程序报国务院。

在上述金融监管协调机制的基础上,2017 年 11 月,国务院金融稳定发展委员会成立,其主要职责包括:落实党中央、国务院关于金融工作的决策部署;审议金融业改革发展重大规划;统筹金融改革发展与监管,协调货币政策与金融监管相关事项,统筹协调金融监管重大事项,协调金融政策与相关财政政策、产业政策等;分析研判国际国内金融形势,做好国际金融风险应对,研究系统性金融风险防范处置和维护金融稳定重大政策;指导地方金融改革发展与监管,对金融管理部门和地方政府进行业务监督和履职问责等。

可以发现,金融安全既是国务院金融稳定发展委员会成立的背景因素,也是未来工作的目标指向。至此,我国金融监管架构由原来的"一行三会一局"演变为"一委一行两会一局",在金融混业监管、混业监管的制度性建设方面迈出了实质性步伐。

第三节　中国金融综合监管展望

在银行、证券、保险分业监管的基础上,针对我国现时的金融业综合经营发展情况和未来规划,必须考虑金融综合监管的问题。可以借鉴美联储牵头负责的"伞式监管":在对金融控股公司进行监管时,指定监管的牵头人作为总监管者或协调人,利用总体信息优势从整体上有效地对金融机构进行监测和确认风险,进行所谓"功能型监管",就是将各专业监管机构的职责由原来以机构为界限转变为以金融活动为界限。建立"伞式监管"的原理在于大多数结构复杂的大型金融集团都采用伞式或整体的风险管理方法,防止针对存款性机构设计的安全网发生溢出效应并引发道德风险。

一、金融监管协调部门的成立

2017 年 11 月,国务院金融稳定发展委员会经党中央、国务院批准成立,作为国务院统筹协调金融稳定和改革发展重大问题的议事协调机构。

（一）主要原则

第一,回归本源。金融要以服务实体经济为目标,全面提升服务效率和水平。党的十九大报告指出:"深化金融体制改革,增强金融服务实体经济能力。"未来金融体制改革的方向是回归本源,即增强金融服务实体经济的能力,提高服务实体经济的效率,但同时要强化监管,以免金融"脱实向虚"。实体经济若是骨肉,金融则是激活生命的流动血脉。实体经济是金融发展的根基,同时金融的价值来自于对实体经济的贡献程度,二者相互依存不可分割。因此发展金融应以构建有效的金融体系,提高实体经济投融资效率为目标。一旦金融偏离实体经济的轨道,发生不合理扩张、过度自我膨胀和自我循环的情况,不仅会扭曲资源配置,影响实体经济的发展,而且会引发金融危机。金融要始终坚持为实体经济服务的宗旨,树立质量优先、效益第一的理念,认清自身的定位和职能,努力增强责任意识和服务意识,着力于社会发展的重点领域和薄弱环节,把服务实体经济的成效作为评价经营绩效的重要指标。

第二,优化结构,坚持质量优先,提高资源配置效率,保障风险可控。1992 年党的十四大指出,市场要在资源配置中起基础性作用。党的十八届三中全会指出,市场作为资源配置最有效的形式,必须在资源配置中发挥决定性作用。理论和实践都证明了,市场是最有效的资源分配形式。首先,市场有能力有效地处理和传递经济信息,在处理和传递大量的生产和消费、供需信息方面具有超越其他机制的优势。其次,市场可以通过市场自动调整利益关系,平衡各经济实体之间的利益,从而调动各方的积极性。最后,市场可以有效地纠正供需不平衡,形成生产部门社会工作合理分配的长期趋势。此外,市场还可以促进创新和适者生存,帮助提高经济发展的质量和效率。

第三,强化监管,提高防范化解金融风险能力。加强功能监管,更加重视行为监管。其中,功能监管的概念是由哈佛商学院罗伯特·默顿最先提出的,是指基于金融体系基本功能而设计的更具连续性和一致性,并能实施跨产品、跨机构、跨市场协调的监管。功能监管体制更有利于促进我国的金融创新。金融创新的不断涌现是战后国际金融业发展的主要特征之一,金融创新的发展水平已经成为衡量一国金融业发达程度的重要标志。混业经营对金融业的一大贡献就是能更好地促进金融创新产品的涌现。实行功能监管体制以后,由于该体制能够很好地解决各种金融创新产品的监管问题,管理层不必再通过限制金融创新产品的发展来维护金融业的安全,可将精力放在如何完善功能监管体制以实现对金融创新产品的有效监管上,将为我国金融创新产品的发展创造一个宽松的环境。"行为监管"首次在《市场行为检查手册》中以"市场行为监管"的表述出现,该手册由美国国家保险协会在 20 世纪 70 年代公开发布。而真正被广泛关注是在1995 年由迈克·泰勒(Michael Taylor)正式提出的"双峰"理论。泰勒认为金融监管应当由两类相互独立、目标差异的监管机构共同实施,既要维护金融机构的稳健经营和金融体系的稳定,防范系统性风险,即审慎监管,又要纠正金融机构的机会主义行为,防止欺诈和不公正交易,保障消费者权益不受侵害,维护金融市场的公平、公正与稳健运行,即行为监管。

第四,市场导向。正确处理政府与市场的关系,完善市场约束机制,提高资源配置效率。经济体制改革的关键因素之一是处理好政府和市场的关系。不可否认的是,排斥市场的作用是传统高度集中的计划经济体制的特征。党的十一届三中全会后,党中央开始着力探索将计划经济与市场经济有机结合的体制机制。党的十四大报告提出建立社会主义市场经济体制是我国未来经济体制改革的目标,明确了在国家宏观调控的背景下,市场对资源配置的基础性作用。这成为我国改革开放和社会治理进程中重大的理论突破,因此,完善市场约束机制并发挥市场在金融资源配置中的作用,提高金融资源配置效率成为改革发展的重点。

(二) 职责

一是加强中国人民银行宏观审慎管理和防范系统性风险的责任,加强金融监管机构的监管职责,维护金融安全稳定。二是执行金融监管部门的监管任务,加强监管机构的问责制度建设。三是注重问题导向,加强对突出问题进行协调,加强综合监管,突出职能监督和行为监督。四是中央和地方政府财政责任的划分。在金融管理主要是中央政府事权的前提下,地方政府应当按照统一的中央规则,加强处理属地风险的责任。五是培养勤勉、敢监管、精监管、严肃问责的监管精神,不及时发现风险即是失职,不及时发现和处理风险即是严重渎职的监管氛围。六是完善风险监测、预警和早期干预的机制,加强金融基础设施的整体监管和信息畅通,促进金融行业综合统计和监管信息共享。七是加强对深化金融改革中若干重大问题的方案研究。

不管是借鉴美国的"伞式监管"体系,还是中国式的"一委一行两会一局"体系,都需要监管法律的配套,同时对原先的相关法律、规章和规范性文件进行修改,即金融监管体制改革必须建立在法制的基础上。

从各国金融监管改革的情况看,大多是立法在先。比如美国 1999 年通过了《金融服务现代化法案》;英国通过了《1998 年英格兰银行法》和 2000 年《金融市场与服务法案》;加拿大 1999 年通过了新的《金融机构监管署法》;日本 1997 年通过了《金融监督厅设置法案》等。为了保证金融监管体制改革顺利推进,必须建立一套符合国际惯例和我国国情的金融监管的法律、法规体系。因此,加强立法、修法研究极为重要。

二、我国未来综合监管的建议

虽然我国取得了防范化解金融风险攻坚战初步胜利,但伴随国际形势日益复杂化,新的金融风险逐步涌现,尤其是输入性金融风险的可能性变大,我国需要不断强化风险意识并加快金融监管法制体系建设,建立完善化解金融风险的长效金融监管机制,才能全面提升我国的金融监管和金融安全水平。我们应从国际视野和长远需求出发,完成与金融体系发展和改革进程相适应的较为完善的统一监管法。具体措施包括:① 量化编制"中国金融监管有效性指数";② 总结提炼"四梁八柱"式的探索框架;③ 探索"金融服务业对外开放负面清单";④ 构建我国金融领域安全审查制度。

未来我国金融综合经营、综合监管可以从以下几个方面入手:

一是完善金融立法机制,修订现有金融法规,构建新型金融规制政策体系。进一步完善财政政策和货币政策双支柱综合金融监管体系,明确法制金融监管的首要地位,强化宏观审慎政策和政策有效落地实施的协调性。

二是以机构牌照制为基础,推动准入管理向业务牌照制转型,实现全覆盖。重点关注各类金控公司的设立准入、业务规范和转型,加速清除新兴金融业务的监管盲区,设立各类业务红线,为存量和新增业务指导发展方向。

三是拓展金融基础设施范围,推动专项立法,构建国家金融监测预警平台体系,监测、监督与监管体系相对独立。研发更新金融基础设施建设的顶层设计框架,自上而下统筹各级金融监管。梳理重要的金融综合监管基础设施清单,并将其纳入综合监管制度体系。

四是理顺中央与地方关系,推动区域性金融改革,明确地方金融监管权责。逐步提高地方政府的债务透明度,平稳高效地化解地方存量和隐性债务风险。强调各级工作纪律,设立并实施终身问责制度和倒查机制,杜绝地方政府行政懈怠、提供违规担保等现象。

五是调动各方力量,探索以社会化、专业化、市场化为导向的金融信息共享框架。明确金融科技双刃剑的性质,其帮助重塑金融生态的同时,需关注数据保护、市场垄断和不公平竞争等问题,始终以强化金融监管能力和防范化解金融风险为目标。

六是借鉴国外实践经验,充分结合我国国情,建立市场化的保障网络。强调国内金融安全和国外资产安全并重,有序引导中概股等蓝筹股回归 A 股和港股上市,加强境外金融机构准入和业务合规性审查,全面提升我国金融综合监管水平。

本 章 小 结

在目前我国银行、证券和保险分业监管的基础上,金融监管必须考虑综合监管的问题。成立金融监管协调部门和建立金融监管法成为实施金融综合监管的重要途径。国务院金融稳定发展委员会的成立,旨在统筹协调金融稳定和改革发展的重大问题。借鉴美联储牵头负责的"伞式监管",结合我国国情进行本土化改良,有利于金融回归本源,以实体经济为服务目标,全面提升服务效率和水平。

金融综合监管有助于加强防范化解金融风险、提高资源配置效率、完善市场约束机制和健全金融市场监管体系。我们应从国际视野和长远需求出发,完成与金融体系发展和改革进程相适应的较为完善的统一监管法,如量化编制"中国金融监管有效性指数",总结提炼"四梁八柱"式的探索框架,探索"金融服务业对外开放负面清单",构建我国金融领域安全审查制度。

即 测 即 评

请扫描右侧二维码检测本章学习效果。

本章思考题

中国金融业分业、混业经营与监管争议的核心是什么?

本章参考文献

1. 陈雨露,马勇. 混业经营与金融体系稳定性:基于银行危机的全球实证分析[J]. 经济理论与经济管理,2008(3).

2. 阿西莫格鲁,罗宾逊. 国家为什么会失败[M]. 长沙:湖南科学技术出版社,2015.

3. 郑杨. 全球功能监管实践与中国金融综合监管探索[M]. 上海:上海人民出版社,2016.

4. BARTH J R, CAPRIO G, LEVINE R. Banking systems around the globe:Do regulation and ownership affect performance and stability?[J]. NBER Chapters,2001.

5. BENSTON G J. Universal banking[J]. Journal of Economic Perspectives,1994,8(3).

6. KROSZNER R S. On the political economy of banking and financial regulatory reform in emerging markets[J]. Proceedings,1998.

7. TABARROK A. The separation of commercial and investment banking:the morgans vs. the rockefellers[J]. The Quarterly Journal of Austrian Economics,1998,1(1).

8. STRATMANN T, KROSZNER R S. Interest group competition and the organization of congress:theory and evidence from financial services political action committees[J]. Social Science Electronic Publishing,1998,88(5).

9. WHITE E N. Before the Glass-Steagall Act:an analysis of the investment banking activities of national banks[J]. Explorations in Economic History,1986,23(1).

本章必读文献:参考文献2、3、4、5。